A | B | C | D

RAETIA

Rhenus

Danuvius

NORICUM

ALPES MONTES

PANNONIA

Comum
GALLIA CISALPINA
Mediolanum
Vercellae
Verona
Patavium
VENETIA
Aquileia
VIA POSTUMIA
ILLYRICUM
Cremona
Mantua
Padus
Pola

LIGURIA
Parma
Mutina
VIA AEMILIA
Bononia
Ravenna
VIA AURELIA
Genua

Mare Ligusticum
Luca
Rubico
Ariminum
Florentia
APPENNINI MONTES
UMBRIA
DALMATIA
Spalatum
Pisae
Arnus
Arretium
Volaterrae
ETRURIA
Tiberis
VIA FLAMINIA
Ancona
Lacus Trasimenus

ILVA
Rosellae
Perusia
SABINI
VIA CLODIA
Mare Adriaticum
Volci
Reate

CORSICA
Tarquinii
Veii
Caere
ROMA
Praeneste
Ostia
SAMNIUM
APULIA
Lavinium
LATIUM
Arpinum
Formiae
Cannae
Tarracina
Capua
VIA TRAIANA
CAMPANIA
Beneventum
Cumae
▲ *Vesuvius*
Neapolis
Pompeii
Venusia
VIA APPIA
Brundisium
CAPREAE
Paestum
Tarentum
CALABRIA

Olbia

Mare Tyrrhenum

SARDINIA
LUCANIA
Thurii
Cosentia
VIA POPILLIA
Croton

BRUTTIUM

INSULAE LIPARAEAE

Messana
AEGATES
Panormus
Rhegium
Mare Ionium
Segesta
Aetna ▲
Tauromenium
SICILIA
Catina
Selinus

NUM

Mare Af

MELITA
AFRICA

AENARIA

0   200 km

Inset (top right):
Veii
Allia
ROMA
Fidenae
Gabii
Alba Longa
Ostia
Corioli

Inset (bottom right):
...apolis
Vesuvius ▲
...laneum
Sinus Cumanus
Pompeii
Surrentum
CAPREAE

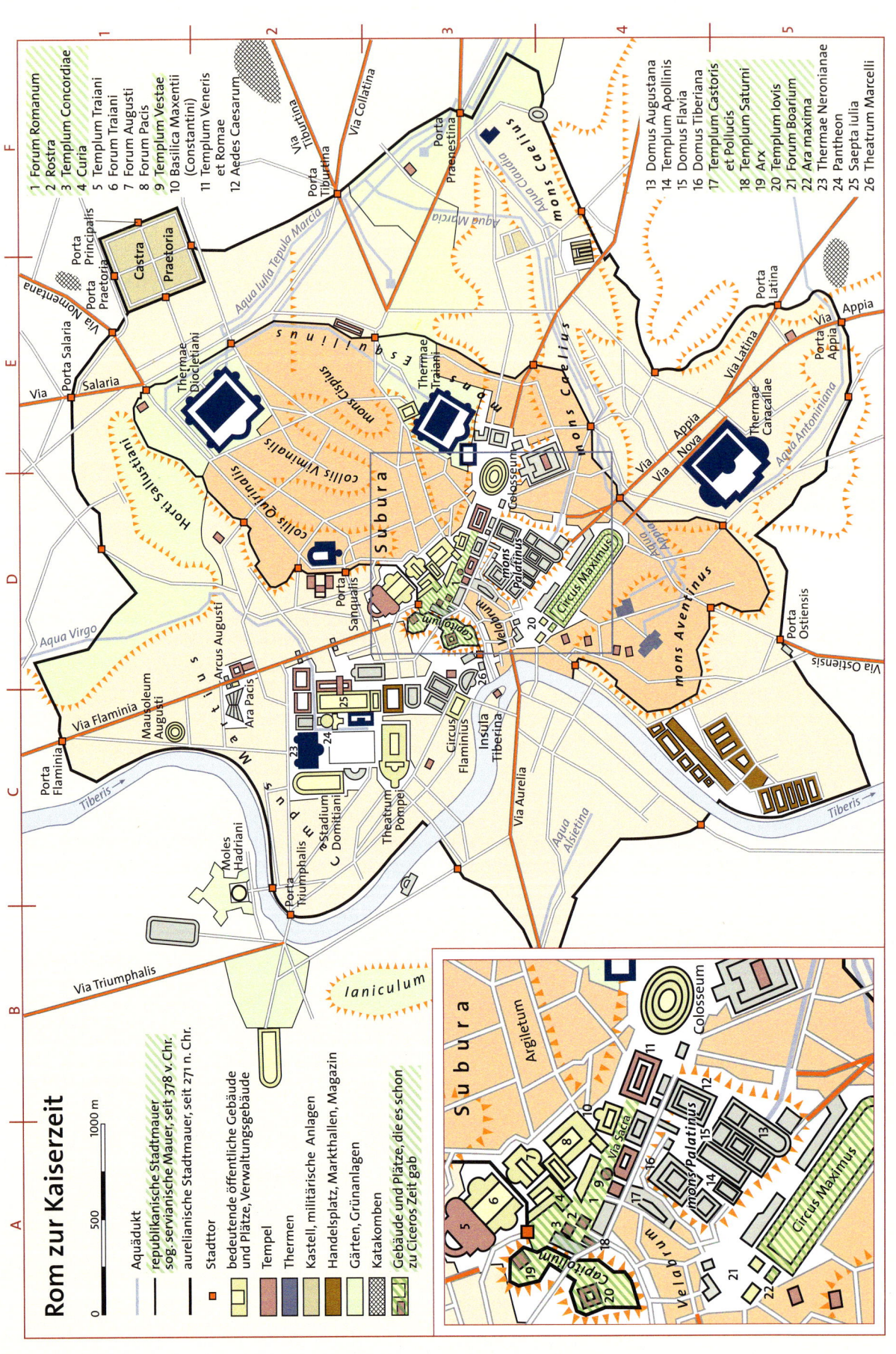

Rom zur Kaiserzeit

Legende:

- Aquädukt
- republikanische Stadtmauer sog. servianische Mauer, seit 378 v.Chr.
- aurelianische Stadtmauer, seit 271 n.Chr.
- Stadttor
- bedeutende öffentliche Gebäude und Plätze, Verwaltungsgebäude
- Tempel
- Thermen
- Kastell, militärische Anlagen
- Handelsplatz, Markthallen, Magazin
- Gärten, Grünanlagen
- Katakomben
- Gebäude und Plätze, die es schon zu Ciceros Zeit gab

Maßstab: 0 — 500 — 1000 m

1 Forum Romanum
2 Rostra
3 Templum Concordiae
4 Curia
5 Templum Traiani
6 Forum Traiani
7 Forum Augusti
8 Forum Pacis
9 Templum Vestae
10 Basilica Maxentii (Constantini)
11 Templum Veneris et Romae
12 Aedes Caesarum

13 Domus Augustana
14 Templum Apollinis
15 Domus Flavia
16 Domus Tiberiana
17 Templum Castoris et Pollucis
18 Templum Saturni
19 Arx
20 Templum Iovis
21 Forum Boarium
22 Ara maxima
23 Thermae Neronianae
24 Pantheon
25 Saepta Iulia
26 Theatrum Marcelli

Labels on map:

Porta Nomentana · Via Nomentana · Porta Salaria · Via Salaria · Porta Principalis · Porta Praetoria · Castra Praetoria · Thermae Diocletiani · Horti Sallustiani · Aqua Virgo · Via Flaminia · Porta Flaminia · Tiberis · Arcus Augusti · Mausoleum Augusti · Ara Pacis · Via Triumphalis · Ianiculum · Moles Hadriani · Porta Triumphalis · Stadium Domitiani · Theatrum Pompei · Circus Flaminius · Insula Tiberina · Via Aurelia · Aqua Alsietina · Aqua Iulia Tepula Marcia · Via Tiburtina · Porta Tiburtina · Via Collatina · Porta Praenestina · Aqua Marcia · mons Caelius · collis Viminalis · mons Cispius · mons Esquilinus · collis Quirinalis · Thermae Traiani · Subura · Porta Sanqualis · Velabrum · Capitolium · mons Palatinus · Colosseum · Circus Maximus · mons Aventinus · Via Appia · Porta Latina · Via Latina · Aqua Nova · Thermae Caracallae · Aqua Antoniniana · Porta Appia · Via Appia · Porta Ostiensis · Via Ostiensis · Tiberis

Inset labels:

Subura · Argiletum · Colosseum · Via Sacra · mons Palatinus · Capitolium · Velabrum · Circus Maximus

Adeamus!

Texte und Übungen
Ausgabe A

Herausgegeben von
Volker Berchtold
Prof. Dr. Markus Schauer

Erarbeitet von

Volker Berchtold

Edith Bohne

Karl Boyé

Christian Engel

Anna Katharina Frings

Stefanie Gliwitzky

Hans-Joachim Häger

Jan Harms

Ingrid Kunna

Volker Müller

Dr. Johanna Nickel

Dr. Ira Noss

Prof. Dr. Markus Schauer

Dr. Michael P. Schmude

Melanie Schölzel

Udo Segerer

Michael Stierstorfer

Stefan Wessels

Barbara Winkler

Berater (Archäologie)
Prof. Dr. Andreas Grüner

allgemeine didaktische Hinweise:

- neuer Wortschatz Lektion
- neuer Wortschatz Lektion (Lesetext)
- wiederholte Lernformen
- neuer Grammatikstoff Lektion
- Gliederung des Textes
- Lösungen in Texten
- ✔ ... Wiederholen
- Vorentlastung: Grammatik, Wendungen
- HA als Hausaufgabe geeignet
- Konnektoren

Verweise:

- L ..., S. ... innerhalb des Bandes
- AH – S. ... in das Arbeitsheft
- HRU – KV ... in die Handreichungen
- DLS – ... in den digitalen Lehrerservice

Oldenbourg Schulbuchverlag, München

Herausgeber:
Volker Berchtold, Prof. Dr. Markus Schauer

Erarbeitet von:
Volker Berchtold, Edith Bohne, Karl Boyé, Christian Engel, Anna Katharina Frings,
Stefanie Gliwitzky, Hans-Joachim Häger, Jan Harms, Ingrid Kunna, Volker Müller,
Dr. Johanna Nickel, Dr. Ira Noss, Prof. Dr. Markus Schauer, Dr. Michael P. Schmude,
Melanie Schölzel, Udo Segerer, Michael Stierstorfer, Stefan Wessels, Barbara Winkler

Redaktion:
Dr. Silke Anzinger; Jana de Blank, Berlin (Lehrerfassung)

Illustrationen:
Barbara Steinitz (alle außer S. 110 f., S. 136 f., S. 162 f., S. 188 f., S. 210 f.);
Dorothee Mahnkopf (S. 110 f., S. 136 f., S. 162 f., S. 188 f., S. 210 f.);
Achim Norweg (Vorsatz), Ingrid Schobel (Nachsatz)

Umschlaggestaltung:
Rosendahl Berlin
Agentur für Markendesign

Bildnachweis:
Vordergrund: Corbis/© Sandro Vannini; Mittelgrund: BPK/RMN-Grand Palais/René-Gabriel Ojéda;
Hintergrund: akg-images/Hilbich

Layoutkonzept:
Christiane Gerstung, Buch- und Projektgestaltung, München

Layout und technische Umsetzung:
Checkplot Liersch & Röhr, Berlin

www.oldenbourg.de

1. Auflage, 1. Druck 2016

Alle Drucke dieser Auflage sind inhaltlich unverändert
und können im Unterricht nebeneinander verwendet werden.

© 2016 Cornelsen Schulverlage GmbH, Berlin

Druck: Firmengruppe APPL, aprinta Druck, Wemding

ISBN 978-3-637-02304-8

PEFC zertifiziert
Dieses Produkt stammt aus nachhaltig
bewirtschafteten Wäldern und kontrollierten
Quellen.
www.pefc.de

PEFC™
PEFC/04-32-0928

Die folgenden Angebote in diesem Buch sind nicht obligatorisch abzuarbeiten. Die Auswahl der Übungen und Übungsteile richtet sich nach den Schwerpunkten des schulinternen Curriculums.

Packen wir's an – Latein lernen mit *Adeamus!*

Adeamus bedeutet: „Gehen wir es an!" oder „Packen wir's an!" Also: Los geht's!
Mit *Adeamus!* lernst du Latein, die Sprache der Römer. Die Römer haben Jahrhunderte lang den Mittelmeerraum und weite Teile Europas – auch Deutschlands – beherrscht; ihre Kultur und ihre Sprache prägen diese Länder bis heute.

Auf die Reise in diese Welt begleiten dich **im ersten Teil (Lektionen 1–20)** Menschen, die vor mehr als 2000 Jahren wirklich gelebt haben: Cicero und seine Familie. Cicero war Redner, Anwalt, Politiker und Schriftsteller und ist heute noch einer der berühmtesten Römer, an die man sich erinnert. In seinen Büchern und vor allem in seinen Briefen erzählt Cicero viel über das Leben von damals: über große Ereignisse und berühmte Menschen – wie zum Beispiel Caesar – , aber auch über sein Alltagsleben. Daher wissen wir viel über seine Kinder Marcus und Tullia und über seinen Neffen Quintus. Wir kennen viele ihrer Erlebnisse, Sorgen und Nöte, aber auch lustige und aufregende Ereignisse. Manchmal ist ein Brief Ciceros direkt die Grundlage unserer Lektionen: zum Beispiel eine ungewöhnliche Theateraufführung (Lektion 5), ein Streit zwischen Quintus' Eltern (Lektion 17), Ärger wegen Wildkatzen (Lektion 19), und schließlich die Volljährigkeitsfeier für Marcus vor dem Hintergrund einer ungewissen Zukunft (Lektion 20).

Folgende Personen treten in der Geschichte auf:

Personen, die wirklich gelebt haben	*Erfundene Personen*
Marcus Tullius **Cicero,** der Redner	*Rufus,* Sohn eines Ermittlers, der für Cicero arbeitet, Freund von Marcus und Quintus
Terentia, seine Frau	
Marcus Tullius Cicero, ihr gemeinsamer Sohn	*Scintilla,* eine Freundin von Rufus, Marcus und Quintus
Tullia, ihre Tochter	
Tiro, ein Sklave im Hause Ciceros	*Sextus,* ein Dieb

Quintus **Tullius** *Cicero,* Ciceros Bruder
dessen Frau **Pomponia**
Quintus Tullius Cicero, ihr gemeinsamer Sohn

Im zweiten Teil (Lektionen 21–35) tauchst du in die Welt des Mythos ein und erlebst eine Reise durch die Zeiten. Sie ist in drei Sequenzen untergliedert und beginnt mit der Erschaffung der Welt, so wie man sie sich in der Antike vorstellte, macht Station bei einigen berühmten mythischen Helden und Heldinnen und geht in der nächsten Sequenz allmählich zu historischen Ereignissen und Personen über. Hier erfährst du unter anderem, wie der Sage nach Rom gegründet wurde. In der dritten Sequenz geht es um historische Personen und Ereignisse, die so berühmt sind, dass sie schon wieder zum Mythos wurden.

Im dritten Teil (Lektionen 36–43) bist du im römischen Reich angekommen. Hier reist du zunächst von Ort zu Ort und erfährst mehr über Leben und Ereignisse in Italien und in den Provinzen während der römischen Kaiserzeit. In der letzten Sequenz beschäftigst du dich mit zeitübergreifenden Fragen, die zuerst von den Griechen gestellt wurden: Manche dieser Fragen haben noch die Wissenschaft der Neuzeit inspiriert; manche sind bis heute nicht beantwortet – weil jeder sie für sich selbst beantworten muss.

Arbeiten mit *Adeamus!*

Adeamus! hat 43 Lektionen, die klar gegliedert sind. Jede umfasst vier Seiten.
Auf der **ersten Seite** bekommst du eine Einführung in das Thema und in den Wortschatz der
Lektion: Die deutsche Sachinformation und ein einfacher lateinischer Text enthalten neue
Vokabeln, die du dir auf diese Weise leicht merken kannst.

Lernwort Dunkelbraun sind neue Vokabeln auf den ersten beiden Seiten jeder Lektion.
Themenwort Hellbraun sind lateinische Wörter, die zu einem Thema gehören, die du aber
nicht lernen musst.
Eigennamen kannst du im Eigennamenverzeichnis nachschlagen.

Auf der **zweiten Seite** lernst du weitere Vokabeln und die neue Grammatik kennen. Mit den
Aufgaben kannst du dir den neuen Stoff selbst erschließen – den vollständigen Stoff zum Lernen
findest du jeweils im **Grammatikband**.

Auf der **dritten Seite** findest du zu jedem Grammatikschritt direkt die passenden Übungen.

W kennzeichnet Wortschatzeinführung und Wortschatzübungen.

G kennzeichnet die Grammatikschritte auf der Einführungsseite, in der Begleitgrammatik
und auf der Übungsseite.

Z kennzeichnet eine fakultative Übung, die auch etwas anspruchsvoller sein kann.

H kennzeichnet eine Übung, die gezielt Hilfe für eine knifflige Stelle im Lesetext bietet.

Auf der **vierten Seite** findest du den Lesetext. Diesen zu lesen, zu verstehen und meist auch zu
übersetzen ist das Ziel jeder Lektion. Je gründlicher du dir die ersten drei Seiten erarbeitet hast,
desto besser wird dir das gelingen – und desto mehr Freude wirst du an den Texten haben.

→ Ein **Webcode** führt dich zum Gratis-Download mit zusätzlichen Übungen zu jeder Lektion:
Unter www.oldenbourg.de/webcodes gibst du den jeweiligen Webcode ein
(z. B. adeamus1).

Jeweils fünf (ab L 36 je vier) Lektionen ergeben eine **Sequenz**. Jede Sequenz wird mit einer
Wiederholungslektion abgeschlossen. Sie umfasst ebenfalls vier Seiten: Methoden, Übungen
(zwei Seiten) und Wiederholungstext. Bei den Übungen kannst du dir gezielt die für dich am
besten passenden auswählen:

| kennzeichnet | kennzeichnet | kennzeichnet |
| leichte Übungen, | mittelschwere Übungen, | knifflige Übungen. |

Im **Lernwortschatzteil** findest du ebenfalls am Ende jeder Sequenz eine Extraseite
„Üben und Behalten". Sie verrät dir Tipps und Tricks, mit denen du Wörter leichter lernen und
besser behalten kannst. Mit den Übungen auf der Seite kannst du das immer gleich
ausprobieren.

Wir wünschen dir nun viel Freude und Erfolg beim Lateinlernen!

Cicero und seine Familie

Tiro überbringt seinem Herrn, dem Anwalt Cicero, ein wichtiges Dokument. Marcus, Ciceros Sohn, ist in seine Lektüre vertieft – zur Freude seiner Mutter Terentia. Die Tochter Tullia kommt mit ihrem Sklaven gerade vom Einkaufen. Quintus, der Cousin von Marcus und Tullia, freut sich, dass sein Vater Tullius wohlbehalten aus einem Krieg zurückkommt.

1. *Ordne den Personen auf dem Bild die Namen zu.*
2. *Beschreibe die Personen und achte dabei besonders auf alles, was bei den Römern anders war als heute.*
3. *Zwei Personen gehören nicht zu Ciceros Familie. Diese lernst du auf der nächsten Seite kennen.*

Erste Schritte mit Rufus und Scintilla

Wer hat da über den Zaun geblickt? Es waren Rufus und Scintilla, die Freunde von Marcus und Quintus. Rufus ist der Sohn eines Ermittlers, der für den Anwalt Cicero arbeitet. Rufus ist immer hilfsbereit und pflichtbewusst. Scintilla ist ziemlich schlau, tut, was sie will, und sagt, was sie denkt. Auch wenn ihre Eltern arm sind, schämt sie sich überhaupt nicht dafür.

1. So haben sich Rufus und Scintilla kennengelernt. ❗Rollenspiel, szenisches Spiel
Stelle du dich ihnen in gleicher Weise vor.

Nun warten Rufus und Scintilla auf ihren gemeinsamen Freund Quintus.

a. Wo Quintus ist, dort ist Spaß. – b. Schau, meine Freundin! – c. Quintus ist nicht hier. –
d. Bestens! – e. Wo ist Quintus? – f. Jetzt kommt unser Freund.

2. Ordne nun den lateinischen Sprechblasen in Bild 3 und 4 die passenden deutschen Aussagen zu.
3. Entdecke erste Unterschiede zwischen dem Lateinischen und dem Deutschen.
4. Spielt den kleinen Dialog in der Lerngruppe vor. ❗Endstellung des finitiven Verbs im lat. Satz

Was bedeuten diese Wörter?

Salvē! — ubī — nōn — est — amīcus — hīc — amīca

5. *Du kennst bereits einige lateinische Sätze. Nenne nun die Bedeutung der einzelnen Wörter.*

Rūf**us** – Rufus	Scintill**a** – Scintilla	
serv**us** – **der** Diener	serv**a** – **die** Dienerin	verb**um** – **das** Wort
domin**us** – **der** Herr	domin**a** – **die** Herrin	for**um** – **das** Forum

Alle Wörter im Kasten sind …  … Adjektive (Eigenschaftswörter).   ❗ Lat. Substantive haben keine Artikel.

… Substantive (Hauptwörter).

… Verben (Tätigkeitswörter).

6. *Vergleiche nun die Wörter im Kasten miteinander und ergänze den obigen Satz richtig.*

Wörter mit der Endung **-us** sind in der Regel …
Wörter mit der Endung **-a** sind in der Regel …
Wörter mit der Endung **-▬** sind in der Regel …

❗ -us: mask.
  -a: fem.
  -um: neutr.

… feminin (weiblich).	… maskulin (männlich).	… neutrum (sächlich).

7. *Nun kannst du bereits die erste Regel ableiten: Ordne die Begriffe richtig zu und gib an, woran man das Genus (Geschlecht) im Deutschen erkennen kann.*

Das kannst du schon ❗ Substantive und ihre Genera

8. *Ordne folgende Wörter nach ihrem Genus und nenne ihre Bedeutung:*
amīca – verbum – amīcus – Mārcus – gaudium – domina – Scintilla – Quīntus – serva – dominus – Terentia – Tullius – forum

9. *Beschreibe das Bild und verwende dabei möglichst viele lateinische Wörter:*

Die vier Kinder Marcus, Quintus, Rufus und Scintilla begleiten dich durch die ersten zehn Lektionen und erleben im antiken Rom Abenteuer, die mit einem wichtigen Brief und einem dreisten Dieb zu tun haben. Mehr sei aber noch nicht verraten!

Wer ist wer? Familie und Namen in Rom

Szenen aus dem Leben eines Kindes. Römisches Relief, 2. Jh. n. Chr.

Die römische Familie. Eine römische Familie **(familia)** umfasste mehr als Eltern und Kinder – der gesamte Haushalt gehörte dazu. Anders als bei uns, herrschte der Vater wie ein König über seine Familie. So war Cicero Herr **(dominus)** über seinen Haushalt. Er kümmerte sich auch um Politik und Geschäfte und war daher oft auf dem Marktplatz **(forum)**. Ciceros Ehefrau Terentia war die Hausherrin **(domina)**. Sie kümmerte sich um die Dienerschaft, die die Hausarbeit erledigte, aber auch um die Finanzen und um vieles andere. Für die Kinder sorgten außer den Eltern auch Ammen und andere Sklavinnen und Sklaven. Denn auch der Sklave **(servus)** und die Sklavin **(serva)** zählten zum Haushalt. Manche Sklaven hatten eine Ausbildung und übten anspruchsvolle Berufe aus, etwa Lehrer oder Arzt. Einer dieser ausgebildeten Sklaven war Ciceros Sekretär Tiro, der sogar heute noch bekannt ist.

Ciceros Familie war reich und sehr angesehen. In den ärmeren Familien gab es nur wenige oder gar keine Sklaven. Die Kinder dieser Familien standen weniger unter Aufsicht und hatten mehr Freiheiten, allerdings mussten sie zum Teil arbeiten und für die Familie Geld verdienen.

Wer ist wer?
Mārcus Tullius Cicerō **dominus est**. Terentia **domina est**.
Tīrō **servus est**. Rūfus **amīcus est et** Scintilla **amīca est**. Quīntus: „**Ubī** Scintilla **est**?
Cūr Scintilla **nōn hīc est**?" Mārcus: „**Iam** Scintilla **venit**; iam hīc est."

Römische Namen. Der Name **(nōmen)** eines Römers bestand nicht nur aus einem Wort **(verbum)**, sondern meist aus dreien: dem Vornamen **(praenōmen)**, dem Familiennamen **(nōmen gentīle)** und dem Beinamen **(cōgnōmen)**, so wie bei Marcus Tullius Cicero. Die Römer kannten nur wenige männliche Vornamen, die meist abgekürzt geschrieben wurden: Außer Marcus (M.) gab es z. B. Quintus (Q.). Ein römisches Mädchen erhielt als Namen die weibliche Form des väterlichen Familiennamens: Ciceros Tochter hieß also Tullia. Oft hatten mehrere Personen in einer Familie denselben Namen – deshalb waren Rufnamen wichtig, um Verwechslungen zu vermeiden. Bei uns heißen die beiden Söhne stets Marcus und Quintus, ihre Väter Cicero beziehungsweise Tullius.

1. Marcus hatte denselben Namen wie sein Vater. Auch Quintus hatte denselben Namen wie sein Vater. Kombiniere nun: Gib den vollen, dreiteiligen Namen der beiden Jungen an.
2. Vergleiche die moderne Familie mit der der Römer. Nenne Unterschiede und Gemeinsamkeiten.

W
G₁ Römer in Aktion

properāre   **labōrāre**   **pārēre**   **clāmāre**   **cōgitāre**   **gaudēre**

a. Sieh dir die Bilder an. Schreibe dann die lateinischen Wörter auf und füge die passenden deutschen Bedeutungen hinzu: eilen – sich freuen – denken – gehorchen – schreien – arbeiten

b. Gib an, welcher Bestandteil allen lateinischen Verbformen gemeinsam ist und welche Entsprechung er im Deutschen hat. Nenne den Begriff für diese Verbform.

G₂ Auf die Endung kommt es an

Mārcus **cōgita**-t.   **Amīca gaude**-t.   Scintilla **veni**-t.
Mārcus **et** Quīntus **cōgita**-nt.   **Amīca et amīcus gaude**-nt.   Scintilla **et** Rūfus **veni**-u-nt.

c. Gib an, für wie viele Personen (Einzahl oder Mehrzahl) die Endungen -t und -nt stehen.

d. Finde in der zweiten Zeile die Endung, die sich von den anderen unterscheidet, und gib an, worin der Unterschied besteht.

e. Die Verben gehören der a-, der e- und der i-Konjugation an. Ordne sie diesen Konjugationen zu.

Rūfus **amīcus est**. Scintilla **amīca est**. Rūfus **et** Scintilla **amīcus et amīca sunt**.

*f. Erschließe die Bedeutung von **sunt**.*

Quīntus **non hīc est. Iam venit**.
Rūfus **et** Scintilla **non hīc sunt. Iam veniunt**.

g. Übersetze und bestimme Subjekt und Prädikat im Lateinischen und im Deutschen. Nenne den Unterschied, der dir auffällt.

G₃ Es geht um die Anzahl

Servus laborat. Servi laborant.
Domina clamat. Dominae clamant.
Ubi forum est? – Ubi fora sunt?

> ✔ grammat. Termini:
> Verb: Infinitiv, Personalform, Numerus, Singular, Plural, Stamm, Endung, Konjugation;
> Substantiv: Genus (mask., fem., neutr.), Kasus (Nom.), Deklination;
> Sätze, Satzglied, Subjekt, Prädikat

Genus	Singular	Plural
maskulin (m)	**serv**▬	**serv**▬
feminin (f)	**domin**▬	**domin**▬
neutrum (n)	**for**▬	**for**▬

h. Erschließe, wie die fehlenden Endungen in der Tabelle lauten müssen.

! Auf dieser Seite sind alle lat. Wörter neuer Wortschatz.

W
G₁
1. Scintilla lernt schreiben. Hilf ihr, die Lücken zu füllen.

s▪ ▪vus – do▪i▪a – c▪g▪tare –
v▪ ▪bum – l▪b▪rare – ▪au▪ere
▪ami▪ia – a▪i▪us – p▪rere
c▪▪ – u▪▪ – ▪o▪ –
▪ i ▪ – ▪a▪ –
▪ ▪

AH – S. 6: Ü1, Ü2

2. Buchstabenwirrwarr. Sortiere die Buchstaben, sodass lateinische Infinitive entstehen, und gib deren Bedeutung an.

nivere – clarame – daugere – reborala –
aregcoti – erarep – roeprarep

AH – S. 7: Ü4

3. Kennst du die Fachbegriffe? Ordne die grammatischen Ausdrücke zu.

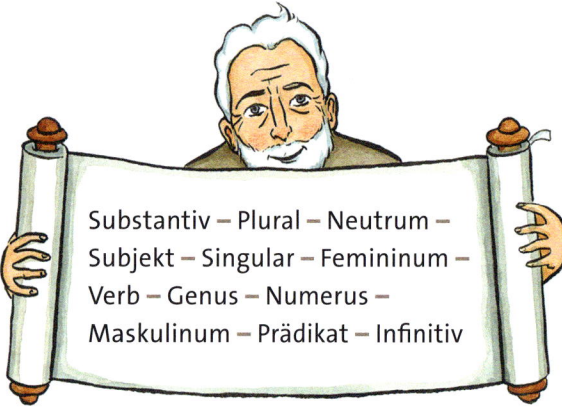

Substantiv – Plural – Neutrum –
Subjekt – Singular – Femininum –
Verb – Genus – Numerus –
Maskulinum – Prädikat – Infinitiv

Geschlecht – Zeitwort – weiblich –
Anzahl – Hauptwort – Satzaussage –
Einzahl – männlich – Mehrzahl –
Satzgegenstand – sächlich – Grundform

G₂
4. Auf Verbenjagd.

AH – S. 6: Ü3; S. 7: Ü6

a. Finde alle Verben.
b. Sortiere sie nach Singular und Plural.
c. Setze sie in den Infinitiv und wirf sie in die richtigen Amphoren.
d. Übersetze die Sätze.

1. Amicus properat. 2. Hic servus et serva laborant. 3. Cur dominus non gaudet?
4. Amica et amicus cogitant. 5. Domina venit et clamat. Cur clamat?

HA

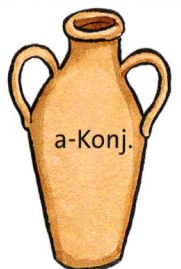
a-Konj.

e-Konj.

i-Konj.

5. Was Marcus und seine Freunde alles tun. Bilde aus den Infinitiven passende Verbformen.

AH – S. 7: Ü4

Marcus ...

(properare)
(venire)
(parere)
(cogitare)

Rufus et
Scintilla ...

(gaudere)
(clamare)
(venire)
(laborare)

G₃
6. Feine Unterschiede. Bestimme das Genus und den Numerus.

familia – verba – servus – domini –
amicae – Marcus – domina – servae –
dominus – amici – verbum

7. Gut sortiert.

HA

a. Finde alle Substantive und ordne sie nach dem Genus.
b. Übersetze den Text.

AH – S. 7: Ü5

c. Setze die Pluralformen in den Singular.

1. Amici et amicae veniunt. 2. Iam domina venit et clamat: „Cur servi non laborant?"
3. Servi et servae non gaudent.
4. Cogitant: „Cur domina clamat?" 5. Iam properant et parent. 6. Domina gaudet.

Z
8. Wer ist gefragt? Ergänze und übersetze.

1. ▪▪ domina est. 2. Terentia gaudet.
3. Cur gaudet? 4. Amici et ▪▪ veniunt.
5. Ubi ▪▪ est? 6. Ubi serva est? 7. Cur non properant? 8. ▪▪ clamat: „Cur ▪▪ non laborant?" 9. Iam hic sunt; iam parent.

servi – Terentia – domina – amicae – servus

Hat denn keiner Zeit für mich?

HRU – KV 1: Illustration

! Auf dieser Seite sind alle grammat. Phänomene neu.

Marcus möchte heute gerne etwas unternehmen.
Aber leider sind in seiner Familie alle beschäftigt.

Vorlektion, S. 13: Ü 9

a. *Nenne alle* Personen *und* Personengruppen,
die im Text vorkommen.
b. *Ordne ihnen die jeweiligen Prädikate zu und finde*
so heraus, was sie tun oder sind.

Mārcus nōn gaudet.
Nam familia labōrāre dēbet.
Ciccrō dominus est. Hodiē dictat[1] et dictat[1].
Terentia domina est. Semper properat et vigilat[2].
5　Clāmat: „Ubī servī et servae sunt? Labōrāre dēbent.
Cūr nōn veniunt? Cūr nōn pārent?"
Tum servī et servae properant; iam pārent.

Mārcus cōgitat: „Familia labōrāre dēbet.
Sed ubī amīcī sunt?
10　Ubī Scintilla amīca est? Ubī Quīntus est?"
Mārcus clāmat: „Amīcī!"
Sed amīcī nōn veniunt.

Tum Terentia venit et nārrat:
„Iam Quīntus venit; iam hīc est."
15　Verba placent! Mārcus gaudet. Nam cōgitat:
„Quīntus hīc est – gaudium hīc est!"

1) **dictāre**: diktieren　2) **vigilāre**: wachsam sein, unermüdlich tätig sein

c. *Beschreibe, in welcher Stimmung Terentia ist und*
in welcher Marcus.
d. *Überlege, was Marcus und Quintus zusammen*
unternehmen könnten; vergleiche dies
mit dem, was du in einer
ähnlichen Situation
tun könntest.

Mit dem Griffel auf den Marktplatz: Bildung in Rom

! Einstiegsidee: Reflexion eigener Schullaufbahn SuS → anschließend Vergleich

Die Elementarschule. Anders als bei uns gab es in Rom keine Schulpflicht. Kinder vornehmer Familien wie Marcus und Quintus hatten Hauslehrer. Andere besuchten die Elementarschule **(lūdus)** im Alter von etwa sieben bis elf Jahren. Das Wort **lūdus** bedeutet neben „Schule" auch „Spiel" – aber der Spaß hielt sich in Grenzen: Die Schule hatte kein eigenes Gebäude, sondern fand am Rande öffentlicher Plätze statt, nur durch Vorhänge vom Straßenlärm abgetrennt. Außerdem war der Lehrer **(magister)** oft streng und fand es wichtiger, den Schüler **(discipulus)** zu mahnen **(monēre)** als zu loben **(laudāre)**; er teilte sogar Schläge aus. Immerhin war das Schulgeld so niedrig, dass auch ärmere Familien es sich leisten konnten: Zumindest in der Stadt Rom lernten wohl die meisten Kinder, Jungen wie Mädchen, lesen und schreiben.

Schreibutensilien. Fresko aus Pompeji, 1. Jh. n. Chr.

Schreiben – aber wie? In der Schule und im Alltag, etwa für einen Brief **(epistula)**, benutzte man zum Schreiben ein Wachstäfelchen **(tabula)**, in das man mit dem Metallgriffel **(stilus)** Buchstaben ritzte. Mit der breiten Rückseite des Griffels konnte man sie wieder ausradieren. Für Bücher dagegen verwendete man zu Ciceros Zeit Papyrus, der aus der ägyptischen Papyruspflanze hergestellt war: Die Texte wurden mit Tinte und einem angespitzten Schilfrohr auf Papyrusstreifen geschrieben; diese wurden zusammengerollt und als Papyrusrollen in eimerartigen Behältern aufbewahrt.

Scintilla in der Elementarschule
Magister intrat et **salūtat**: „**Salvēte**, discipulī!" Et **discipulī salūtant**: „**Salvē**, magister!" **Subitō** magister clāmat: „Ubī **tabulae** et **stilī** sunt?" Scintilla **rogat**: „Cūr **magister** clāmat? Nōn **laudat**, semper **monet. Lūdus** nōn placet."

Studieren – nichts für jeden. Nach der Elementarschule erhielten fast nur Jungen aus reichen und angesehenen Familien weitere fünf Jahre zu Hause Unterricht **(schola)**: Beim Literaturlehrer **(grammaticus)** lasen sie griechische und römische Schriftsteller. Wer es sich leisten konnte, studierte danach bei einem Redner die Redekunst, gerne auch im Ausland. Cicero hatte in Rom, Athen und Rhodos studiert; sein Sohn Marcus ging später zum Studieren ebenfalls nach Athen. Mädchen wurden vor allem auf die Haushaltsführung vorbereitet. Einige aber erhielten eine sehr gute Bildung, so z. B. Ciceros Tochter Tullia, die Cicero selbst unterrichtete.

1. Benenne die abgebildeten Schreibutensilien und vergleiche sie mit der Abbildung auf S. 21.
2. Was ist eigentlich Papyrus? Recherchiere. HA S. 21: Illustration
3. Obwohl es keine Schulpflicht gab, besuchten viele Kinder die Schule.
Diskutiert in der Lerngruppe, warum sie das taten. HRU – KV 22: Recherchieren

W Paten gesucht

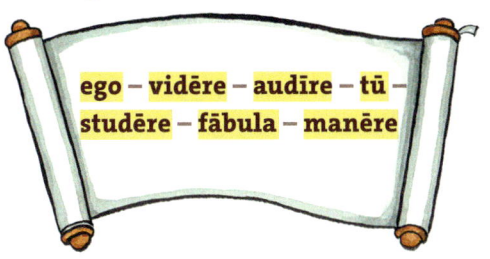

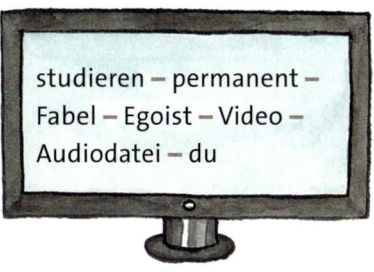

a. Erschließe, welcher lateinische „Pate" zu welchem deutschen Wort gehört.

Ordne dann den lateinischen Wörtern die richtige Bedeutung zu:

hören – sehen – ich – du – bleiben – sich bemühen – Geschichte

> ✔ 3. Sg./Pl. a-/e-/i-Konj. (L1 G2, S. 15/16)

G1 Die Person steckt in der Endung

*b. Wie du weißt, geben **-t** und **-nt** die 3. Person an. Erschließe, welche lateinischen Personal-*
endungen die übrigen Personen bezeichnen: wir – ich – du – ihr. ❗Geschafft!: alle Personalendungen

c. Beschreibe, wie die Formen gebildet sind. Nenne die Form, die abweicht.

d. Lege für die obigen Verben eine Formentabelle mit allen drei Personen im Singular und Plural an.

> ✔ Nom. Sg./Pl. a-/o-Dekl. (L1 G3, S. 15/16)

G2 Marcus sieht und hört viel

Mārcus **videt** Terenti-**am** et Tulli-**am**.   → Mārcus **videt** domin-**ās**.

Mārcus **videt** Rūf-**um** et Quīnt-**um**.   → Mārcus **videt** amīc-**ōs**.

Mārcus nōn **audit** verb-**um**. **Audit** fābul-**am**.   → Mārcus **audit** verb-**a**.

e. Erschließe, wie die neuen Formen auf der linken und der rechten Seite zu übersetzen sind.

f. Gib an, wie man nach diesen Formen fragt, und nenne den Kasus.

g. Ordne die neuen Endungen den Deklinationen zu.

*h. Nenne den Nom. Sg. und Pl. zu **verbum** und gib an, was dir auffällt.*

❗Inf. als Subj. und Obj. nicht thematisiert, da im Deutschen analog

W **1. Wortschlange. Zerlege in Wörter und gib deren Bedeutung an.**

HODIETUTABULAEMANETAUDIUNT

AH – S.10: Ü1; S.11: Ü2

G1 **2. Personen gesucht!**

a. Sortiere nach Sg. und Pl.

b. Bestimme die Person und übersetze.

placet – paremus – laudatis – salutas – rogamus – mones – maneo – sunt

c. Bilde den jeweils anderen Numerus.

AH – S.11: Ü3, Ü4

3. Was Scintilla dem Lehrer sagen möchte.

a. Wähle aus und übersetze (1–3).

b. Ergänze und übersetze (4–8).

1. Scintilla cogita(s/mus/t): 2. „Amicae et ego audi(mus/tis/o), vide(tis/o/mus), labora(s/mus/nt). 3. Sed tu non lauda(t/s/tis), semper mone(o/s/t). 4. Ego salut▬, tu non salut▬. 5. Ego rog▬, tu clam▬." 6. Sed subito magister: 7. „Hodie gaudeo. Nam auditis, par▬, labor▬. 8. Hodie mon▬ non debeo."

AH – S.11: Ü3, Ü4

c. Um Satz 6 zu übersetzen, musst du im Deutschen ein Wort ergänzen. Nenne es.

G2 **4. Formenwechsler.**

a. Wähle alle Akkusativformen aus und nenne jeweils den Nom. Sg.

epistulas – verba – fabula – servam – amicum – amicas – gaudium – dominos

b. Bilde zu allen Akkusativformen den jeweils anderen Numerus.

AH – S.12: Ü5

5. Hilf Scintilla bei den Hausaufgaben.

a. Wähle alle Substantive aus und bestimme sie nach KNG (Kasus, Numerus, Genus).

amicas – laboras – rogamus – dominus – verbum – fabulam – tum – tabulas – servos – narras – places – venis

b. Wähle die Verben aus, bestimme sie nach Person und Numerus und übersetze sie.

c. Ein Wort bleibt übrig. Nenne dessen Bedeutung.

6. Auf die Endung kommt es an. Sortiere die unsinnigen Sätze aus und begründe deine Entscheidung.

1. Amicus amicum videt. 2. Amicum amica videt. 3. Servus fabulam narrat. 4. Servum fabula narrat. 5. Marcus verbum audit. 6. Verbum Marcum audit.

AH – S.12: Ü6

7. Was Quintus gefällt. Ergänze und übersetze.

1. Marcus et Quintus amicos man▬. 2. Quintus: „Ego Scintill▬ videre stud▬. 3. Nam amica semper gaud▬." 4. Marcus: „Iam amicas et amic▬ videmus." 5. Quintus: „Et Scintill▬ video. 6. Gaudeo, nam semper fabul▬ narrat. Fabulae mihi[1] placent." 7. Marcus: „Ego cogit▬: Tibi[2] Scintilla placet."

AH – S.12: Ü6

1) **mihi**: mir   2) **tibi**: dir

8. Fit im Deutschen? Übersetze. Was fällt dir beim deutschen Infinitiv auf?

1. Laborare debetis. 2. Laborare non placet. 3. Amicos videre studemus.

! Inf. als Subj./Obj.

9. Suche alle Infinitive heraus und übersetze sie ins Lateinische.

Viele Lehrer sagen: „Wir wollen loben. Wir freuen uns nicht, wenn wir schreien müssen." Die Schüler antworten: „Wir wünschen, Geschichten zu hören. Es gefällt uns aber nicht zu gehorchen."

Z **10. Die römische Schrift war fortlaufend – wie hier zu sehen. a. Lies laut.**

SEMPERLABORARENONPLACET

b. Wähle deinen Lieblingssatz und schreibe ihn auf römische Art. Tauscht die Sätze untereinander aus und lest sie vor.

H **Übersetze und achte auf die richtige Wiedergabe von rogare.**

Magister discipulos rogat.

Discipuli veniam (Verzeihung) rogant.

Was ist wichtiger als Schule?

Quintus trifft ein – aber leider lassen die Abenteuer auf sich warten.
*Zunächst einmal sollen beide Jungen bei Severus, dem **grammaticus**,*
Unterricht haben. So hat sich Marcus das Wiedersehen nicht
vorgestellt! Aber er versucht, das Beste daraus zu machen.

HRU – KV 2: Illustration

a. *Suche aus dem Text alle Wörter heraus, die eine Zeitangabe oder eine Abfolge bezeichnen.*
Zeige, an welcher Stelle etwas Unerwartetes geschieht.

Mārcus et Quīntus grammaticum exspectant.
Mārcus: „Ego libenter fābulās audiō.
Grammaticus semper fābulās nārrat.“
Quīntus: „Grammaticum audīre nōn placet;
5 ego amīcōs et Scintillam amīcam vidēre studeō.“
Mārcus: „Sssst! Iam grammaticum videō.“
Nunc Mārcus et Quīntus grammaticum salūtant.
Grammaticus: „Salvēte! Hodiē nōn fābulam audītis,
sed verba flectitāre[1] dēbētis.“
10 Mārcus flectitat[1]: „Labōrō, labōrās, labōrat ...“
Quīntus tacet. Sevērus Mārcum laudat: „Bene!“
Sed Quīntum monet: „Cūr tū tacēs?“
Nunc et Quīntus flectitat[1]: „... labōrāmus, labōrātis, labōrant.“
Tum grammaticus: „Nunc verba scrībere[2] dēbētis.
15 Ego epistulam dictō[3]. Ubī tabulae et stilī sunt?“

Sed Quīntus et Mārcus grammaticum nōn audiunt.
Quīntus Mārcum rogat: „Ubī Scintilla est?“
Mārcus: „Nesciō.“
Quīntus: „Cūr hīc manēmus? Cūr nōn Scintillam convenīmus?“
20 Mārcus: „Quid? Schola est. Hīc manēre dēbēmus.
Sevērum timeō.“ Iam Sevērus monet:
„Cūr nōn audītis? Cūr nōn labōrātis?“
Subitō Cicerō intrat: „Veniam rogō, magister!
Sed Mārcus et Quīntus statim mēcum[4] venīre dēbent.“
25 Mārcus et Quīntus gaudent, grammaticum salūtant,
forās properant.

1) **flectitāre:** beugen, flektieren   2) **scrībere:** schreiben
3) **dictāre:** diktieren   4) **mēcum:** mit mir

b. *Achte darauf, wie du **Scintillam amicam** in Z. 5 am besten wiedergibst.*
c. *Beschreibe, wie der Unterricht bei Severus abläuft.*
d. *Vergleiche diesen Ablauf mit dem einer heutigen Unterrichtsstunde,*
z. B. in Deutsch oder Latein.

! existenzieller Transfer

Vom Waschen zum Erlebnisbad

> ! Einstiegsidee: Frage nach Thermen/Erlebnisbädern
> (an Vorerfahrungen anknüpfen)

Frauen im Bikini. Mosaik aus der Villa Romana del Casale auf Sizilien, erbaut um 300 n. Chr.

So badeten die Römer. Zu Ciceros Zeit hatten nur wenige Privathäuser einen Waschraum, und dieser war meist klein und dunkel, also wenig einladend. Aber sehr gerne und oft besuchten die Römer öffentliche Badeanlagen **(thermae)**. Der Eintrittspreis war niedrig und so wurde Baden zum täglichen „Luxus" auch für ärmere Leute. Die Räume in den Thermen waren meist reich mit Mosaiken und Malereien geschmückt. Der Boden und die Becken wurden durch eine Unterbodenheizung angenehm warm gehalten. In den Toiletten gab es bereits Wasserspülung.

Zur Ausstattung jedes öffentlichen Bades gehörten ein Kaltbad **(frīgidārium)**, ein Warmbad **(tepidārium)** und ein Heißbad **(caldārium)**. Vor dem Baden zog man sich in einem Auskleideraum **(apodytērium)** aus. Oft mussten dort Sklaven Kleidung und Wertsachen bewachen. Man konnte in den Thermen nicht nur schwimmen, sondern auch in einer Art Sauna schwitzen oder auf dem Sportplatz **(palaestra)** Ball spielen. Für Frauen und Männer gab es in einer Großstadt wie Rom getrennte Bäder, in kleineren Städten auch gemischte. Nach dem Bad ließen sich die Besucher gern massieren, schminken und frisieren. Auch Speisen und Getränke wurden angeboten. Oft gab es sogar Bibliotheken, Kunst-galerien und Räume, in denen ein Redner **(ōrātor)** oder Dichter etwas vortragen konnte. In den Thermen konnte man also viel mehr tun als nur baden: Man lernte Leute kennen, schloss Geschäfte ab und betrieb sogar Politik. Kein Wunder also, wenn ein Thermenbesuch meist mehrere Stunden dauerte.

Cicero besucht die Thermen

Cicerō et servus **thermās** intrant. **Ecce**! Servus **apodytērium** intrat, sed **caldārium** nōn intrat. Cūr manet? Manēre dēbet. Intrāre **nōn dēbet**, sed **diū** dominum exspectat. Nunc dominus servum **vocat**. Sed servus nōn venit. Cūr **cessat**? Ubī est? – **Clam** amīcam convenit.

Thermen heute. Thermen aus römischer Zeit sind auch heute noch erhalten. Diese stammen allerdings aus der Kaiserzeit, lange nach Cicero: Die Kaiser erbauten in Rom und im römischen Reich luxuriöse Bäder von riesigen Ausmaßen, die oft nach ihnen benannt sind. Cicero hätte gestaunt, wenn er die Thermen des Caracalla oder Diokletian hätte sehen können!

1. Beschreibe, was du auf dem Bild siehst. In welchem Bereich halten sich die Frauen wohl auf?
2. Erläutere anhand des Zeitstrahls und des Eigennamenverzeichnisses, wann Cicero lebte, welchen S. 306–311
Zeitraum die Kaiserzeit umfasst und wie lange nach Cicero die Caracallathermen gebaut wurden.
3. Recherchiere, wo noch Thermen aus römischer Zeit erhalten sind – vielleicht sogar
in deiner Nähe. Zeige an einem Beispiel, wie sie heute genutzt werden.

G₁ **Redner – mit einer neuen Deklination im Gepäck**

Hīc **ōrātor** est. **Ōrātōrem** audiō .
Hīc **ōrātōrēs** sunt. **Ōrātōrēs** audiō.

> ✔ Nom. Sg./Pl. (o-/a-Dekl.): L1 – S. 15 G₃
> ✔ Akk. Sg./Pl. (o-/a-Dekl.): L2 – S. 19 G₂

a. *Nenne den Basisteil des neuen Substantivs. Was fällt beim Nom. Sg. auf?*
b. *orator gehört zur konsonantischen Deklination. Begründe diese Bezeichnung.*
c. *Gib die Endungen der konsonantischen Deklination für Nom. Pl., Akk. Sg. und Akk. Pl. an.*

W₁ **Stiehl dem Basisteil die Endung!**

Dominus **sōlem** videt.
Sed **fūrem** nōn videt.

d. *Erschließe die Bedeutung der neuen*
Wörter und gib den Nom. Sg. (= Basisteil) an.

G₂ **Laufen und fliehen – eine neue Konjugation**

> ✔ a-/e-/i-Konj.: L1 – S. 15 G₂; L2 – S. 19 G₁

Servus **curr**-i-t. Dominus rogat: „Cūr **curr**-i-s?"
Servus: „**Curr**-ō, nam servī semper **curr**-u-nt. Nam **curr**-e-re dēbent."

e. *Erschließe den Stamm des neuen Verbs.*
f. *currere gehört zur konsonantischen Konjugation. Begründe diese Bezeichnung.*
g. *Erkläre, warum zwischen Stamm und Endung oft ein Bindevokal nötig ist.*

Fūr **fugi**-t. Servus rogat: „Cūr **fugi**-s?"
Fūr: „**Fugi**-ō, nam **fūrēs** semper **fugi**-u-nt. Nam **fuge**-re dēbent."

h. *Bei manchen Verben der konsonantischen Konjugation ist der Stamm in einigen Formen*
erweitert. Gib an, in welcher Hinsicht.

timēre, timeō – **currere**, **currō** – **fugere**, **fugiō**

i. *Dies sind drei Verben in der Lernform. Lies die Infinitive vor.*
j. *Begründe, warum du die 1. Person Sg. immer mitlernen musst.*

> ❗ Geschafft!: Präsens aller 5 Konjugationsklassen

W₂ **Gefahr im Bad**

Rufus will in die Thermen gehen. Sein Vater **dīcit**: „Pass auf – da treiben sich Diebe herum! Die
petunt das Geld anderer Leute; schlimmer noch, sie **rapiunt** es ganz einfach. Deshalb darfst du
deine Sachen nie unbewacht **relinquere**."

k. *Ordne den Verben die passende Bedeutung zu: haben wollen – rauben – zurücklassen – sagen.*
l. *Eines der Verben hat eine Stammerweiterung. Nenne es und begründe.*
m. *Gib zu jedem Verb die Lernform an.*

W **1. Silbensalat.**
Setze zusammen und übersetze.

sas	di	tor	u	vo	ec	o	co	ces

| ce | clam | ra |

AH – S. 15: Ü 1

G1
W1 **2. Freunde gesucht! Gib jedem Redner einen Freund im selben Kasus.**

| oratores – oratores – | amicum – amici – |
| orator – oratorem | amicus – amicos |

3. Kalt, warm oder heiß? Wirf die Wörter in die richtigen Schwimmbecken.

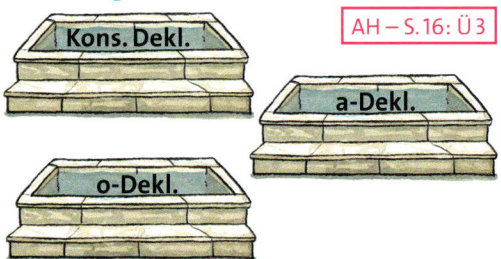

AH – S. 16: Ü 3

Kons. Dekl.

a-Dekl.

o-Dekl.

tabula – **orator** – venia – servus – **fures**
gaudium – serva – **solem** – amicum

4. Quintus träumt von Scintilla.
Was bemerkt er alles nicht? Bilde Sätze.

Quintus	**sol** – **fur** – amici –	non audit.
	clamor – verbum –	non videt.
	orator – fabulae	

AH – S. 16: Ü 4

5. Formenstaffel HA

servus → Akk. → Pl. → Nom. → Sg.
familia → Pl. → Akk. → Sg. → Nom.
fur → Pl. → Akk. → Sg. → Nom.
verbum → Akk. → Pl. → Nom. → Sg.

6. Ein Dieb! Ergänze und übersetze.
1. Quintus et Marc▬ non **cessant**: Foras properant. Iam **sol**▬ vident. 2. Marcus clamat: „Gaudeo! Hodie Sever▬ non timemus." 3. Tum therm▬ intrant.
4. Hic Ruf▬ amic▬ convenire student.
5. **Ecce**, iam amic▬ vident. 6. **Fur**▬ non vident. 7. Nam fur▬ non clamant, sed tacent. HA

| as – us – um (4) – em (2) – es |

G2 **7. Verben-Mix.** AH – S. 17: Ü 5
W2 **a.** *Sortiere nach Konjugationen (a-, e-, i-, kons.).*
laudat – **curris** – manent – **fugiunt** – **rapit** – audimus – monetis – **dicimus** – **peto**
b. *Gib zu den Verben der kons. Konjugation jeweils die Lernform und die Bedeutung an.*

8. Numerus, wechsel dich!
Bilde den jeweils anderen Numerus und übersetze beide Formen. AH – S. 17: Ü 5
salutat – **curro** – venitis – **petunt** – **fugis** – manet – **dicit** – **relinquis** – **rapio**

9. Formenstaffel AH – S. 17: Ü 6
dico → 2. P. → Pl. → 3. P. → 1. P. → Sg.
fugiunt → Sg. → 2. P. → Pl. → 1. P. → 3. P.

10. Was Rufus heute unternimmt.
Übersetze. HA
1. Rufus: „Hodie non laboro, sed thermas intro. 2. Hic **oratorem** audio. 3. Nam **oratores** audire placet. 4. Sed **diu cessare** non debeo. 5. Nam Marcum et Quintum exspecto. 6. Amicos **clam** convenire debeo. 7. Rogatis, cur? 8. Non **dico**, non narro …"

❗Inf. als Subj./Obj.

Z **11. Diese Verben kennst du noch nicht, aber du weißt schon etwas über sie. Gib an, welchen Konjugationen sie angehören, und bilde jeweils die 3. P. Sg.**
accedere, accedo (herantreten) – **capere**, **capio** (fangen) – habere, habeo (haben)

H *Drei Verben, viele Bedeutungen.*
Ordne die passende Bedeutung zu.
1. Hic **maneo**. Amicos **maneo**. 2. Rufus thermas **petit**. **Fur** dominum **petit**. Servus veniam **petit**. 3. Servus dominum **fugit**. Marcus **solem fugit**.

| bleiben – angreifen – erwarten – erbitten – aufsuchen – meiden – fliehen vor |

❗Geschafft!: Präsens aller 5 Konjugationsklassen

Ein aufregendes Treffen

❗SuS formulieren Erwartungen an den Text

Cicero hat Marcus und Quintus einen Auftrag gegeben: Sie sollen ihren Freund Rufus, den Sohn eines Privatermittlers, in den Thermen treffen und von ihm einen Brief entgegennehmen, der wichtige Beweise für einen Gerichtsprozess enthalten soll. Es ist heiß und Marcus und Quintus freuen sich auf die Thermen. Sie ahnen nicht, was sie erwartet ...

a. *Beschreibe, welche Bereiche der Thermen hier abgebildet sind, und erkläre, warum hier ein Redner zu sehen ist.*
b. *Stelle aus dem Text Prädikate zusammen, die Eile ausdrücken.*

Mārcus: „Ibi thermae sunt. Ibi Rūfus exspectat." Quīntus gaudet:
„Bene! Thermās intrāre cupiō, nam ita sōlem fugimus."
Mārcus: „Quid dīcis? Nōn ōtiī causā[1] thermās intrāmus.
Mandātum[2] habēmus. Cessāre nōn dēbēmus,
5 nam Cicerō epistulam exspectat."
Nunc amīcī apodytērium intrant. Sed Rūfum nōn vident.
Quīntus: „Ubī Rūfus est? Cūr nōn hīc manet?" Rūfum vocant.
Mārcus: „Hīc tunicās[3] relinquimus et Rūfum quaerimus."
Amīcī diū thermās percurrunt[4].
10 Percurrunt[4] tepidārium, caldārium, frīgidārium.
Sed Rūfum nōn vident. Ubīque clāmōrem audiunt:
Populus natat[5] et gaudet et clāmat. Servī currunt.
Mārcus: „Fortāsse[6] Rūfus ōrātōrēs audit.
Rūfus saepe verba audīre cupit."
15 Quīntus: „Bene! Ubī ōrātōrēs sunt?"
Mārcus: „Ibi ōrātōrēs dīcunt." Amīcī ōrātōrēs accēdunt.
Subitō Quīntus Rūfum videt et Mārcum tenet:
„Ecce Rūfus amīcus! Epistulam dextrā[7] habet."
Sed quid nunc est? Clam Rūfum petit ... fūr!
20 Epistulam rapit, fugit. Rūfus clāmat:
„Ecce fūr! Fūrem tenēre dēbēmus!"
Amīcī fūrem capere student.
Sed fūr currit et currit et forās properat.
Statim Rūfus, Quīntus, Mārcus apodytērium petunt,
25 tunicās[3] capiunt, forās properant.
Mārcus clāmat: „Ubī fūr est? Epistulam habet, fugit!"
Quīntus: „Ibi fūr currit, Subūram[8] petit."

1) **ōtiī causā**: zur Entspannung   2) **mandātum** n: Auftrag   3) **tunica** f: Tunika
4) **per-currere**, -ō: durcheilen   5) **natāre**: schwimmen   6) **fortāsse**: vielleicht
7) **dextrā**: in der rechten Hand   8) **Subūra** f: Subura *(römisches Stadtviertel)*

c. *Finde den Höhepunkt der Handlung und begründe deine Entscheidung.*

Die Subura – ein buntes Stadtviertel

> ❗ Einstiegsidee: heutiges Großstadtleben (Anknüpfen an Lebenswelt der SuS)

Spannend und vielfältig – die Subura. Nicht weit von den Häusern vornehmer Römer, wie etwa der Familie Cicero, befand sich in einem Tal nordöstlich des Stadtzentrums **(forum)** das Wohnviertel der ärmeren Bevölkerung. Die Menschen wohnten **(habitāre)** meist in engen, mehrstöckigen Wohnblöcken **(insula)**. Im Erdgeschoss befanden sich zahlreiche Werkstätten und Geschäfte **(taberna)**. Die Wohnungen waren sehr schlicht und dienten nur als Schlafstätten; Kochen war verboten, da es beim Umgang mit offenem Feuer immer wieder zu verheerenden Bränden kam. Daher wurde in Imbissbuden **(popīna)** und Kneipen **(caupōna)** gegessen. Die Gassen **(vicus)** waren eng und verwinkelt, sodass dort kaum ein Wagen fahren konnte. Außerdem warfen die Leute ihren Müll einfach auf die Straße. Das unübersichtliche Treiben zog auch verdächtige Gestalten und Verbrecher **(scelerātus)** an: Gefahr **(periculum)** lauerte vor allem nachts in den dunklen Ecken. Die Subura war aber nicht nur ein Elendsviertel, sondern hatte auch viele interessante und anziehende Seiten. Hier lebten ganz unterschiedliche Menschen zusammen, die tagsüber die Straßen belebten und in den kleinen Läden einkauften. Sogar der berühmte Julius Caesar wohnte eine Zeit lang in diesem lebendigen Stadtviertel.

Kostenlose Brotverteilung. Fresko aus Pompeji, 1. Jh. n. Chr.

Ein Dieb auf der Flucht

Fūr epistulam rapit, forās properat, thermās[1] relinquit. Iam Mārcum et Quīntum audit. Nam **līberī** clāmant: „Ubī fūr est?" **Scelerātus** cōgitat: „**Līberī** epistulam quaerunt, sed nōn **inveniunt**. Nam Subūram petō. Ibi **vīcī** sunt. **Līberī vīcōs** nesciunt, sed ego **sciō**; nam ibi **habitō**. **Certē** līberī **vīcōs** et **perīcula** timent. Nam vērē[2] **scelerātī** hīc **habitant**."

1) **thermae** f Pl.: → L 3 (S. 22)   2) **vērē**: echt; *übersetze:* die echten

Schmiede. Römisches Relief, 3. Jh. n. Chr.

Ruhe – verzweifelt gesucht! Weil ständig etwas los war, konnte das Leben in der Subura auch ziemlich anstrengend sein. So schimpft etwa der römische Dichter Martial: „Weder zum Nachdenken noch zum Ruhen haben die Armen Raum in der Stadt. Morgens verweigern einem die Lehrer das Leben, nachts die Bäcker, und die Hämmer der Schmiede den ganzen Tag."

1. Beschreibe die Szene auf dem oberen Bild.
2. Erkläre, warum Martial im unteren Text die Lehrer nennt. Ziehe hierfür auch S. 18 heran. Lektion 2, S. 18
3. Diskutiert, ob das Leben in der Stadt heute anders ist.

W **Darf es etwas Süßes sein?**

a. frustra ist ein Adverb. Bestimme die Wortart der übrigen neuen Wörter.

b. Bestimme die Konjugation der Verben und die Deklination der Substantive.

c. Gib die Szene auf Deutsch wieder. Wähle dabei für die unbekannten Wörter die richtige Übersetzung aus: Eltern – es ist erlaubt – umsonst – sie bleiben stehen

G₁ **Zwei Verben, die aus der Reihe tanzen**   ✔ 3. Sg./Pl. von *esse*: L1 – S. 15 G₂

Mārcus et Quīntus amīcī sunt.
Ibi servus est. Servus accēdit et rogat:

d. est und sunt sind dir schon bekannt. esse lautet der Infinitiv. Erschließe nun mithilfe der dir bekannten Personalformen die übrigen Formen von esse und ordne sie danach in der richtigen Reihenfolge des Konjugationsschemas.

possum   **potestis**   **potest**   **possumus**   **possunt**   **potes**

e. Das Verb posse (eigtl. „pot-esse": fähig sein, können) ist von esse abgeleitet: Bringe die lateinischen Formen in die richtige Reihenfolge und füge die jeweilige deutsche Bedeutung hinzu.

f. Wann wird t zu s? Formuliere die Regel.

✔ 1./2./3. Sg./Pl. (a-/e-/i-Konj.):
L2 – S. 19 G₁, S. 20 G₁ 2./3.
L3 – S. 23 G₂, S. 24 G₂ 7.–10.

G₂ **Ein Hund, der niemandem gehorcht**

Argus Mārcō et Scintillae nōn pāret.
Dominae Argum vocant. Sed Argus dominīs nōn pāret.
Servī Argum vocant. Sed Argus servīs nōn pāret. Argus verbīs nōn pāret.
Argus **parentibus** nōn pāret. – Ecce! Argus fūrī pāret!

g. Erschließe, wie die neuen Formen zu übersetzen sind.

h. Gib an, wie man nach diesen Formen fragt, und nenne den Kasus.

i. Nenne die neuen Endungen und ordne sie den Deklinationen zu.

W *1. Der Vokaldieb.*   AH – S. 20: Ü 2

a. Diesen Wörtern wurden Buchstaben gestohlen. Finde sie und übersetze.
c■r – i■m – n■m – n■n –
t■m – ib■ – ub■ – s■d – it■ –
cl■m – f■r – d■u – h■c

b. Nur eins der Wörter lässt sich deklinieren. Entlarve es und dekliniere es.

2. Wie soll das enden? Ergänze die Verben zur Lernform (Infinitiv und 1. Sg.).
habit■■ – consist■■ – inven■■ – cup■■ –
cap■■ – sc■■ – quaer■■■   AH – S. 20: Ü 1

G1 *3. Der Ruf nach Sein.*

a. Wandle in die entsprechenden Formen von **esse** *um.*

vocas – vocamus – voco – vocat –
vocatis – vocant

b. Ordne den Formen von **esse** *die entsprechenden Formen von* **posse** *zu.*

possum – potestis – potest –
possunt – possumus – potes   HA

AH – S. 21: Ü 4

4. Rufus – ganz zerknirscht. Übersetze.
1. Rufus: „Epistulam quaero – frustra! Ubi nunc est? Nescio. 2. Quis epistulam habet? 3. Scire non possum. 4. Furem statim invenire debeo. Sed invenire non possum. 5. Saepe parentes monent: ‚Non audis, non pares.‘ 6. Et Ciceronem iam audio: ‚Cur audire, cur parere, cur cogitare non potes? Sed ita liberi sunt. Cogitare non possunt.‘ 7. Iam audio: ‚Asinus[1] es!‘ Heu[2], asinus[1] sum! Nunc veniam rogare debeo."   1) **asinus** m: Esel   2) **heu!**: ach!

AH – S. 21: Ü 3

G2 *5. Dative zu verkaufen!*
a. Sortiere nach Deklinationen.

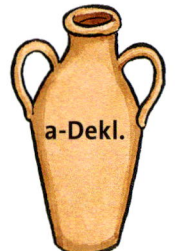
a-Dekl.

o-Dekl.

Kons. Dekl.

clamori – scelerato – liberis – soli –
parentibus – amicae – verbis
b. Bestimme nach Numerus und Genus.
c. Bilde den jeweils anderen Numerus.

6. Chaos hinter der Theke. Finde alle Dative und bilde den Nom. Sg.   HA
estis – dominus – verbum – possum –
dominae – servis (!) – populo – accedo –
subito – periculo – veniae – vicis –
fabulas – tabulam – curris

7. Scharfblick gefragt.   AH – S. 21 f.: Ü 5, Ü 6
a. Bestimme die Kasus und übersetze.
1. Amicae Quintus fabulas narrat, non amico. 2. Oratori servi parent. 3. Furi liberi non placent. 4. Dominae parent servae. 5. Amicae epistulae placent.
b. Bei einem Satz gibt es zwei Möglichkeiten. Nenne ihn.

8. Wo sind die Kinder? Übersetze die fett gedruckten Wörter im richtigen Kasus.
1. **Die Eltern** rufen. 2. Sie suchen **die Kinder**. 3. Der Vater schimpft: „Es ist **den Kindern** nicht erlaubt, wegzulaufen. 4. Sie gehorchen **den Eltern** nicht!" 5. Aber **die Kinder** suchen **den Dieb**.   AH – S. 22: Ü 7

Z *9. Ist denn hier jedem alles erlaubt? Bilde sinnvolle Sätze und achte dabei auf die Kasus.*   HA

Fur	licet	gaudere – fugere – rapere –
Liberi		intrare – cogitare –
Serva		monere – salutare

H *ad-esse heißt „da sein". Doch was kann „da sein" alles bedeuten? Finde passende Übersetzungen.*

1. Rufus Marcum exspectat. Iam Marcus **adest**. 2. Rufus furem timet. Sed ecce! Marcus et Quintus **adsunt**. 3. Marcus et Quintus Rufo **adsunt**. 4. Amicis **adesse** debemus.

Dem Dieb auf der Spur

Quintus hat gesehen, wie der Dieb in Richtung Subura geflüchtet ist.
Sofort nehmen die drei Freunde die Verfolgung auf. Die engen
und düsteren Gassen sind jedoch unübersichtlich und unheimlich.

a. Beschreibe das Bild und stelle Vermutungen darüber an,
vor welcher Entscheidung die Freunde stehen.
b. Ordne die wörtlichen Reden ihren Sprechern zu.
Erschließe aus Z. 5, worüber die Freunde diskutieren.

! direkter Anschluss an L3 – S. 25 (Lesetext)

Subitō Mārcus: „Subūram intrāre nōn possumus!"
Tum Quīntus: „Certē possumus, etiam dēbēmus!"
Sed Mārcus: „Hīc esse līberīs nōn licet. Parentēs vetant[1]."
Rūfus: „Quid? Ubī nunc amīcitia est?

5 Parentibus pārētis, amīcum relinquitis."
Mārcus Rūfō respondet: „Scelerātī ibi habitant,
perīcula ibi sunt! Nē tū quidem[2] intrāre potes."
Tum Rūfus: „Hīc nōn sōlum scelerātī habitant,
sed etiam Scintilla amīca."

10 Nunc Quīntus: „Mārcus semper timet:
Vīcōs timet, perīcula timet, parentēs timet.
Sed amīcī amīcīs semper adesse dēbent. Ego Rūfō adsum.
Ego perīcula nōn timeō. Rūfus epistulam invenīre dēbet."
Mārcus tacet. Tandem dīcit: „Nōn timeō. Libenter amīcō adsum."

15 Mox Subūram intrant. Sed fūrem vidēre nōn iam possunt.
Currunt, properant, ubīque quaerunt – sed frūstrā.
Subitō clāmōrem audiunt: „Vae[3], vae[3]!" et „āaah!".
Līberī cōnsistunt. Tum Mārcus: „Quis clāmat?
Ubī mehercle sumus? Vix viam vidēre possum. Timeō."

20 Rūfus: „Scelerātī adsunt ..."
Quīntus: „Quid nunc? Timeō et ego."
Ecce! Subitō Scintilla venit et vocat: „Salvēte, amīcī!
Cūr clāmātis?" Quīntus respondet: „Timēmus,
nam viam nescīmus."

25 Tum Scintilla: „Ego sciō: Viam ostendere[4] possum:
Amīca amīcīs semper adesse dēbet."

1) **vetāre**: verbieten   2) **nē ... quidem**: nicht einmal
3) **vae!**: ach! wehe!   4) **ostendere**, -ō: zeigen

c. Fasse die Haltungen von Rufus, Quintus und Marcus kurz zusammen.
d. In Z. 17 schreit jemand. Überlegt, was passiert sein könnte, und spielt die Szene.
e. Ein Gegenstand auf dem Bild ist modern. Finde heraus, welcher. **!** szen. Spiel

HRU – KV 22: Recherchieren

Theater und Spiele

> **!** Einstiegsidee: SuS berichten von eigenen Theater-, Kino-, Unterhaltungs-
> veranstaltungserfahrungen (an Lebenswelt anknüpfen, Vorwissen aktivieren)

Zirkusspiele. Römisches Mosaik, 2. Jh. n. Chr.

Die römischen Spiele – ein Spaß?
Die Römer liebten das Schauspiel
(**spectāculum**) in jeglicher Form.
Man konnte aber nicht nach
Belieben ins Theater (**theātrum**)
oder in den **Circus** gehen. Denn
Spiele (**lūdī**) wurden nur zu
bestimmten Anlässen an öffent-
lich festgesetzten Feiertagen
veranstaltet. Sie bestanden
immer aus ganz unterschiedlichen Darbietungen: Da gab es
die Wagenrennen im **Circus
Maximus**, der mit einer Länge
von 600 Metern die größte
Rennbahn in Rom (**Rōma**) war. Es
gab Vorstellungen von Spaßma-
chern und Akrobaten, aber auch blutige Tierhetzen und die manchmal tödlichen Kämpfe der
Gladiatoren (**gladiātor**) auf dem Sandplatz (**arēna**). Diese fanden zur Zeit Ciceros ebenfalls im
Circus oder auf dem Forum statt: Amphitheater wurden in Rom erst in der Kaiserzeit gebaut.
Auch das berühmte Kolosseum (das eigentlich **Amphitheātrum Flāvium** heißt) kannte Cicero
noch nicht, denn es wurde erst 80 n. Chr. eingeweiht.

Spiele für die ganze Familie
Populus **circum** petit, etiam servī. Līberī **lūdōs** exspectant et **dēsīderant**. Quīntus **gladiātōrēs
spectāre dēsīderat**, sed Terentiae et Tulliae **gladiātōrēs** et **pūgnae** nōn placent. Cicerōnī
poētae placent; libenter verba audit et fābulās videt. Mārcus: „Cūr nōn equōs[1] **spectāmus**?
Equī[1] **et** līberīs **et** parentibus placent. Equī[1] **et** Quīntum **et** Tulliam **dēlectant**."   1) **equus** m: Pferd

Ein Theater für Jahrhunderte. Auch Theateraufführungen gehörten zu den Spielen: heitere
Komödien und ernste Tragödien. Einst hatten die Griechen das Theater erfunden und seit Jahr-
hunderten weiterentwickelt. Sie hatten schon lange riesige Theaterbauten. In Rom allerdings gab
es bis in die Zeit Ciceros nichts Vergleichbares: Als Bühne (**scaena**) hatte man nur ein Bretter-
gerüst, das für die Aufführung schnell zusammengezimmert und hinterher wieder abgebaut
wurde. Aber durch den Feldherrn (**imperātor**) Pompeius wurde das anders. Denn um seine
Siege im Osten des Reiches gebührend zu feiern, hatte er sich etwas Besonderes ausgedacht:
Er ließ das erste steinerne Theater in Rom erbauen, das im Jahr 55 v. Chr. eröffnet wurde.
Gut 10.000 Zuschauer fanden auf den Sitzreihen Platz. Cicero war einer von ihnen.

*1. Viele der griechisch-lateinischen Begriffe zum Schauspiel gibt es heute noch als Fremdwörter.
Finde die Begriffe auf dieser Seite und erkläre sie.* S. 306–311
*2. Auf dieser Seite findest du Jahreszahlen. Erkläre mithilfe des Eigennamenverzeichnisses und des
Zeitstrahls, wie sich Theater und Circus in Rom entwickelten.*

W G1 Familienbande

pater

fīlia

servus

māter

uxor

fīlius

soror

Tiro   Cicero   Terentia   Marcus   Tullia   Argus

Cicerō **cīvis** est. Tiro servus est; Tiro **cīvis** nōn est. Mārcus **homō** est. Argus **homō** nōn est.

a. Erschließe die Bedeutung der Verwandtschaftsbezeichnungen anhand der Pfeile
*nach dem Muster: **Tiro servus** – Tiro ist ein Sklave des Cicero.*
b. Ordne den übrigen Bezeichnungen die Bedeutungen zu: Mensch – Bürger.

Cicerō **homō** est.   Cicerō et Terentia **hominēs** sunt.   ✔ kons. Dekl.: L3 – S. 23 G1; S. 24 G1 2.–5.
Cicerō **cīvis** est.   Cicerō et Terentia **cīvēs** sunt.
Cicerō **pater** est.   Mārcus et Quīntus **patrēs** nōn sunt.

c. Bei den neuen Substantiven der konsonantischen Deklination stimmen Nominativ und Basisteil
nicht überein. Weise dies an den obigen Formen nach.

G2 Ein Brief – viele Besitzer

Ubī epistula **patris** est? Ubī epistula dominī est? Ubī epistula līberōrum est?   ❗ Genitiv als Attribut

d. Erschließe, wie die neuen Formen zu übersetzen sind.
e. Gib an, wie man nach diesen Formen fragt, und nenne den Kasus.
f. Nenne die neuen Endungen und ordne sie den Lücken in der Tabelle zu:

	o-Dekl.	a-Dekl.	Kons. Dekl.
Sg.	▬	-ae	▬
Pl.	▬	-ārum	-um

❗ Lernform: Nom. Sg., Gen. Sg., Genus

*g. Bilde mithilfe der Tabelle den neuen Kasus zu **servus, domina, verbum, fūr, homō**.*
h. Im Lernwortschatz siehst du, wie ab jetzt die Lernform der Substantive lautet.
Begründe, warum du stets die vollständige Form lernen musst.
Tipp: Die Beobachtung, die du bei (c) gemacht hast, hilft dir dabei.

Hīc **theātrum** est. Audiō clāmōrem **hominum**. Audiō clāmōrem **cīvium**.   ❗ -ium im Gen. Pl.

i. Nenne den Kasus der beiden neuen Substantive.
*j. Gib an, inwiefern die Form **civium** abweicht.*

W **1.** *Da steckt Latein drin.*
Erkläre die fett gedruckten Wörter.
1. Wir gehen oft ins **Theater**. 2. Er veranstaltet ein **Spektakel**. 3. Was für ein **Zirkus**! 4. Sie steigt in die **Arena**.

AH – S. 24: Ü 2

2. *Menschen und Beziehungen.*
a. *Wähle aus und setze ein.*
Cicero: „Marcus ▬ est. Tullia ▬ est."
Marcus: „Cicero ▬ est. Terentia ▬ est.
Tullia ▬ est. Tiro ▬ non est. Nam servus est. Sed etiam servus ▬ est."
Tiro: „Cicero orator est, ▬ non est."

mater – filius – filia – pater – soror – homo – civis – poeta

b. *Nenne jeweils das Genus der eingesetzten Wörter.*
c. *Im Deutschen musst du in einigen Sätzen ein Wort ergänzen. Welches?*

AH – S. 24: Ü 1

G1 **3.** *Viele Fälle.* HA
a. *Bestimme Kasus und Numerus und führe auf den Nom. Sg. zurück.*
cives – patrem – hominibus – matri – uxores – sororem

AH – S. 24: Ü 3

b. *Gib den Basisteil an.*

4. *Im Circus.* **a.** *Finde alle Substantive der kons. Dekl.; bestimme sie nach KNG.*
b. *Übersetze. Achte in (3) darauf, wie du* Ciceroni patri *am besten wiedergibst.*
1. Ubique homines sunt: Et cives et servi gaudent. 2. Liberi clam intrant. 3. Marcus: „Gladiatores Ciceroni patri non placent. 4. Et mater dicit: ‚Pugnas videre non licet!'" 5. Quintus: „Sed frustra dicit. Mihi[1] pugnae placent; nam gladiatores pericula non fugiunt, sed quaerunt."

1) mihī: mir

AH – S. 25: Ü 4

G2 **5.** *Wessen Brief denn nun? Wandle um nach dem Muster: Der Brief gehört Cicero.*
→ Das ist Ciceros Brief. AH – S. 25: Ü 6
Der Brief gehört …
1. … dem Vater. 2. … Tullia. 3. … Marcus. HA

6. *Ein Theater mit dem Genitiv!*
a. *Ordne die Genitive nach Deklinationen.*
b. *Gib den Basisteil an.* AH – S. 25: Ü 5
sororum – ludorum – pugnae – oratorum – civis – periculi – furis – filiarum – amicorum
c. *Bilde den jeweils anderen Numerus und übersetze beide Formen.*

7. *Zu den Löwen?* HA
a. *Rette alle Genitive.*
hominis – ludis – solis – nescis – venis – veniae – poetae – amici – clamori – civis – cives – civium – verbum – servorum
b. *Nenne zu jedem geretteten Wort Basisteil, Nominativ und Genus.*

8. *Bestimme die Satzglieder und gib an, von welchem Wort der Genitiv abhängt.*
1. Marcus epistulam Rufi quaerit.
2. Scintilla verba liberorum audit.
3. Cicero filium amici exspectat.
4. Uxori furis gaudere non licet.

9. *Scharfblick gefragt.* AH – S. 26: Ü G
Entlarve die Kasus und übersetze.
1. Domina servos vocat. 2. Servae dominae non parent. 3. Clamor hominum dominum non delectat. 4. Mater liberos vocat, sed liberi verbis matris non parent. HA

Z **10.** *Wahr oder falsch?*
a. *Entscheide.*
1. Marcus filius Ciceronis est. 2. Quintus filia Tullii est. 3. Terentia uxor Tullii est. 4. Scintilla soror Marci est. 5. Cicero pater Tulliae est. 6. Rufus amicus furis est.
b. *Korrigiere auf Latein.*

H *Nicht immer geht es wortgetreu. Finde angemessene Übersetzungen.*
1. Quintus pugnas desiderat. Quintus pugnas videre desiderat.
2. Et Marcus et Quintus gaudent. Liberi gaudent et clamant.

Ein Esel kommt selten allein!

Eine Stadt im Spielefieber – heute wird das Pompeiustheater eröffnet!
Marcus und Quintus fiebern mit und der wichtige Brief scheint vergessen …

a. *Nenne aus dem Text alle Genitive mit ihrem Bezugswort. Ordne sie danach, ob eine*
Zugehörigkeit zu Personen oder die Art einer Theaterdarbietung angegeben wird.

Hodiē sōl ārdet. Etiam animī hominum ārdent,
nam hōra lūdōrum adest. Cīvēs gaudent, clāmant, cantant.
Parentēs et līberī theātrum intrant: Cicerō
pater et Terentia māter, uxor Cicerōnis,
5 et Mārcus et Quīntus et Tullia, soror Mārci.
Mārcus gaudet: „Spectācula exspectō!"
Quīntus clāmat: „Mīrācula[1] exspectō!
Ego pūgnam gladiātōrum spectāre cupiō, nōn fābulam."
Sed Tullia respondet: „Dolōrem et
10 mortem hominum vidēre dēsīderās?"
Terentia māter animōs Quīntī et fīliī et fīliae plācat:
„Hodiē fābulam spectāmus.
Certē fābulae poētārum et dēlectant et docent."

Tum Mārcus: „Sssst! Tacēre dēbētis! Fābula incipit."
15 Et quid līberī vident? Mūlī[2] scaenam petunt, mūlī, mūlī, mūlī!
Turba hominum plaudit[3] et clāmat: „Iōooh!"
Turba mūlōrum[2] clāmat: „Iaaah!"
Quīntus et Mārcus gaudent et plaudunt[3].
Quīntus: „Ecce mīrāculum[1]!"
20 Tum Cicerō: „Ecce lūxuria[4] lūdōrum!
Nunc verba poētārum audīre cupiō, nōn verba mūlōrum[2]!"
Subitō Tullia: „Ibi Rūfus est. Heus, heus[5] tū!
Hīc sumus!" Sed Rūfus oculōs āvertit et fugit.
Cicerō pater: „Rūfus mūlōs[2] fugit. Cūr nōn accēdit?
25 Iam diū epistulam patris Rūfi dēsīderō."
Quīntus et Mārcus tacent. ⟨**!** „doppelter" Genitiv⟩

1) **mīrāculum**, -ī n: Wunder   2) **mūlus**, -ī m: Maulesel
3) **plaudere**, -ō: Beifall klatschen   4) **lūxuria**, -ae f: Luxus,
verschwenderische Ausstattung   5) **heus**: he!; hallo!

b. *Finde für die Ausdrücke mit* **animus** *(Z. 1, Z. 11) geeignete Übersetzungen.*
c. *Formuliere die Erwartungen, die jedes Mitglied der Familie Cicero an*
die Spiele hat; manche findest du im Text, manche musst du erschließen.
d. *Massenunterhaltungen gibt es auch heute, z. B. Popkonzerte, Fußball oder*
Theater. Beschreibe die wichtigsten Unterschiede zu den antiken Darbietungen.

Vokabeln lernen DLS – Diagnosebogen

Auf dieser Seite erfährst du, wie du leichter Vokabeln lernen kannst und diese auch besser behältst. Denn nur wenn du die Bedeutung der Wörter gut kennst, kannst du die Texte verstehen.

Drei Tipps vorweg
- Lerne regelmäßig, aber nicht zu viele Wörter auf einmal.
- Wiederhole in regelmäßigen Abständen die Vokabeln, die du schon gelernt hast.
- Lerne immer alle Angaben mit: Zur Lernform gehören
  – bei Substantiven immer der Genitiv Singular und das Genus (z. B.: **pater, patris** m),
  – bei Verben der konsonantischen Konjugation die 1. Person Singular (z. B.: **dicere, dico**).
  Nur so erkennst du beim Übersetzen sicher, um welche Form es sich handelt.

Welcher Vokabel-Typ bist du?
Es gibt verschiedene Methoden, mit denen man Vokabeln lernen kann.
Entscheide dich für eine Methode, die bei dir am besten funktioniert:
- Karteikarten
- Vokabelheft
- digitale Lernprogramme

Zehn Tricks, um dir Wörter besser zu merken ! auditiv/akustisch
(1) Lies die Vokabeln beim Lernen laut vor.
(2) Schreibe dir Wörter, die du dir nicht merken kannst, noch einmal auf Merkzettel und hänge sie an einen Ort, wo du sie immer siehst. ! verbal/visuell
(3) Beachte im Lernwortschatz die Hinweise auf verwandte Wörter. ! verbal/kognitiv
(4) Spiele mit anderen zur Wiederholung Lernspiele, z. B. Scrabble oder in der Art von Memory.
! kommunikativ/sozial

Finde heraus, welche der folgenden Methoden für dich besonders geeignet sind:
(5) Erfinde eine Eselsbrücke, z. B. für *ludus* („Ein *ludus* ist *lus*tig.“).
(6) Erfinde eine kurze Geschichte, in der die neuen Vokabeln vorkommen. ! verbal kreativ
a. Probiere das mit den ersten zehn Vokabeln der Lektion 6 aus.

(7) Male Bilder zu Vokabeln, z. B. zu *oculus*. ! visuell/bildnerisch kreativ
(8) Stelle Vokabeln pantomimisch oder schauspielerisch dar.
*b. Probiere beides mit den Wörtern **quaerere** und **placare** aus.*

oculus

! psychisch/motorisch: darstellerisch kreativ

(9) Stelle Wörter, die zu einem Thema gehören, zu einem „Sachfeld" zusammen, z. B. zu „Schule": *ludus, docere, monere, laudare, scribere, tabula, scire, nescire ...* ! verbal/kognitiv
c. Stelle aus den Lektionen 1–5 alle Wörter aus dem Sachfeld „sagen, sprechen" zusammen.

(10) Stelle Gegensatzpaare zusammen, z. B. *quaerere – invenire*.
d. Finde weitere Gegensatzpaare in den Lektionen 1–5.

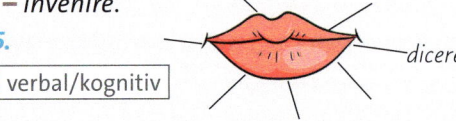
dicere

! verbal/kognitiv

! -o
-s
-t
-mus
-tis
-nt

Lektionen 1–2

1. Genau betrachtet. Suche alle Substantive im Akk. heraus; nenne dazu den Nom. Sg. und die deutsche Bedeutung.
servum – narras – verba – venia – foras – taces – epistulam – dominos – tum – tabulas – nam – servam – verbum – fabulas – amicus

2. Lücken füllen. Füge im richtigen Kasus ein und übersetze dann.
1. Hic (familia) videtis. 2. Statim (amici) saluto. 3. Iam (servae) video. 4. Dominus (epistula) exspectat. 5. Amica (verba) audit.

> **!** Subst. Neutr. sind im Nom. + Akk. gleich

3. Anpassungsfähig. Ergänze in der richtigen Form und übersetze.
1. Hodie amicae (convenire). 2. Dominus servos (laudare). 3. Tu hic manere (debere). 4. Familia (venire et intrare). 5. Serva dominam (timere).

4. Zwei dicke Enden – du hast die Wahl. Löse Aufgabe (a) oder (b). HA

a. Verwandle Substantive und Prädikate in den Singular und übersetze.
1. Ubi servi sunt? 2. Amici intrant et salutant. Libenter fabulas narrant. Tum audiunt. 3. Hodie servas videmus. Semper laborant et properant. Nam placere student. 4. Cur non auditis? Clamamus, sed non paretis.

b. Ergänze die Prädikate in der passenden Form und übersetze.
1. Marcus et Quintus Severum iam vid▬. Nunc Severus intr▬ et salut▬. 2. Severus: „Hodie ego fabulas non narr▬.“ 3. Amici non gaud▬. Scintillam convenire cogit▬. 4. Sed Marcus mon▬: „Hic manere deb▬. Ego Severum tim▬.“

> **!** Geschafft!: alle Personalendungen Präsens Aktiv

Lektionen 3–4

5. Zurück zur Grundform. a. Nenne die Lernform und ordne nach Konjugationen.
teneo – dicunt – quaeris – scimus – habitatis – audiunt – respondet – invenio – videmus – cessant – relinquitis – curris
b. Übersetze die Formen.

> **!** Geschafft!: alle 5 Konjugationen

6. Sechs mal drei. a. Forme die Infinitive entsprechend der Form von esse um.
estis, (nescire) – sum, (properare) – sunt, (habere) – es, (accedere) – sumus, (dicere) – est, (consistere)
b. Bilde die entsprechende Form von posse.

7. Fang den Ball.
Setze die Verben in die jeweils nächste Person, z. B. moneo et laudo → mones et laudas.
1. intro et taceo
2. relinquitis et exspectatis
3. venimus et quaerimus
4. curris et properas
5. adestis et gaudetis

8. Subjekt versteckt. Bilde die angegebenen Verbformen und übersetze den Satz. HA
1. Oratorem (videre et vocare: 1. P. Pl.).
2. Periculum (timere et fugere: 2. P. Pl.).
3. Epistulam (videre et capere: 1. P. Sg.).
4. Domino (parere et adesse: 3. P. Sg.)

9. Passend gemacht. Setze die in Klammern stehenden Wörter in den richtigen Kasus und übersetze dann.
1. Fur (epistula) rapit. 2. Marcus et Quintus et Rufus currunt, nam (fur) capere cupiunt. 3. Tandem (Subura) intrant, sed (fur) videre non iam possunt. 4. (Liberi) viam quaerunt, sed (vici) nesciunt. 5. Consistunt et cogitant. Ecce! Subito Scintilla (amici) adest.

Lektionen 1–5

! binnendiff. nach Selbsteinschätzung

10. Mache den anderen etwas vor. Wähle Aufgabe (a), (b) oder (c).

a. Stelle die Verben pantomimisch dar und lasse jemand anderen die lateinischen Wörter erraten.

salutare – laborare – spectare – rapere – consistere – nescire – audire – gaudere – currere – laudare – exspectare – intrare – monere – tacere – timere – cantare

b. Male zu jedem Substantiv ein Bild und lasse dir von jemand anderem das lateinische Wort nennen.

hora – animus – ludus – oculus – via – homo – sol – familia – tabula – vicus – servus – epistula – populus – filia – pugna – uxor

c. Bilde aus den Wörtern von (a) und (b) zehn sinnvolle Verbindungen und lasse sie jemand anderen übersetzen, z. B. servus exspectat.

11. Gegensätze ziehen sich an. Bilde Gegensatzpaare, z. B. liberi – parentes. | HA |

quaerere – dicere – pater – currere – filius – rogare – invenire – filia – tacere – cessare – dominus – mater – manere – servus – respondere – fugere

12. Hier gibt das Objekt den Ton an. Übersetze und achte dabei auf den Satzzusammenhang.

1. Marcus Rufum **convenit**. – Marcus et Rufus **conveniunt**. 2. Scintilla **cogitat**. – Scintilla venire **cogitat**. 3. Quintus **manet**. – Quintus amicam **manet**. 4. Liberi **intrant**. – Liberi **thermas** **intrant**. 5. Severus **salutat**. – Severus liberos **salutat**. 6. Amicus **adest**. – Amicus amicis **adest**. 7. Terentia **spectat**. – Terentia ludos **spectat**. 8. Severus **docet**. – Severus liberos **docet**. – Severus liberos fabulam **docet**.

! Lernform: Nom. Sg., Gen. Sg., Genus

13. Nur eine ist die richtige. Setze ein und übersetze.

1. Servus (domini/dominis/dominos) venit.
2. Oratores (patri/patrem/patribus) delectant.
3. Quis (familia/familiae/familiam) Ciceronis scit?
4. Ludus (filius/filii/filio) placet.
5. Hic (fur/fures/furum) epistulae habitat.
6. Nunc (periculi/periculo/pericula) avertere debemus.
7. Liberi (verbo/verba/verborum) audire possunt.

! binnendiff. nach Selbsteinschätzung

14. Mache den richtigen Anfang. Entscheide selbst, ob du mit (a), (b) oder gleich mit (c) anfangen willst.

a. Stelle alle dir bekannten Bedeutungen für folgende Wörter zusammen.

cogitare – petere – etiam – adesse – clamare – spectare – sed – fabula

b. Übersetze die Ausdrücke passend.

familia spectare cogitat **– theatrum** petere **–** amici familiae **–** pugna **gladiatorum** – spectare possunt

c. Zirkus oder Theater? Übersetze. | HA |

1. Familia Ciceronis ludos spectare cogitat.
2. Tum parentes et liberi **theatrum** petunt. 3. Etiam amici familiae adsunt.
4. Populus iam clamat.
5. Hodie homines pugnas **gladiatorum** spectare non possunt, sed fabulae poetarum populum delectant.

Horatius Cocles – der Retter Roms

In der nächsten Unterrichtsstunde erzählt Severus den Kindern eine Geschichte.
Sie spielt etwa 500 Jahre vor Cicero. Die Römer (Romani) haben soeben ihren König
aus Rom verjagt, und nun kommen seine Verbündeten, die Etrusker (Tusci),
um Rom zu erobern. Sie marschieren auf den Pons Sublicius zu, die Brücke, die über
den Fluss Tiber direkt in die Stadt führt. Die Römer, unter ihnen Horatius Cocles,
müssen sie unbedingt von der Brücke fernhalten ...

a. Nenne alle Personen und Personengruppen, die im Text vorkommen, und finde mithilfe
der jeweiligen Prädikate heraus, was sie tun.

> ✔ Nom./Akk. o-/a-Dekl.: L 1
> ✔ Personalendungen Akk.: L 2
> ✔ alle Konjugationen: L 3
> ✔ *esse* und *posse*: L 4
> ✔ Dativ: L 4
> ✔ Genitiv: L 5

Subito Tusci accedunt. Romam petunt; nam Romam capere student.
Iam Romani Tuscos et audire et videre possunt. Romani consistunt,
periculum avertere cupiunt. Iam Tusci fluvium[1] petunt, iam adsunt;
iam pugna incipit. Romani turbam Tuscorum vix avertere possunt. Timent;
5 mox etiam fugiunt: Currunt, properant, pontem[2] petunt; iam Romam intrant.
Statim Tusci pontem[2] accedunt. Sed Horatius Cocles consistit et
pontem[2] tenere studet. Periculum videt et clamare incipit: „Ubi estis, cives?
Hic et hodie pugna Romanos exspectat. Mortem timere non licet."
Romani verba audiunt, sed non parent. Tum Horatius clamat: „Nunc, mehercule,
10 pontem[2] rescindere[3] debetis! Ego certe Tuscos avertere possum."
Ita Horatius monet. Animus Horatii
et Romanis et Tuscis admirationem inicit[4].
Tusci cessant; sed Romani non iam cessant:
statim pontem[2] rescindunt[3].
15 Et ecce – pons[2] non iam est!
Sed ubi Horatius est?
Horatius fluvium[1] tranatat[5] et Romam petit.
Certe dei[6] Horatio adsunt,
nam Tusci hominem laedere[7] non possunt.
20 Ita Horatius Romanos et Romam servat[8].
Cives non iam timent, sed gaudent
et hominem laudant.

1) **fluvius, -iī** m: Fluss   2) **pōns**, pontis m: Brücke
3) **rescindere, -ō:** einreißen
4) **admīrātiōnem inicere** (-iō): Bewunderung einflößen
5) **trānatare:** *(etwas)* durchschwimmen
6) **deus, -ī** m: *(ein)* Gott   7) **laedere, -ō:** verwunden
8) **servāre:** retten

Horatius Cocles. Gemälde von Charles Le Brun, 1642/43

b. Beschreibe die Charaktereigenschaften des Horatius Cocles.
c. Stelle eine Vermutung an, ob die Geschichte Marcus und Quintus gefällt.
d. Finde Horatius Cocles auf dem Bild. Finde auch die beiden Gottheiten:
die Siegesgöttin und den Flussgott Tiber.

Mehr als nur Essen – Mahlzeiten bei den Römern

> **!** Einstiegsidee: festliches Essen und Kochen heute (Erfahrungswelt der SuS)

So lag man beim Gastmahl. Fresko aus Pompeji, 1. Jh. n. Chr.

Römische Mahlzeiten. Die Römer (**Rōmānus**) kannten drei Mahlzeiten am Tag. Das Frühstück wurde eher beiläufig eingenommen und bestand hauptsächlich aus Brot und Käse. Das Mittagessen war mit Oliven, Feigen, Käse oder aufgewärmtem Fleisch vom Vortag meist ebenso einfach. Nur die gemeinsame Hauptmahlzeit (**cēna**) am Nachmittag oder frühen Abend war aufwändiger – zumindest bei den Wohlhabenderen, die oft Gäste (**hospes, -itis**) dazu einluden. In vornehmeren Häusern aß man in einem Speisezimmer (**triclīnium**). Darin befanden sich drei hufeisenförmig um einen Tisch (**mēnsa**) angeordnete Speisesofas, auf denen jeweils drei Personen zum Essen liegen (**accubāre**) konnten. Kinder saßen auf Stühlen. Das Menü bestand aus mindestens drei Gängen: Es begann mit einer Vorspeise, für die unter anderem gekochte Eier, Salate, Gemüse, Pilze und Fisch in würziger Soße vorgesehen waren. Die Speisen (**cibus**) des Hauptgangs umfassten oft mehrere warme Fisch- und Fleischgerichte. Ein Nachtisch (**mēnsa secunda**) aus Früchten und Gebäck rundete das Mahl ab. Zum Essen wurde meist mit Wasser verdünnter Wein (**vīnum**) gereicht.

Gastmahl mit Anfangsschwierigkeiten

Terentia **triclīnium** intrat. Sed – quid est? Ubī sunt **cibī**? **Mēnsae vacant**! Ecce, **hospitēs** iam veniunt! **Cēnāre** et **vīnum bibere** cupiunt. Terentia clāmat. Servī tandem accēdunt: **cibōs portant**. Mox **mēnsae abundant**. **Hospitēs** gaudent et **cēnāre** incipiunt.

Für Gäste das Beste. Zu besonderen Anlässen fielen die Gastmähler noch üppiger aus als gewöhnlich und konnten sich über mehrere Stunden erstrecken. Bei solchen Gastmählern wurde oft auch ein Unterhaltungsprogramm geboten: Musiker, Tänzer und Akrobaten traten auf, Dichter trugen Lieder vor, manchmal sogar solche, die sie eigens für den Anlass gedichtet hatten. Vielleicht hatte auch Cicero ein solches Lied in Auftrag gegeben, um damit seinen Bruder Tullius, den Vater des Quintus, bei dessen Abschiedsfest (**cēna viātica**) zu überraschen: Tullius sollte nämlich als hoher Offizier (**lēgātus**) in den Krieg ziehen, den Caesar schon seit längerem im Norden des Reiches gegen die Gallier (**Gallus**) führte. Dieses Lied könnte dann von dem Land Gallien (**Gallia**) handeln, von den Heldentaten, die dort bereits geleistet worden waren – vor allem aber von solchen, die Tullius vermutlich vollbringen würde.

1. Beschreibe mithilfe des Sachtextes, was auf dem Fresko dargestellt ist.
2. Informiere dich, wo Gallien lag. Finde mithilfe des Zeitstrahls heraus, wie lange der Gallische Krieg dauerte und wann Tullius daran teilnahm.

> HRU – KV 22: Recherchieren

W | **Davon träumt Tullius**

Ein Dichter singt von den Heldentaten des Tullius ...

a. Beschreibe die Szene. Baue dabei die lateinischen Wörter für „besiegen – Pferd – Schwert – Furcht – Gallier – Römer" in deine deutsche Geschichte ein.

✔ kons. Dekl.: L3 – S. 23 G₁/W₁, S. 24 G₁/W₁ 2.–5.

G₁ | **Neutra: eine Regel für alle Deklinationen**

! Subst. auf *-men, -minis* = immer Neutrum

Poēta **carmen** cantat. **Carmen** placet.   Poēta **carmina** cantat. **Carmina** placent.

b. Erschließe die Bedeutung des neuen Substantivs, seinen Basisteil und die Deklination.

c. carmen ist Neutrum. Erkläre, woran du das anhand des Nom. und Akk. erkennen kannst.

! Nom./Akk. Sg./Pl. bei Neutr. gleich

G₂ | **Gastmahl mit Zugabe**

Poēta **hospitēs carmine** dēlectat.

d. Bei der markierten Form handelt es sich um einen neuen Kasus, den Ablativ. Übersetze den Satz und gib an, was durch den Ablativ ausgedrückt wird.

e. Formuliere die Frage, mit der man hier nach dem Ablativ fragt.

! Dat./Abl. Pl. in allen Dekl. gleich

Dominus **hospitēs cēnā** dēlectat.   Dominus **hospitēs cēnīs** dēlectat.
Dominus **hospitēs vīnō** dēlectat.   Dominus **hospitēs vīnīs** dēlectat.
Poēta **hospitēs carmine** dēlectat.   Poēta **hospitēs carminibus** dēlectat.

f. Nenne die Endungen des Ablativs für die a-, o- und kons. Deklination im Singular und Plural.

g. Gib diejenigen Endungen an, die allein für den Ablativ verwendet werden.

h. Gib diejenigen Endungen an, die auch für einen anderen Kasus verwendet werden.

! Geschafft!: alle Satzglieder (Subj., Präd., Obj. (Akk. + Dat.), Attribut, Adverbiale)

G₃ | **Ein Fall für viele Fälle**

! Abl. seperativus, causae, instrumenti

i. Übersetze und erschließe dabei weitere Fragen nach dem Ablativ. Ordne jedem Ablativ eine der folgenden Funktionen zu: Trennung, Grund, Mittel.

j. Um den Ablativ wiederzugeben, brauchst du im Deutschen ein zusätzliches Wort. Gib an, welcher Wortart es angehört.

! Geschafft!: 3 Funktionen des Ablativ

Ego fūrem **gladiō vincō**.
Scintilla pūgnā gaudet!
Et Rūfus tandem **timōre vacat**.

Beim Essen träumt Quintus so vor sich hin: Endlich hat er den Dieb gestellt!

W **1. Wer tanzt aus der Reihe? Sortiere das Wort aus, das inhaltlich nicht passt.**

a. cenare – vinum – vacare – cibus

b. avertere – desiderare – cupere – studere

c. animus – spectare – abundare – audire

d. gladius – equus – hospes – pugna

AH – S. 28: Ü1, Ü 2

G₁ **2. Mit Musik bitte! Ordne die in Kasus und Numerus gleichen Formen einander zu.**

fabulae – fabulae – fabula – fabulam – fabularum	carmini – carminum – carmina – carmen – carmen

AH – S. 29: Ü4

3. Formenstaffel HA

carmini → Pl. → Akk. → Nom. → Gen. → Sg. → Nom. → Akk. → Dat.

AH – S. 29: Ü3

G₂ **4. Picke dir die Rosinen heraus!**

a. Schreibe alle Ablative heraus.

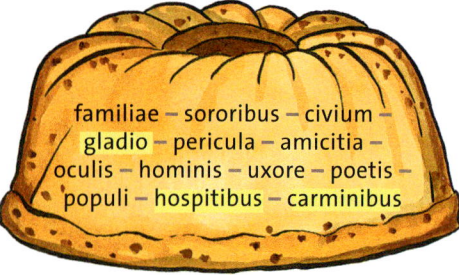

familiae – sororibus – civium – gladio – pericula – amicitia – oculis – hominis – uxore – poetis – populi – hospitibus – carminibus

b. Sortiere davon die aus, deren Form auch einen anderen Kasus bezeichnen könnte. Welches Substantiv bleibt übrig?

AH – S. 29: Ü5

5. Bestimme nach KNG (alle Möglichkeiten) und setze in den Ablativ im entsprechenden Numerus. Für welches Wort gibt es zwei Lösungen? HA

hospites – vino – verba – furum – mors – tabula – carmina – viae

AH – S. 29: Ü6

6. Beim Gastmahl. Ergänze im Ablativ und übersetze.

1. Marcus: „Hodie pater hospites cib▆ et vin▆ delectat. Etiam pavonem[1] servi portant. Et ecce: poeta!" 2. Quintus: „Poeta hospites carmin▆ et fabul▆

docet." 3. Marcus: „Sed Rufum semper cogito; nam amicus timet. 4. Timorem cen▆ vincere non potes." 5. Quintus: „Amiciti▆ timorem Rufi vincere possumus: Epistulam invenire debemus. 6. Sed nunc cena viatica est, nam Tullius pater Galliam petit."

1) pāvō, -ōnis m: Pfau

! Geschafft!: alle Satzglieder

G₃ **7. Womit, wovon, worüber? Finde die Ablative und bestimme ihre Funktion.**

1. Scintilla cena non gaudet. 2. Nam mensa cibis vacat. 3. Sed pater Scintillam fabula delectare studet. HA AH – S. 29: Ü7

8. Bitte mit Ablativ!

a. Füge sinnvoll ein und übersetze.

1. Orator turbam ▆ docet. 2. Poeta amicos ▆ delectat. 3. Homines ▆ gaudent. 4. Milites[1] ▆ properant; tum sceleratos ▆ vincunt. 5. Pugna ▆ non vacat. 6. Milites[1] ▆ laborant.

equis – doloribus (2x) – pugna – verbis – sole – carminibus

1) mīles, -itis m: Soldat

AH – S. 29: Ü8

b. Bestimme jeweils die Funktion des Ablativs.

! Geschafft!: 3 Funktionen des Ablativ

9. Scharfblick gefragt. Bestimme die fett gedruckten Formen und übersetze.

1. **Cena** placet. **Cena** gaudemus. 2. **Verbis patris** paremus. **Verbis** orator homines delectat. 3. **Vinum Tullio** placet. Tullius: „**Vino** gaudeo!" 4. **Mensa** vino et cibis abundat.

Z **10. Womit erfreut Cicero seine Gäste? Triff eine sinnvolle Auswahl und formuliere die Antwort lateinisch.**

Cicero hospites ▆ delectat.

cibus – pugnae – vinum – dolor – cena – mors – periculum – verba – clamor – fabulae – carmina

Ein Fest für Onkel Tullius

Tullius, Marcus' Onkel, kommt mit seiner Familie zu Besuch. Ihm zu Ehren soll es ein Festmahl geben, da er bald als Offizier nach Gallien aufbrechen wird. Er will an dem Krieg teilnehmen, den Caesar dort führt. Marcus freut sich, aber Quintus ist ungewöhnlich still.

HRU – KV 3: Illustration

a. Suche die Personen(gruppen) heraus, die an dem Gastmahl teilnehmen, und ordne ihnen die Personen auf der Abbildung zu.
b. Untersuche, wer im Text direkt zu Wort kommt.
c. Stelle aus dem Text ein Sachfeld „Gastmahl" zusammen.

! Sachfeld „Gastmahl"

Mārcus hospitēs salūtat. Salūtat etiam Archiam poētam.
Tum Quīntum videt et gaudet. Hospitēs accubant;
cēnā gaudent. Servī vīnum et cibōs portant:
Mārcus et Quīntus stupent[1], nam mēnsae cibīs abundant.
5 Mārcō placet tot cibōs gūstāre[2], tot hospitēs vidēre,
tot sermōnēs audīre. Tullius vīnum bibit,
dīcit: „Caesar Gallōs pūgnā vincere dēbet ..." – bibit –
„ ... et potest ..." – servus pōculum[3] vīnō complet,
Tullius bibit, clāmat: „ ... auxiliō Tulliī!"
10 Tullius enim sēcum[4] cōgitat: Equō properō,
hostēs petō, Gallōs gladiō repellō,
Rōmānōs perīculīs līberō – iam Gallī ubīque fugiunt!
Intereā Cicerō frūstrā frātrem plācāre studet;
Tullius bibit, fīlium spectat, clāmat:
15 „Cicerōnēs semper t-t-timōre vacant."
Quīntus respondēre properat: „Ita est",
tum oculōs āvertit, nōn iam cēnat.
Mārcus: „Cūr cibīs nōn gaudēs?"
Quīntus: „Nunc fābulās poētae audīre cupiō."
20 Et iam Archiās animōs hospitum carminibus dēlectat.
Galliam et Caesarem et pūgnās Rōmānōrum carmine laudat.
Subitō Mārcus Tullium spectat et rīdet: Tullius dormit!
Sed – ubī Quīntus est?
Quīntus carmine nōn gaudet. Nam Gallia perīculīs abundat.
25 Ecce, mēnsam secundam nōn iam exspectat
et triclīnium relinquit.

1) **stupēre**, -eo: staunen 2) **gūstāre**: kosten, probieren
3) **pōculum**, -ī n: Becher 4) **sēcum**: bei sich; im Stillen

d. Erkläre, warum Quintus sich so seltsam verhält. Sachtexte
e. Gestalte eine Speisekarte für die cena viatica; ziehe dazu auch S. 38 heran.

→ www.oldenbourg.de/webcodes adeamus6 HA

Jupiter, Juno und Co. – die Götterwelt der Römer

❗ Einstiegsidee: Gottheiten, Religion und relig. Feiern heute (Anknüpfen an Lebenswelt der SuS)

Laren (links und rechts), Altar (Mitte) und Opfernde mit Opferschalen und einem Schwein. Fresko, 1. Jh. n. Chr.

Die Götter. Die Römer verehrten **(colere, -ō)** viele verschiedene Götter **(deus)** und Göttinnen **(dea)**, für die es in der Stadt zahlreiche Tempel **(templum)** gab. Der höchste und wichtigste Gott war Jupiter **(Iūppiter, Iovis)**, der Göttervater. Er wurde zusammen mit seiner Gattin Juno **(Iūnō, -ōnis)** und der Göttin Minerva auf dem Kapitol **(Capitōlium)** verehrt. Jede Gottheit war für einen bestimmten Bereich zuständig: Jupiter z. B. für das Wetter, Juno für die Ehe, Minerva für das Handwerk und die Künste, Venus **(Venus, -eris)** für die Liebe, Mars **(Mārs, -tis)** für den Krieg, Vulcanus für die Schmiedekunst und Saturn **(Sāturnus)** für den Ackerbau.

Den römischen Göttern genügte es nicht, wenn man nur betete **(ōrāre)**: Damit sie die Gebete erhörten, wollten sie Taten sehen. Das jedenfalls glaubten die Römer und brachten daher den Göttern Opfer **(sacrum)** dar. Bei wichtigen Anlässen schlachtete man Opfertiere **(victima)**, z. B. Schafe, Schweine oder Stiere **(taurus)**. Teile davon verbrannte man auf dem Altar **(āra)**, der nicht in, sondern stets vor dem Tempel stand, sodass der Rauch zum Himmel aufsteigen konnte. Ein Priester **(sacerdōs, -ōtis)** leitete mit seinen Gehilfen die Opferhandlung und achtete darauf, dass alles richtig ablief. Denn jede Störung galt als sehr schlechtes Vorzeichen **(ōmen, -inis)**. Aber nicht alle Opfer waren blutig. Man konnte auch Früchte, Wein, Brot oder Kuchen opfern – und das auch bei sich zu Hause. Denn jede Familie hatte ihre eigenen Hausgötter, die Penaten **(Penātēs, -ium)** und die Laren **(Larēs, -ium)**, die in einem kleinen Schrein in einer Wandnische über das Wohl **(salūs, -ūtis)** von Haus und Familie wachten.

Quintus und Marcus opfern den Laren

Quīntus et Mārcus **Larēs** petunt. Cibum tenent, nam **sacrum facere** cupiunt. Quīntus: „Hodiē **deōs** et **deās** cibīs et vīnō plācāmus. **Deos** et **deas** ōrāmus. Nam pater Galliam petit; ibi perīcula patrem manent." Līberī **sacrum faciunt**; tum ōrant. Mārcus: „Nunc **deī** familiae adsunt et Tullium perīculīs līberant."

Ein Gebet Ciceros. Im öffentlichen Leben spielte Religion eine viel größere Rolle als heute. Cicero etwa rief manchmal sogar in seinen Reden die Götter an. Das klang dann etwa so: „Dich, Jupiter auf dem Kapitol, den die Römer wegen seiner Wohltaten den Besten und wegen seiner Stärke den Größten nennen, dich, Königin Juno, und dich, Minerva, Wächterin der Stadt, die du mir immer geholfen hast und Zeugin meiner Mühen warst, euch rufe und flehe ich an, und auch euch, ihr Penaten meines Hauses und meiner Familie …"

1. Nenne ein Element, das du an der römischen Religion besonders fremdartig findest, und eines, das du normal findest. Sprecht darüber in der Lerngruppe.
2. Götter überall! Antike Götter leben in Monatsnamen und in vielen anderen Namen unserer heutigen Welt fort. Finde dafür drei Beispiele (→ S.110 f.) und stelle sie in der Lerngruppe vor.

W G1 Hin und weg

in templō
per templum
dē Capitōliō
in templum
ex templō
ad āram
ad āram
ante āram

(1) **Sacerdōs ad āram** accēdit. **Ante āram** cōnsistit. Diū **ad āram sacra facit**.

Tum **in templum** intrat. **Per templum** properat.

(2) **Sacerdōs** nōn diū **in templō** est. Tum **ē/ex templō** properat.

Tum **dē Capitōliō** currit et uxōrem convenit.

> ! Präpositionen mit Abl./Akk.
> ✔ Ablativ: L 6 – S. 39/40 G2 + G3
> ✔ Akkusativ: L 2 – S.19/20 G2

a. Erschließe die Bedeutungen der markierten Wörter und gib deren Wortart an.

b. Nenne den Kasus, den die blau markierten Wörter im Lateinischen verlangen.

c. Nenne den Kasus, den die rosa markierten Wörter im Lateinischen verlangen.

d. Das Wort **in** *kommt mit zwei Kasus vor. Ordne die Kasus den Fragen „wo" und „wohin" zu.*

> ! Kasus bei Präp. mitlernen

Sacerdōs cum uxōre cēnat. Uxōrī **dē sacrīs** nārrat. **Sacerdōs**: „**Sacrīs deōs** plācō et **prō salūte** hominum **ōrō. Deī** hominēs **ā/ab** perīculīs līberant."

e. Erschließe mithilfe der Sätze die Bedeutung der markierten Wörter.

G2 Hallo, Herr Cicero!

> Salvē, Mārce Tullī Cicerō!

> ! Geschafft!: alle Kasus (Nom., Gen., Dat., Akk., Abl., Vok.)

Der Priester begrüßt Cicero mit seinem vollen Namen:

f. Im Lateinischen verwendet man für die Anrede im Allgemeinen die gleichen Formen wie für den Nominativ. Nenne die abweichenden Formen und formuliere die Regel.

G3 Kommt zum Opfer! Ein Priester lädt ein.

> ! Imp. Sg. = Infinitiv ohne Endung -re

Venī et spectā! Gaudē, Tullia!   Venīte et spectāte! Gaudēte, līberī!

Cole deōs!   **Col**ite deōs!

Ades, Quīnte!   Adeste, servī!

g. Finde eine passende Übersetzung für die markierten Formen. Das Satzzeichen hilft dir dabei.

h. Ordne die Formen den Konjugationen zu.

i. Formuliere eine Regel, wie die neuen Formen gebildet werden.

W
G1
1. Präpositionen nach vorn!
*Schreibe die Präpositionen heraus und gib
die Kasus an, die sie im Deutschen bzw. im
Lateinischen verlangen.*

a. nach, nachdem, unter, hinter, hinten,
vor, vorn, in, und, wegen, während, aber

b. vix – de – per – in – interea – ibi –
etiam – pro – nam – ad – a – cum –
ante – ex – mox – ubique

> AH – S. 33: Ü 1

**2. Verehre die Präpositionen, indem du
jeder ein passendes Substantiv opferst.**

per – in – pro –	Capitolio – vias – vicos –
ad – ab –	hostes – salute – fratre –
cum – ante –	hospitibus – sermonem –
e – de	templo

> AH – S. 33: Ü 3

**3. Mal so, mal so. Übersetze und achte
dabei auf die Wiedergabe der
Präpositionen.**   `HA`

1. In templo sumus. – In via sumus. – In
templum venimus. – In hostes pugnam
facimus. 2. Ab amicis venimus. – Ab amicis
auxilium petimus. 3. De Capitolio propero.
– De Capitolio narro. – De salute amici
timeo. 4. Deos pro salute parentum
oramus. – Sacerdos pro templo sacrum
facit. – Pauperes[1] deis pro victimis panem[2]
dant[3].

> AH – S. 33: Ü 4

1) **pauperēs**, -um: die Armen   2) **pānis**, -is m: Brot
3) **dare**: geben

4. Ein Gott mit Privatleben
1. Severus cum liberis ante
templum Martis est.
2. Severus: „Hic homines
Martem deum colunt.
Mars filius Iovis et Iunonis
est." 3. Marcus: „Cur
Martem colimus?" 4. Severus:
„Mars est deus pugnae. 5. Hostes repellit
et pericula a Roma avertit; ita cives a
timore liberat." 6. Quintus: „Ego fabulam
de Marte narrare possum: Mars Venerem,
uxorem Vulcani, desiderat ..." 7. Sed

Severus monet: „Fabulas poetarum non
laudo. Nunc tacere debemus." 8. Tum ad
aram accedunt.

G2
5. Begrüße diese Personen auf Latein.
domina – Severus – Cicero – dominus –
fur – orator – Marcus – Tullia

> AH – S. 34: Ü 5, Ü 6

G3
6. Befiehl, aber richtig!
Wähle alle Imperative aus.

sacerdote – monete – Quinte – veni –
saluti – saluta – sermoni – dominis –
salutis – es – adeste – hospite – incipite –
pare – patre – portate – bene

> AH – S. 34: Ü 8

**7. Beim Opferfest. Hilf beim Opfer, indem
du die richtigen Anweisungen einsetzt.**

1. ▬ ad templum, liberi! 2. ▬, sacerdos!
▬ deos sacris! ▬ a deis auxilium pro
hominibus! 3. ▬ deos, Marce!
4. ▬ carmen, amici! 5. ▬ hominibus, o
dea! ▬ populum a periculis! 6. ▬ verba
sacerdotis! Nunc, o dea, ▬ victima!   `HA`

libera – properate – cantate – ora – audi –
cole – placa – gaude – pete – ades

8. Wer soll was tun? Bilde sinnvolle Sätze.

Tene	cibos	hospites
Cena	vinum	amici
Fuge	victimam	Quinte
Capite	pericula	fili
Bibite	veniam	soror
Rogate	furem	fures

Z
**9. „mit" – im Lateinischen gibt es dafür
zwei Ausdrucksweisen.**
Erkläre den inhaltlichen Unterschied.
1. **Cum amicis** sacra facimus.
2. **Victimis** deos placamus.

10. Responde Latine. (→ Sachinfo S. 42)
1. Ubi templum Iovis est? 2. Ubi sacerdotes
sacra faciunt? 3. Ubi ara est?

11. Eine Klosterregel. Übersetze.
Ora et labora!

Tieropfer mit Hindernissen

Am Tag nach Tullius' Abreise geht Cicero mit Marcus und Quintus aufs Kapitol,
um dort ein Opfer für die erhoffte glückliche Rückkehr seines
Bruders Tullius darzubringen.

HRU – KV 7: Illustration

a. Stelle die Imperative *und* Vokative *aus dem Text zusammen,*
ordne sie den handelnden Personen zu und ermittle so,
wer wem einen Auftrag erteilt.

Cicerō dīcit: „Venīte, Mārce et Quīnte!
Hodiē Capitōlium petere dēbēmus.
Ibi hominēs deōs et deās colunt:
Iovem et Iūnōnem et Minervam.
5 Ergō familia ibi prō salūte Tulliī sacra facere potest.
Properāte!" Cicerō cum līberīs ad forum venit.
Tum ā forō per Viam Sacram[1] petunt Capitōlium.
Sacerdōs Cicerōnem, Mārcum, Quīntum
ante templum iam exspectat et salūtat.
10 Līberīs dīcit: „Vidēte taurum, Mārce et Quīnte!
Ego sacra incipiō." Ministrī[2] taurum ad āram dūcunt.
Sed taurus nōn statim pāret, in forum currere cupit.
Ministrī[2] taurum plācāre dēbent. Quīntus dē salūte patris timet
et dīcit: „Incipe tandem, sacerdōs!" Sacerdōs respondet:
15 „Tacē, Quīnte! Aliter[3] sacra repetere[4] dēbēmus."
Tum sacerdōs prō Tulliō ōrat. Diū dīcit: ōrat et ōrat.

Subitō Mārcus Scintillam videt et clam sacra relinquit.
Scintilla: „Audī, amīce, ē forō veniō. Dē fūre nārrāre possum:
In forō est." Statim Mārcus et Scintilla dē Capitōliō currunt.
20 Ad forum cōnsistunt. Mārcus: „Tot hominēs in viīs sunt;
ubī fūr est?" Scintilla: „Ad templum Sāturnī est: Iam adsumus."
Mox līberī fūrem inter iuvenēs vident.
Post columnam[5] latent et verba iuvenum audiunt:
„Crās in forum ...! Vocāte amīcōs! Quis gladiōs habet?"

1) **Via Sacra**: „Heilige Straße" *(Hauptstraße des Forums)*
2) **ministrī** m Pl.: die Diener, die Helfer   3) **aliter**: andernfalls, sonst
4) **re-petere**, -ō: wiederholen   5) **columna**, -ae f: Säule

b. Suche die Schauplätze der Ereignisse auf dem Plan
der Stadt Rom im Einband.
c. Quintus ist beim Opfer auf dem Kapitol zurückgeblieben;
schreibe seine Gedanken auf, als er Marcus verschwinden sieht.

Das Forum Romanum

! Einstiegsidee: Was ist ein Forum? (an Vorwissen anknüpfen)

Das Forum heute: mit Resten von Saturntempel (links) und Rostra, der Kurie (rechts) und dem Severus-Bogen

Das Herz der Stadt. Das Forum Romanum war das Zentrum der Stadt (urbs, -is) Rom. Es lag in der Senke zwischen den drei Stadthügeln Palatin, Kapitol und Esquilin. Durch diese Senke führte die Via Sacra: vom Palatin zum Kapitol bis hinauf zum Jupitertempel. Dies war die Hauptstraße, über die Prozessionen und Triumphzüge zogen. Sie war gesäumt von Tempeln, von denen der Tempel der Göttin Vesta einer der ältesten war. Vesta wurde als Hüterin des Herdfeuers verehrt, und ihre Priesterinnen, die Vestalinnen, sorgten dafür, dass das Feuer im Rundtempel niemals erlosch. Am Fuße des Kapitolshügels war ein freier Platz, der das Zentrum des politischen Lebens in Rom bildete. Hierhin ging man, wenn man wissen wollte, was es Neues gab. Hier wurden auch Volksversammlungen abgehalten. Am Rande stand eine Rednerbühne (rōstra, -ōrum), von der herab Politiker wie Cicero Reden an das Volk halten konnten. Ihren Namen hatte die Redner-bühne von den hier angebrachten Schiffsschnäbeln (rōstrum), die die Römer vor langer Zeit (338 v. Chr.) in einer Seeschlacht erbeutet hatten. Schräg gegenüber stand die Kurie (cūria), das Versammlungsgebäude der Senatoren (senātor, -ōris). Wenn arme und mit ihrem Schicksal (sors, -tis) unzufriedene Bürger auf dem Forum gegen die Taten und Pläne (cōnsilium) der Regierung protestierten, bekamen die Senatoren in der Kurie das schnell (citō) und hautnah mit – und manchmal konnte es für sie sogar bedrohlich werden.

Nächtliche Sorgen

Mārcus dormīre nōn potest. Mārcus: „Quīnte, audī! Cōgitō dē iuvenibus in forō. Quid facere cupiunt? **Cōnsilia** iuvenum nesciō. Rogant: ‚Quis gladiōs habet?‘. Sed cūr **arma** capiunt? Cūr amīcī **urbis** Rōmae nōn sunt, sed **inimīcī**? Et cūr epistulam dēsīderant?" Quīntus: „Nesciō. Hodiē nōn cōgitō dē fūribus. Dē salūte patris **tantum** cōgitō; nam dē **vītā** patris timeō. Nunc tacē et dormī!"

Das Forum wächst weiter. Die meisten Gebäude, deren Überreste heute auf dem Forum zu sehen sind, stammen aus der Kaiserzeit. Ein Grund hierfür sind die verheerenden Brände, die immer wieder in der Stadt wüteten und auch das Forum nicht verschonten. So mussten die meisten Tempel mehrmals wiederaufgebaut werden. Zudem verewigten sich viele Kaiser durch neue Tempel und Denkmäler wie etwa Triumphbögen: So erinnert der Severusbogen neben der Kurie an Septimius Severus. Im Mittelalter geriet das Forum für Jahrhunderte in Vergessenheit.

1. Suche die im oberen Text genannten Gebäude des Forum Romanum auf dem Plan im Einband.
2. Beschreibe, was heute ein Internet-„Forum" ist. Diskutiert in der Lerngruppe, inwiefern ein solches Forum ähnlich genutzt wird wie das antike Forum Romanum.

W₁
G₁ **Dinge mit Eigenschaften**

templum **māgnum**

templum **parvum**

deus **māgnus**

deus **parvus**

āra **māgna**

āra **parva**

a. *Erschließe die Bedeutungen von **magnus** und von **parvus** und bestimme deren Wortart.*
b. *Erschließe, welcher Deklination die neuen Wörter angehören, und gib an, wonach sich die Endung der neuen Wortart richtet.*

Quīntus homō **bonus** est. Für homō **malus** est.
Scelerātī hominēs **malī** sunt. Līberī hominēs **malōs** timent.
c. *Erschließe die Bedeutung der neuen Wörter.*
d. *Vergleiche deren Stellung im lateinischen Satz mit der im deutschen.*

> **!** bei untersch. Dekl. von Subst. + Adj. →
> untersch. Endungen trotz KNG-Kongruenz

> ✔ o-/a-Deklination:
> Akk.: L 2 – S. 19/20 G₂
>   Plateau 1 – S. 35/36, 1., 2., 4., 6.
> Dat.: L 4 – S. 27/28 G₂, 5., 6.
>   Plateau 1 – S. 35/36, 9.
> Gen.: L 5 – S. 31/32 G₂
>   Plateau 1 – S. 35/36, 13., 14.
> Abl.: L 6 – S. 39/40 G₂

 W₂
G₂ **Die „r"-Wörter kommen – mal mit, mal ohne „e"**

(1) Cicerō **vir** est. Mārcus **puer** est, **vir** nōn est. Etiam Quīntus **puer** est.
Mārcus et Quīntus **puerī** sunt, **virī** nōn sunt. Sed fūrem quaerunt.
Für **puerōs** timet, nam parentēs **puerōrum** timet.
e. *Erschließe die Wortart und die Bedeutung der markierten Wörter aus dem Zusammenhang.*
f. *Gib an, zu welcher Deklination die Wörter gehören, und nenne den Basisteil.*

Ante **urbem ager** est. Dominus **agrum** spectat. Servī in **agrō** labōrant.
g. *Erschließe die Bedeutung von **ager** und nenne den Basisteil.*

(2) Cīvis homō **līber** est. Servī hominēs **līberī** nōn sunt. Servī **vītam līberam** dēsīderant.
Venus dea **pulchra** est. Vulcānus deus **pulcher** nōn est. Sed Vulcānus deam **pulchram** dēsīderat.
h. *Erschließe die Wortart und die Bedeutung von **liber** und **pulcher**.*
i. *Gib jeweils den Basisteil an.*

W1
G1

1. Wer tanzt aus der Reihe?

a. aras – vitas – foras – deas

b. bono – magno – malo – cito

c. urbis – inimicis – consiliis – armis

AH – S. 39: Ü 2

2. Wie soll das enden?

a. Ergänze und übersetze. HA

(1) verba mal▨▨ – equum magn▨▨ –
filiam magn▨▨ – servae parv▨▨ –
magn▨▨ cum gaudio – consiliis bon▨▨
(2) mater bon▨▨ – hominum parv▨▨ –
cum iuvene mal▨▨ – dolores magn▨▨ (!)

*b. Bei einem der Ausdrücke ist die Stellung
des Adjektivs auffällig. Nenne ihn und beschreibe den Unterschied zum Deutschen.*

AH – S. 39: Ü 3

3. Eigenschaften zu vergeben.

a. Kombiniere passend in KNG.

fratrem – iuvenis –	bonae – malum –
dearum – homines –	bonam – magni –
matres – sorores –	malas – parvis –
carminibus – horam	boni – magnarum

*b. Setze die Verbindungen in den Nomina-
tiv und bilde mit **esse** ganze Sätze (z. B.:
matri **bonae** → mater **bona** est). Lasse sie
dann jemand anderen übersetzen.*

AH – S. 40: Ü 4

4. Stadtbummel

1. Quintus, Marcus, Scintilla forum
Romanum petunt. 2. Ibi templa magna et
parva vident. 3. Scintilla consistit et
templum magnum spectat. 4. Sed Marcus
non gaudet. 5. Marcus: „Ubi cibi boni
sunt? Cenam magnam desidero."
6. Quintus: „Tace! Non semper cenare
potes." 7. Scintilla ridet. HA

W2
G2

**5. Undercover – verheimliche die Namen!
Ersetze Cicero durch vir und Marcus
durch puer.**

1. Cicero Marcum rogat: „Ubi epistula
est?" 2. Quid Marcus Ciceroni respondet?
3. Marcus, filius Ciceronis, tacet. 4. Diu
amici cum Marco furem et epistulam
frustra quaerunt.

**6. Verehrung alleine reicht nicht. Colere
hat viele Bedeutungen. Wähle passend.**

1. Uxor Iunonem colit. 2. Pueri amicitiam
colunt. 3. Homines agros colunt.

bebauen – bewohnen – schmücken –
pflegen – verehren

**7. Simsalabim! Mache die Guten entweder
schön oder frei: Ersetze bonus, -a, -um
durch Formen von pulcher oder liber.**

vir bonus – soror bona – hominum
bonorum – matres bonae – uxori bonae –
fures malos – parentibus bonis

HA   AH – S. 40: Ü 5

**8. Noch mehr Eigenschaften zu vergeben.
Kombiniere passend in KNG.**

iuveni – solem –		parvi – malo –	
agri – viris – matres –		mali – magnum –	
verba – liberi – patre		liberis – pulchro –	
		bonas – libera	

AH – S. 40: Ü 6

**9. Scharfblick gefragt. Bestimme die
Satzglieder und übersetze.**

1. Homines bonos sacerdos laudat. 2. Iovi
viri liberi sacra faciunt. 3. Hominibus malis
civis bonus adesse non debet. HA

Z

**10. Satz-Bausatz. Bringe die Wörter in die
richtige Form, bilde sinnvolle Sätze und
lasse sie jemand anderen übersetzen.**

Scintilla	templum	bonus	capere
Quintus	iuvenis	liber	spectare
sacerdos	cibus	pulcher	petere
familia	frater	parvus	desiderare
servus	vita	malus	vocare
sceleratus	fur	magnus	timere

H

**Weiter so! Achte beim Übersetzen
von pergere (weitermachen, -gehen,
fortfahren) besonders auf angemessenes
Deutsch.**

1. Cessare non debetis. **Pergite**! 2. „Tace,
poeta!" Sed poeta non tacet, sed cantare
pergit. 3. „Consiste, amice!" Sed amicus
non consistit: In forum **pergit**.

Lauschangriff auf dem Forum

Wie die Bande, so sind auch Marcus, Quintus, Scintilla und Rufus am nächsten Tag auf dem Forum verabredet. Dort herrscht eine aufgeheizte Stimmung. Die Menschen sind unzufrieden mit dem, was die Politiker für sie tun, und protestieren gegen den Senat.

-------- = Bezugswort
———— = Adj. Attribut
~~~~ = Prädikatsnomen

a. Benenne mithilfe des ersten Textabschnitts die abgebildeten Bauwerke.
b. Begründe, warum der Text in zwei Abschnitte geteilt ist.

In forō māgnus clāmor est. Multī hominēs conveniunt
et dē vītā miserā nārrant. Ōrātor dē rōstrīs clāmat:
„Tot cīvēs līberī sorte contentī nōn sunt;
tot cīvēs et in urbe et in agrīs miserī sunt!"
5 Etiam Mārcus, Quīntus, Scintilla adsunt.
In turbā virōs improbōs vident: Virī ad templum Sāturnī sunt.
Amīcī clam accēdunt, verba mala furis audiunt.
Fūr: „Cīvēs vītam bonam dēsīderant. Nunc pūgna incipit.
Capite gladiōs, amīcī, et inicite[1] senātōribus timōrem!
10 Nōn cessāmus cūriam incendere et
urbem pulchram ab inimīcīs līberāre. Sed cavēre dēbēmus.
Epistula nōmina[2] et cōnsilia nostra[3] continet.
Fortūnātī[4] sumus, nam Cicerō epistulam nōn habet!"
Līberī tacent et timent.

15 Tandem Rūfus per forum properat.
Puerī ad amīcum currunt et dē epistulā nārrant.
Tantum Scintilla sermōnem virōrum audīre pergit:
Alius[5]: „Ergō, tū, Sexte, epistulam nunc habes?"
Fūr: „Nōn sōlum epistulam, sed etiam arma habeō."
20 Alius: „Mehercule! Ubī sunt?"
Fūr: „Ad portam Ēsquilīnam. Ibi in vīcō parvō habitō."
Tum puella ad amīcōs properat et clāmat:
„Nunc certē epistulam invenīmus. Est ad portam Ēsquilīnam.
Fūrem inter multōs scelerātōs capere nōn possumus,
25 sed epistulam rapere possumus: Citō in Subūram!"
Mārcus cessat, Quīntus et Rūfus clāmant:
„Bonum est cōnsilium!"

1) **inicere**, -iō: einjagen, einflößen   2) **nōmen**, -inis n: Name   3) **noster**, -tra, -trum: unser
4) **fortūnātus**, -ī m: Glückspilz   5) **alius**: der eine; ein anderer

c. Zeige, an welcher Stelle des Textes die Bedeutung des Briefes deutlich wird.
d. Im Text kommen unzufriedene Bürger vor. Beschreibe anhand von Z. 1–8, warum sie unzufrieden sind.

Von schlicht bis luxuriös – Wohnen in Rom

! Einstiegsidee: (städt.) Wohnverhältnisse heute (Anknüpfen an Lebenswelt der SuS)

So wohnten die Römer. Im antiken Rom gab es zwei sehr unterschiedliche Arten von Wohnhäusern: Wohnblöcke **(īnsula)** und herrschaftliche Stadthäuser. Zur Zeit Ciceros lebten die meisten Römer in fünf- bis sechsstöckigen Mietshäusern, die aus zahlreichen Einzelwohnungen **(habitātiō, -ōnis)** bestanden. Familien mit wenig Geld wohnten darin auf engstem Raum, oftmals in nur einem Zimmer – hier hielt man sich nur zum Schlafen auf, während das eigentliche Leben auf der Straße stattfand. Ein großes Problem war die Sicherheit der Wohnblöcke: Die Bauherren bauten **(aedificāre)** diese oft so billig wie möglich, um sie zu vermieten **(locāre)**, und überließen es einem Verwalter, sich mit den Mietern auseinanderzusetzen. Immer wieder stürzten **(ruere, ruō)** sogar ganze Wohnblöcke aufgrund der schlampigen Bauweise ein.

Ein verhinderter Ausflug

Multī Rōmānī **īnsulās** in Subūrā **aedificant** et hominibus miserīs **locant**. Scintilla cum parentibus ibi habitat. Hodiē Scintilla Mārcum et Quīntum convenīre cupit. Sed ecce! Subitō clāmor est: „**Īnsula ruit, īnsula ruit!**" Virī et **fēminae** per vīcōs currunt. Scintilla cōnsistit et spectat. Tum **fēmina** clāmat: „Scintilla, Scintilla! Ubī es?" Scintilla: „Hīc sum, māter!" Tum māter: „Deīs **grātiam** habeō! Multa perīcula in Subūrā timeō: Nōn sōlum arma et **dolōs** scelerātōrum, sed etiam **īnsulās** timeō. Nunc hīc manē!"

Modell eines römischen Stadthauses aus dem 2. Jh. v. Chr.

Ein römisches Haus. Wohlhabende Römer wie Cicero und seine Familie wohnten in großzügigen ein- bis zweistöckigen Stadthäusern. Diese betrat man über einen Eingangsbereich **(vestibulum)** und gelangte dann in den Hauptraum, das Atrium **(ātrium)**. Um das Atrium herum lagen weitere Wohnräume, etwa Schlafzimmer **(cubiculum)** und Speisezimmer **(triclīnium** → L 6). Das Atrium muss man sich wie einen Innenhof vorstellen: Es erhielt sein Licht nicht durch Fenster **(fenestra)**, sondern durch eine Öffnung im Dach. Der Regen wurde von einem Regenbecken **(impluvium)** aufgefangen. An das Atrium schlossen sich oft ein Durchgangsraum und ein Innenhof mit Garten an, der von einem Säulengang umgeben war. Wie in einer heutigen Stadt gab es auch in Rom bessere und schlechtere Gegenden: Die beste lag am Palatin **(Palātium)**, wo auch Cicero sein Haus hatte. Der Palatin war so vornehm, dass später die römischen Kaiser auf ihm ihre Häuser erbauten; daher hat das Wohnhaus eines Herrschers noch heute seinen Namen: „Palast".

1. Beschreibe das Bild auf S. 17 und verwende dabei Begriffe aus dem obigen Sachtext. Beschreibe dann die Abbildung auf dieser Seite.
2. Vergleiche die damaligen Wohnverhältnisse mit den heutigen: Was ist für uns selbstverständlich, wovon arme oder sogar reiche Römer nur träumen konnten?

W **Der Zusammenhang macht die Bedeutung**

Marcus würde **numquam** die Subura ganz alleine betreten; denn dort gibt es viele dunkle Gassen. Scintilla muss eine List **adhibēre**, um den gestohlenen Brief wiederzubekommen. Quintus gilt unter seinen Freunden nicht als **superbus**, obwohl er viel von sich selbst hält. Doch **sine** Freunde wäre sein Leben einsam; deshalb hilft er Scintilla und Rufus gerne. Nach ihrem ersten Ausflug in die Subura machen sich die vier **iterum** auf den Weg in das Armenviertel.

a. Erschließe die Bedeutungen der lateinischen Wörter aus dem Zusammenhang.

✔ Kongruenz (KNG): L 8 – S. 47/48 W₁/G₂

G₁ **Alles ist relativ!** HRU – KV 5: Relativsätze

Quīntum vidēmus. Quīntus amīcus Scintillae est.
Quīntum, **qui** amīcus Scintillae est, vidēmus.
Wir sehen Quintus, ▬▬ ein Freund Scintillas ist.

Scintillam vidēmus. Scintilla amīca Quīntī est.
Scintillam, **quae** amīca Quīntī est, vidēmus.
Wir sehen Scintilla, ▬▬ eine Freundin des Quintus ist.

b. Erschließe, wie du die markierten Relativpronomina übersetzen musst.
c. Stelle fest, wonach sie sich in Numerus und Genus richten.

❗ nur Kongruenz von N und G → K ergibt sich aus Funktion im Relativsatz

(1) Fūr in **insulā** latet.
　　Līberī fūrem capere dēbent.　　　　Fūr, **quem** līberī capere dēbent , in **insulā** latet.

(2) Rūfus fūrem quaerit.
　　Rūfō amīcī adsunt.　　　　　　　　Rūfus, **cui** amīcī adsunt , fūrem quaerit.

(3) Fūr scelerātus est.
　　Amīcī dē fūre nōn multum sciunt.　　Fūr, **dē quō** amīcī nōn multum sciunt , scelerātus est.

(4) Mārcus Subūram petit.
　　Amīcus Mārcī Rūfus est.　　　　　　Mārcus, **cuius** amīcus Rūfus est , Subūram petit.

d. In den Sätzen kommt das Relativpronomen in verschiedenen Kasus vor.
Übersetze und gib jeweils den Kasus an.

G₂ **Ordnung muss sein.** ❗ Formen Gen. und Dat. in allen Genera gleich

quem, quam, quod	**cuius, cuius, cuius**		**quōrum, quārum, quōrum**	
quō, quā, quō	**cui, cui, cui**		**quōs, quās, quae**	**quibus, quibus, quibus**
quī, quae, quod			**quibus, quibus, quibus**	**quī, quae, quae**

*e. Jeder Baustein enthält je eine Form für m, f und n von **qui, quae, quod**.*
*Erschließe für jeden Baustein den Kasus und Numerus. **Tipp:** Die grün markierten Formen kennst du aus der konsonantischen, die blauen aus der a-/o-Deklination.*

❗ Geschafft!: 3 Arten des Attributs: Genitiv
　　　　　　　　　　　　　　　　　　　 Adjektiv/Substantiv (Apposition)
　　　　　　　　　　　　　　　　　　　 Relativsatz

51

W **1. Gegensätze ziehen sich an.**
Finde lateinische Wörter mit der entgegen-
gesetzten Bedeutung.

ex ⟷ ▨   sine ⟷ ▨
hic ⟷ ▨   numquam ⟷ ▨
liberi ⟷ ▨   filia ⟷ ▨
bonus ⟷ ▨   parvus ⟷ ▨   HA

G₁ **2. Sprachenwirrwarr in der Taverne.**
Setze die deutschen Pronomina ein.
Scintilla, **quae** arm ist, wohnt in der
Subura. Ihr Vater, **qui** ein Gastwirt ist,
quem alle kennen, hat dort seine kleine
Taverne. Manchmal kommt ein finsterer
Bursche, **cuius** bewaffnete Sklaven allen
Angst einjagen und **de quo** man schlimme
Dinge erzählt. Doch Scintillas Vater, **cui**
seine Freunde beistehen, hat keine Angst.
HA   AH – S. 44: Ü 3, Ü 4

G₂ **3. Der Genitiv hat es in sich.**
Bilde sinnvolle Sätze und übersetze.
a. Marcus properat …

… ad Ciceronem,	**cuius** ara pulchra est.
… ad Scintillam,	**cuius** inimici mali sunt.
… ad templum,	**cuius** parentes in Subura habitant.

b. Rufus currit …

… ad amicos,	**quarum** fenestrae parvae sunt.
… ad insulas,	**quorum** portae pulchrae sunt.
… ad templa,	**quorum** clamor magnus est.

AH – S. 44: Ü 5

4. Spiele oder Schule?
1. Marcus et Quintus Scintillam,
quae in Subura habitat, ad templum
frustra exspectant. 2. Cum Scintilla
ad ludos, **quos** libenter spectant,
properare cupiunt.
Ergänze und übersetze weiter.
3. Marcus, (qui/cui/quos) equos et
elephantos[1] spectare desiderat, tandem
ad ludos pergere cupit. 4. Sed Quintus,
(qui/cui/quem) puella placet, Marcum
monet. 5. Subito Tiro ad templum, ad
(quem/quam/quod) sacrum facere cupit,
venit et pueros videt. 6. Statim Tiro servus,
(qui/cuius/quae) dominus Cicero est, ad
pueros accedit.   HA
7. Nam scit: Severus magister (→ L 2), cum
▨ Tiro saepe sermonem habet, pueros
iam diu frustra exspectat. 8. Sed pueri, ▨
ludus Severi non placet, cito fugiunt.

quibus – cui – quod – quo

1) **elephantus**, -ī m: Elefant   AH – S. 45: Ü 6

Z **5. Responde Latine.**
Quis est …
1. … puella, **quae** in Subura habitat?
2. … puer, **qui** filius Ciceronis est?
3. … puer, **cuius** amici Marcus et Quintus
sunt?
4. … **femina**, **quae** mater Marci est?
5. … homo, **quem** liberi quaerunt?
6. … puer, **a quo** Cicero epistulam petit?

6. Aus zwei mach eins. Füge jeweils
mithilfe eines Relativpronomens zwei
Sätze zu einem zusammen.
1. Cicero filium habet. Filius saepe
Quintum convenit. 2. Scintilla in insula
habitat. Parentes Scintillae miseri sunt.
3. In Subura vici parvi sunt. In vicis fures
saepe latent et **dolos** adhibent. 4. Marcus
cum parentibus in Palatio habitat.
Parentes miseri non sunt.

! Geschafft!: 3 Arten des Attributs

Abenteuer in der Subura `HRU – Kurzer Weg`

Den Kindern ist nun klar, wie wichtig der Brief ist. Sie müssen ihn unbedingt zurückbekommen! Erneut machen sie sich ohne Wissen der Eltern auf den Weg in die Subura, angeführt von Scintilla, die sich hier gut auskennt ...

a. *Stelle Wörter und Wendungen zusammen, die die Subura und ihre Bewohner charakterisieren.*

Profectō līberī īnsulās, quae ad portam Ēsquilīnam sitae sunt,
inveniunt. Mārcus intereā ad Quīntum:
„Vidē squālōrem[1], quī ubīque in viīs est,
vidē hominēs, quōrum vestēs miserae sunt,
5 audī clāmōrem, quī ē multīs fenestrīs sonat[2]!"
Scintilla respondet:
„Sed audīte etiam vōcēs, quae vītam vēram ostendunt,
vidēte hominēs, quī miserī quidem, sed laetī sunt!
Spectāte līberōs, quibus in viīs currere licet, →
10 quī numquam timent, quī semper amīcitiā gaudent ...!"
Subitō magnus clāmor vīcum complet.
Fēmina in viā virum petit et clāmat:
„Habitātiōnēs, quās locās, malae sunt;
īnsulae, quās aedificās, iterum atque iterum ruunt.
15 Sed sors miserōrum dominōs superbōs nōn movet[3]!"
Scintilla statim ad fēminam accēdit et dolum adhibet:
„Quid audiō? Profectō misera es!
Ad portam Ēsquilīnam etiam Sextus, avunculus[4] miser, →
habitat, cuius habitātiōnem quaerō."
20 Fēmina Scintillae habitātiōnem Sextī libenter ostendit.
Līberī clam intrant – nēmō[5] prohibet.
Mārcus: „Properāte, citō, citō!"
Epistulam diū quaerunt. Mārcus iterum: „Perīculum est!
Scelerātōs, quī arma capere student, timeō."
25 Dēnique Rūfus inter multōs gladiōs epistulam patris invenit
et clāmat: „Heureka[6]! Tandem sine timōre ad Cicerōnem accēdere
et epistulam mandāre possum. Grātiam habeō, profectō amīcī estis!"

1) **squālor**, -ōris m: Schmutz, Unrat   2) **sonāre**: tönen
3) **movēre**, -eō: bewegen, interessieren   4) **avunculus**, -ī m: Onkel   5) **nēmō**: niemand
6) **heureka** *(griech.)*: „ich habe (es) gefunden" *(bekannter Ausruf des Physikers Archimedes)*

b. *Erläutere die List Scintillas und erkläre, warum gerade sie diese List anwendet.*
c. *Erkläre, welche Szene aus dem Text in der Abbildung zu sehen ist.*

Senatoren – die Männer, die Rom regierten

! Einstiegsidee: Regierungssysteme (an Vorwissen der SuS anknüpfen)

Hier sammelte man sich zur „salutatio": Atrium im „Haus des Menander", Pompeji, 1. Jh. n. Chr.

Wie Ciceros Tag begann. Jeden Morgen empfing **(accipere, -iō)** ein Senator bei sich zuhause seine Klienten **(cliēns, -tis)**. Die Klienten waren gesellschaftlich schlechter gestellt und auf einen Schutzherrn **(patrōnus)** angewiesen, der sie unterstützte **(iuvāre)**. Auch zu Ciceros Haus am Palatin kamen Klienten zum Morgenbesuch **(salūtātiō, -ōnis)**, wenn sie Sorgen **(cūra)** hatten: Sie wollten den berühmten **(clārus, -a, -um)** Anwalt um einen Rat oder um Geld bitten – oder auch einfach nur guten Tag sagen. Die Klienten versammelten sich zunächst im Eingangsbereich **(vestibulum → L 9)** des Hauses **(tēctum)**. Ein Türhüter ließ sie, wenn der Hausherr bereit war, in das Atrium ein. Die Besucher wurden dann einzeln aufgerufen und von dem Senator in seinem Arbeitszimmer empfangen. Was aber hatten die Senatoren **(senātor → L 8)** davon? Ihre Belohnung **(praemium)** bestand vor allem in der Zahl der Klienten: je mehr Klienten, desto höher das Ansehen. Wenn sie nach der **salūtātiō** auf das Forum oder in die Kurie gingen, ließen sie sich daher gerne von einer großen Klientenschar begleiten. Die Klienten standen auch als Helfer für alle Gelegenheiten zur Verfügung, z. B. um bei Wahlen für ihren Patron auf Stimmenfang zu gehen. Außerdem konnten sie ihm über die Stimmung bei den Wählern berichten und wertvolle Informationen liefern.

Lektion 8 – S 46: Das Forum Romanum

Vor der Senatssitzung

Cicerō **clientem accipit**, quī nārrat: „Iuvenēs improbī cōnsilia mala capiunt. Cīvēs bonī timent, **cūra senātōrum** māgna est. Ergō virī **clārī** in cūriam nunc conveniunt." Cicerō: „Properāre dēbeō! Cīvēs bonōs **iuvāre** dēbeō." Ecce! Multī hominēs ante cūriam sunt et clāmant; **ira** hominum māgna est. **Clientēs** Cicerōnī viam per turbam facere vix possunt: **Vim** adhibēre dēbent. Etiam in cūriā multī hominēs sunt: Cūria **plēna** virōrum est. Cicerō gaudet: Nam ita multī virī Cicerōnem, ōrātōrem **clārum**, audiunt.

Der römische Senator. Senatoren wurden die Mitglieder des Senats genannt. „Senat" bedeutet eigentlich „Rat der alten Männer", nach dem lateinischen Wort für „alter Mann" **(senex, senis)**. Man musste jedoch nicht alt sein, um Senator zu werden: Wer in ein politisches Amt gewählt war, wurde damit auch Senator, und zwar lebenslang. Der Senat versammelte sich in der Kurie, diskutierte, beriet die Regierung und fasste Beschlüsse. Erkennen konnte man einen Senator schon an seiner Kleidung: Er trug rote Schuhe und an seiner Tunika befand sich als Zeichen seiner Würde ein breiter Purpurstreifen. Die hohen Beamten trugen außerdem noch einen Purpurstreifen am Saum ihrer Toga.

1. *Beschreibe einen typischen Vormittag im Leben eines Senators.*
2. *Gib an, ob Cicero auf S. 57 als hoher Beamter dargestellt ist, und begründe deine Meinung.*

W **Alle wollen zu Cicero! Ein Klient erzählt …**

„Heute gehe ich zu Cicero. Als angesehener Mann beeinflusst er viele Menschen und ist daher ==**potēns**==. Außerdem ist er ==**prūdēns**==, da er viel gelesen hat. Hoffentlich kann er mir helfen! Vor seinem Haus warten schon sehr viele Hilfesuchende – die Menschenmenge ist ==**ingēns**==! Um für Ordnung zu sorgen, muss sein Türhüter manchmal ==**vehemēns**== sein: Sein Tonfall ist **ācer**, wenn er die Menge zur Ordnung ruft. Gewiss achtet er vor allem darauf, dass keine Verbrecher zu Cicero gelangen. Zum Glück ist meine Absicht anständig und nicht ==**turpis**==.“

a. Ordne den lateinischen Adjektiven mithilfe der deutschen Sätze jeweils eine der folgenden Bedeutungen zu: schändlich – gewaltig – klug – mächtig – energisch – scharf.

> **!** Adj. der kons. Dekl.: ein-, zwei- und dreiendig

G₁ **Neue Eigenschaften – neue Formen**

Cūra senātōrum māgna et **ingēns** est. Etiam timor **ingēns** est. Nam perīculum **ingēns** est.

b. Bestimme die markierten Formen nach KNG und gib an, welche Besonderheit dir auffällt.

Für **turpis** est. Et vīta fūris **turpis** est et cōnsilium fūris **turpe** est.   **!** KNG – Kongruenz zum Bezugswort
Timor **ācer** est, sed etiam īra **ācris** est. Cicerō verbum **ācre** dīcit.
Līberī fūrem **turpem** et epistulam quaerunt. Cicerō **plēnus cūrae ingentis** est.

c. Bestimme auch hier die markierten Formen nach KNG und nenne den Unterschied zu (b).
d. Erschließe, welcher Deklination die markierten Wörter angehören.
*e. Erkläre, warum diese Wörter stets nach einem der folgenden Muster im Wortverzeichnis erscheinen: **ingens, ingentis** bzw. **turpis, turpe** bzw. **acer, acris, acre**.*

G₂ **Ziemlich viel „i"**

(1) Puer carmen **turpe** cantat.
(2) Carmen **turpe** senātōrem nōn dēlectat.
(3) Puer carmine **turpī** īram senātōris incendit.
(4) Nunc multī puerī carmina **turpia** cantant.
(5) Nunc forum **plēnum** carminum **turpium** est.

*f. Ergänze mithilfe der Beispielsätze die Deklinations-tabelle für **turpis**. Was fällt dir im Unterschied zu den Substantiven der konsonantischen Deklination auf?*

	Singular			Plural		
	m	f	n	m	f	n
Nom.	turpis	▆	▆	▆		▆
Gen.	turpis			▆		
Dat.	▆			turpibus		
Akk.	turpem	▆		turpēs		▆
Abl.	▆			▆		

> ✔ kons. Dekl.: L 3 – S. 23/24 G₁/W₁
> ✔ Adj. der o-/a-Dekl.: L 8 – S. 47/48 G₁/W₁
> ✔ Adj. als Attr. u. Prädikatsnomen: L 8

> **!** Geschafft!: Adjektive der o-/a- und der kons. Dekl.

W **1.** *Da steckt Latein drin. Führe die fett gedruckten Wörter auf ihren lateinischen Ursprung zurück.*

Heute kommen die Abgeordneten im **Plenum** zusammen. Einige Abgeordnete vertreten **vehement** ihre Meinung. Erwarten sie dafür etwa eine **Prämie**? Am Ende sollen alle die Entscheidung **akzeptieren**.

2. *Mann oder Kraft? Unterscheide und bestimme.*

vires – viri – viribus – virorum – viros – virium – virum – vim – viris – vi

3. *O je – im Gedränge der **salutatio** sind alle Vokale verloren gegangen. Finde sie und übersetze.*

prdns – ptns – trps – cr (2) – vs – r

AH – S. 48: Ü 2

G₁ **4.** *Eins ist nicht immer genug. Nenne alle Kombinationen, die nach KNG passen.*

a. vox – timor – verbum

> ingens – turpis – acer – vehemens – acre – turpe – acris

b. voces – verbis – ira – puellas – domini

> vehementes – acribus – ingens – acris – prudentes – potentis

AH – S. 48: Ü 3

5. *Endlich gefunden!*

1. Tandem liberi epistulam habent.
2. Epistula liberos iuvat; gaudium Rufi **ingens** est. 3. Quintus Scintillam laudat: „**Prudens** es." 4. Scintilla ridet: „Et tu **prudens** es, Quinte; et vos[1], Marce et Rufe, **prudentes** estis." 5. Marcus gaudet, nam pater saepe verbis **acribus** et **vehementibus** monet: „Ubi est epistula? Rufus puer improbus et **turpis** est!" 6. Sed nunc Rufus epistulam Ciceroni ipse[2] mandare cupit; de fure et de periculis **ingentibus** Ciceroni narrare cupit.

1) **vōs**: ihr   2) **ipse**: höchstpersönlich

AH – S. 49: Ü 4

G₂ **6.** *Wer tanzt aus der Reihe?*

a. vehementium – bonorum – plenum – ingentium
b. laetum – acre – turpium – pulchrum
c. multi – potenti – mali – contenti
d. prudentia – vehementia – inimica – ingentia

AH – S. 49: Ü 5

7. *Was passt zusammen? Wähle für jedes Substantiv die passende Adjektivform.*

curae – verborum – senatoribus – viri – praemium – furibus – dominarum	potentibus – acres – ingens – turpibus – prudentium – clari – vehementium

AH – S. 49: Ü 6

Z **8.** *Mache es passend. Ergänze die richtige Form und übersetze.*

1. Servus dominum (potens) timet. 2. Nam saepe plenus irae (ingens) est; verba (vehemens) facit et servos (miser) monet. 3. Sed hodie dominus servis praemia (ingens) et (pulcher) mandat. 4. Nunc servi (contentus) sunt.

9. *Ein Vater in Sorge. Ordne sinnvoll zu und übersetze.*

1. Cicero pueros exspectat. Iam diu exspectat, et ira patris ▬ est. 2. Sed etiam cura ▬ est, nam urbs ▬ periculorum est: 3. Homines ▬ per vias currunt, fures ▬ dolos adhibent. 4. Ecce, ibi Marcus et Quintus sunt! Cicero voce ▬ clamat: „Mehercle! Statim accedite!" 5. Sed clam gaudet: Liberi adsunt – pater ▬ et ▬ est.

> laetus – magna – turpes – contentus – ingens – plena – improbi – acri

! Geschafft!: Adjektive der o-/a- und der kons. Dekl.

Was wird Cicero sagen?

HRU – Kurzer Weg

Quintus, Marcus und Rufus machen sich auf den Heimweg. Rufus
möchte nun zusammen mit Scintilla den wiedergefundenen Brief
*Cicero bei der morgendlichen **salutatio** persönlich überreichen.*
Quintus und Marcus versprechen Rufus, Cicero davon nichts zu
verraten. Sie sind durch das Abenteuer in der Subura aber sehr spät dran.

a. *Formuliere mögliche Antworten auf die Frage in der Überschrift.*

Quīntus et Mārcus ad Palātium properant.
Mārcus Quīntum monet: „Curre, Quīnte! Celerēs esse dēbēmus;
iam nox adest. Īram patris timeō." Sed Quīntus:
„Omnēs parentēs, quōrum līberī incolumēs sunt, gaudent.
5 Ergō timēre nōn dēbēmus."
Sed Cicerō nōn gaudet. Vōce ācrī verba vehementia facit:
„Unde venītis, puerī improbī? Cūra Terentiae ingēns est.
Ego irae plēnus sum. Exspectāte cōnsilium parentum!"
Mārcus et Quīntus nihil respondent. Cubiculum[1] petunt.
10 Sed dormīre nōn possunt.

Māne[2] māgna turba cīvium tēctum Cicerōnis intrat.
Nam Cicerō patrōnus clārus est.
Mārcus et Quīntus cubiculum[1] relinquunt.
In ātriō vident Rūfum et Scintillam,
15 quī Cicerōnī epistulam mandant et dē perīculīs nārrant.
Cicerō legit, diū tacet. Tandem laetō animō dīcit:
„Nunc intellegō! Nunc Sextum fūrem et omnēs,
quī cūriam incendere et vim adhibēre student, capere possum.
Rūfe et Scintilla, līberī prūdentēs estis. Accipite praemia!"
20 Tum et Rūfō et Scintillae pecūniam dōnat. Scintilla gaudet:
„Pecūniā parentēs miserōs iuvāre possum!" Etiam Rūfus:
„Fēlīx sum! Nunc patrem multīs cūrīs līberāre possum."
Tum Cicerō Mārcum et Quīntum spectat et monet:
„Et fortēs et levēs estis, puerī. Urbs plēna est
25 cīvium turpium, sed potentium. Audīte dē perīculō mortis,
audīte dē homine turpī, audīte dē vī Catilīnae!"

1) **cubiculum**, -ī n: → L 9   2) **māne**: morgens, am Morgen

b. *Charakterisiere Cicero als Vater und belege deine Aussagen aus dem Text.*
c. *Cicero und Terentia beraten in der Nacht, wie sie mit Marcus und Quintus*
verfahren sollen – schreibe ihr Gespräch auf.
d. *Beschreibe die sprachliche Gestaltung in Z. 25 f. Erkläre, welche Wirkung dadurch erreicht wird.*

Plateau 7 (L 31–35) – S. 184: Einrück- und Kästchenmethode

Sätze erschließen (I): Konstruktions- und Pendelmethode

Vielleicht hast du gemerkt, dass man lateinische Sätze manchmal nicht auf Anhieb übersetzen kann. Es gibt aber Methoden, mit denen du auch längere und komplexere Sätze sicher übersetzt:

1. Konstruktionsmethode ✔ Satzglieder: L 8 – S. 48 W₂/G₂ 9.

Jeder lateinische Satz lässt sich aus Bausteinen zusammensetzen („konstruieren"):

Māne māgna turba cīvium tēctum Cicerōnis intrat .

So gehst du beim Konstruieren vor:

(1) Beginne immer beim Prädikat, weil dieses die wichtigste Information zum Satzinhalt gibt:
  intrat – „(er, sie, es) betritt".
(2) Frage dann nach dem Subjekt: „Wer oder was betritt?" Also brauchst du einen Nominativ:
  turba – „(die/eine) Menge betritt".
(3) An diesen Satzkern baust du die übrigen Bausteine an:
  • Du fragst: „(Wen oder) was betritt die Menge?" Also brauchst du ein Akkusativobjekt:
    tectum – „(die/eine) Menge betritt (das/ein) Haus".
  • Nun fehlen noch die Wörter *mane*, *magna*, *civium* und *Ciceronis*.
    Mache dir jeweils die Bedeutungen und die Formen klar:
    – *mane* ist eine adverbiale Bestimmung der Zeit – „morgens",
    – *magna* ist ein adjektivisches Attribut zu *turba* – „(die/eine) große Menge",
    – *civium* ist ein Genitivattribut zu *turba* – „(die/eine) große Menge von Bürgern",
    – *Ciceronis* ist Genitivattribut zu *tectum* – „(das/ein) Haus des Cicero".
  • Mache dir klar, welche Wörter gemeinsam einen Baustein bilden.
(4) Nun bringst du den Satz in die im Deutschen richtige Wortreihenfolge:

  Morgens betritt eine große Menge von Bürgern das Haus des Cicero.

2. Pendel- oder Dreischritt-Methode ✔ grundsätzliche Regeln d. Wortstellung im Deutschen

Du „pendelst" in drei Schritten durch den Satz:

Māne māgna turba cīvium tēctum Cicerōnis intrat.

(1) Übersetze das erste Satzglied: *Mane* – „Morgens".
  Achtung: Das erste Satzglied kann auch aus mehreren Wörtern bestehen.
(2) Pendle nun zum Prädikat, denn das brauchst du im deutschen Satz an zweiter Stelle:
  intrat – „betritt".
  Achtung: Ein Satz kann auch mehrere Prädikate haben.
(3) Pendle wieder zurück zum Anfang des Satzes, übersetze die restlichen Satzteile
  und bringe sie in die im Deutschen richtigen Reihenfolge.

Probiere beide Methoden nun an diesem Satz aus dem Wiederholungstext (S. 61) aus:
Iam multi Galli cum armis Capitolium petunt.

Lektionen 6–7

1. Was ist der Fall? Wähle alle Substantive im Ablativ aus und gib jeweils die Lernform und die Bedeutung an. !Ablativ

animo – iuvenis – uxoris – amicis – sorore – mone – furibus – via – subito – sermo – populis – homine – ridetis – servis – salutis – familia – ardeo – horis – bibis

2. Ein Redner sucht sein Publikum. Wähle Zuhörer im passenden Kasus.

„Veni/Venite, …!" !Vokativ/Imperativ

cives, amicus, homines, frater, domine, sacerdotes, filius, fili, filii, gaudii, domina

3. Vielfältiger Ablativ. Übersetze und bestimme die Funktion der Ablative ohne Präposition. !Ablativ

1. Scintilla: „Cum amicis per forum propero." 2. Sacerdotes in templo sunt. 3. Servi timore vacant. 4. Fur in Subura habitat. 5. Rufus: „Auxilio amicorum pericula fugimus." 6. Poetae fabulis populum delectant. 7. Marcus fabulis poetae gaudet. 8. Tullius Romanos a periculis liberare cupit.

4. Diese Schlange hat einige Buchstaben zu viel verschluckt. Löse die Verbformen heraus und übersetze. !Vokativ/Imperativ

monestsuntimcapitosnescioreliberastpossu
musisvincitistardentonaudibicenamusacupi
sustudetisetaceterecomplentaesducitistorat

5. Aufträge. Ergänze Imperativ und Vokativ und übersetze. !Vokativ/Imperativ

1. Amicos (exspectare), (uxor)! 2. Cibos (portare), (servae)! 3. (adesse), (servus)! 4. (venire) et (intrare), (amici)! 5. Vinum (bibere), (hospites)! 6. Carmen (cantare), (poeta)! 7. Poetam (audire) et (gaudere), (amicus)! 8. Ad cenam (accedere), (Tullius et Terentia)!

!Geschafft!: alle Satzglieder
!Geschafft!: 3 Funktionen Ablativ
!Geschafft!: alle 6 Kasus

Lektionen 8–9

6. Partnerwahl. Bilde in KNG passende Paare. !Adj. der o-/a-Dekl.

templum –	superbis – malum –
dearum –	multarum –
clamorem –	pulchrum –
sorores – dolum –	contento – magnum –
homini – filiis	laetae

7. Mache mehr draus – oder weniger. Bilde den jeweils anderen Numerus. !Adj. der o-/a-Dekl.

amicus verus – feminas miseras – furi malo – porta magna – uxores pulchrae – animo libero – hominibus parvis – pueros laetos – carminis boni – virorum bonorum

8. Relativ leicht – du hast die Wahl. Löse Aufgabe (a), (b) oder (c). !Rel. Pron./Rel. Sätze

a. Setze den passenden Relativsatz in die Lücke und übersetze den ganzen Satz.

1. Multi vici, ▬, periculis abundant. 2. Fur epistulae, ▬, hic habitat. 3. Scintilla pueros, ▬, exspectat. 4. Profecto liberi furis insulam, ▬, inveniunt.

quibus Suburam ostendere cupit – qui in Subura siti sunt – quae pulchra non est – quam liberi quaerunt

b. Wähle das richtige Relativpronomen und übersetze.

1. In Subura viri, (qui/quorum/quos) sors misera est, habitant. 2. Etiam feminae, (quae/quibus/quas) vita misera non placet, ibi sunt. 3. Vestes, (qui/quae/quas) videre potestis, miserae sunt. 4. Sed multi homines, (qui/quae/cui) in insulis malis habitant, miseri quidem, sed laeti sunt.

c. Ergänze das Relativpronomen und übersetze.

1. Scintilla insulam, in ▬ fur est, videt. 2. Liberi, ▬ insulam intrare licet, laeti sunt. 3. Rufus inter gladios, ▬ hic latent, epistulam invenit. 4. Denique Marcus patri epistulam, ▬ desiderat, mandare potest. !Geschafft!: 3 Arten des Attributs

Lektionen 6–10

!Adj. kons. Dekl.

9. Wer tanzt aus der Reihe?
a. acrem – clamorem –
fabulam –
dominum
b. fortibus – improbus –
prudentibus – turpibus
c. ingentia – filia –
felicia – omnia
d. celeri – acri –
potenti – boni

10. Nenne zu jedem Wort das Gegenteil.
amicus – malus – domina – felix – vir –
frater – magnus – monere – mors –
semper – properare – quaerere –
respondere – sine

**11. Aller guten Dinge sind drei. Ordne
die Vokabeln drei Sachfeldern zu und gib
zu jedem Wort die Bedeutung an.**
bibere – vincere – sacrum – fortis –
hospes – ara – vinum – sacerdos –
hostis – cibus – arma – templum –
pugna – deus – cenare

12. Was passt zusammen? Bilde Paare.

amico – homo – vim – viri	felix – forti – turpis – ingentem

!Adj. kons. Dekl.

13. Adjektive in Form. Wähle richtig aus.
auxilium (omnium/omnem/omne) –
sorori (clarae/clari/claro) – arma (acres/
acria/acrem) – matris (incolumis/
incolumi/incolumibus) – populorum
(potentem/potentium/potentes)

!Adj. kons. Dekl.

14. Wer dekliniert am schnellsten?
puer levis – sermo laetus – vox clara –
puella felix – pugna vehemens

!Adj. kons. Dekl.

**15. Akkusativ oder Ablativ – das ist hier
die Frage. Setze die richtigen Endungen im
Singular und, soweit sinnvoll, im Plural ein.**
per urb▮▮ – cum soror▮▮ – pro fili▮▮ (!) –
a hospit▮▮ – in insul▮▮ (!) – sine ir▮▮ –
ante cen▮▮ – de vir▮▮ – e vit▮▮ –
ad vic▮▮ – inter amic▮▮ (!)

!Präpositionen im Abl./Akk.

**16. Passend gemacht. Setze die richtige
Form ein und übersetze dann.**
1. Homines de (vita misera) narrant.
2. Multi cives in (forum magnum) sunt.
3. Orator clamat: „Consilia virorum
potentium (multi cives) non placent.
4. Tot (viri non contenti), tot (feminae non
contentae) sunt! 5. Ergo (homines miseri)
adesse debemus."

!Präpositionen im Abl./Akk.

**17. Mache den richtigen Anfang. Entscheide
selbst, ob du mit (a) anfangen willst oder
gleich (b) lösen kannst.**
a. Übersetze folgende Wendungen.
in magno periculo esse – urbem hostium
capere – ad urbem accedere – viam
parvam invenire – forum Romanum
petere – multa pericula avertere – ad
arma vocare – timore non vacare –
magnam gratiam habere

!Präpositionen mit Abl./Akk.

**b. Die Römer in Gefahr. Setze die
passenden Präpositionen ein und
übersetze.**
1. Romani magno ▮▮ periculo sunt:
2. Galli ▮▮ urbem accedunt. 3. Iam adsunt:
Non iam ▮▮ urbem sunt; iam ▮▮ urbe
Roma sunt. 4. Viam ▮▮ vicos ad forum
quaerunt. 5. Non timent, sed ▮▮ timore
sunt. 6. Romani clamant: „Iuvate, amici!
Auxilio venite!" Omnes ▮▮ arma vocant,
▮▮ gladiis ▮▮ forum currunt. 7. Multi ▮▮
Capitolium, quod incolume est, fugiunt.
8. Tandem Romani hostes ▮▮ urbe
repellunt. 9. Denique deis magnam
gratiam ▮▮ salute habent.

!Geschafft!: Adjektive der o-/a- und kons. Deklination

Römische Geschichten: Tierische Unterstützung

Rom war oft in Gefahr, wurde aber immer wieder auf wundersame Weise gerettet. Um die Kinder zu beruhigen, erzählt Severus eine Geschichte vom Anfang des 4. Jahrhunderts vor Christus. Damals wäre Rom beinahe von den Galliern (Galli) erobert worden. Die Gallier haben bereits Teile der Stadt besetzt, und viele Römer sind geflohen. Nur auf dem Kapitol (Capitolium) harren die letzten Verteidiger noch aus.

a. *Erstelle aus dem Text eine Liste der handelnden Figuren.* ❗Gänse als handelnde Figuren

Capitolium magno in periculo est. Nam Galli urbem omnem capere cupiunt. Nox est. Clam hostes ad Capitolium accedunt – tacent et latent. Non cessant: Iam Gallus prudens viam invenit, iam multi Galli cum armis summum[1] petunt.

In Capitolio omnes dormiunt: Romani
5 enim, qui Gallos hic non exspectant,
curis vacant.

Sed ecce – subito Capitolium ingenti
clamore abundat. Mehercle, quis
clamat? Anseres[2], qui Iunoni deae
10 sacri[3] sunt, non dormiunt; anseres[2]
hostes audiunt, anseres[2] vocibus
acribus et vehementibus clamant.
Ergo etiam homines non iam
dormiunt. Statim Marcus Manlius, vir
15 fortis et clarus, periculum videt: non
cessat, gladium capit, Romanos ad
arma vocat: „Auxilio venite, viri!"
Certe multi timore non vacant; sed
Manlius Gallum, qui iam in summo[1]
20 est, gladio repellit. Mox Gallus de
summo[1] ruit et multos hostes secum[4]
rapit. Cito omnes Romani adsunt et
periculum armis avertunt. Ita
Capitolium incolume manet.
25 Tum omnes Romani et anseribus[2] et
Iunoni, deae magnae, gratiam pro
salute habent.

1) **summum**, -ī n: Gipfel   2) **ānser**, -eris m: Gans
3) **sacer**, -cra, -crum *(m. Dat.)*: heilig
4) **sēcum**: mit sich

Die Gallier erklimmen das Kapitol. Buchillustration, 1920

b. *Zeige anhand von lateinischen Belegen, wie im Text Spannung erzeugt wird.*
c. *Erläutere, auf welche beiden Ursachen die Römer ihren Sieg zurückführen.*

→kurze Sätze (Z. 1–2)
→lange Sätze: trügerische Ruhe (Z. 4–6)
→asyndet. Reihung + dir. Rede (Z. 15–17)

Als Cicero Konsul war – Rückblick auf ein bewegtes Jahr

> ! Einstiegsidee: alle Informationen über Cicero aus bisherigen L zusammenstellen

Ciceros Rede gegen Catilina. Gemälde von Cesare Maccari, 1888

Ein Jahr an der Spitze. In Rom galt der Dienst für den Staat als edelste Tätigkeit: Kein Wunder also, dass auch Cicero eine politische Karriere angestrebt hatte. Schließlich hatte er sogar das höchste Staatsamt, das Konsulat, erreicht. Konsul **(cōnsul, -is)** zu sein bedeutete, für ein Jahr **(annus)** zusammen mit einem Kollegen die römische Republik zu lenken. Für dieses Amt wählte die Bürgerschaft **(cīvitās, -ātis)** normalerweise nur Männer, die den reichsten und mächtigsten Familien Roms angehörten. Cicero, der nicht aus einer Adelsfamilie stammte, war daher immer besonders stolz darauf, dass er es so weit gebracht hatte – allein durch sein Talent als Redner.

Dieses berühmte Jahr, von dem Cicero den Kindern nun erzählen will, lag etwa zehn Jahre zurück. Es war das Jahr 63 v. Chr. Für dasselbe Jahr hatte sich auch Lucius Sergius Catilina um das Konsulat beworben, war aber gescheitert. Daraufhin sammelte er die vielen Unzufriedenen um sich, die es in Rom und Italien gab, um mit ihnen die Regierung zu stürzen und selbst als Gewaltherrscher **(tyrannus)** in Rom zu regieren. Angeblich wollte er sogar die Stadt anzünden. Sicher ist, dass er Cicero, der seinen Plänen im Wege stand, töten **(necāre)** lassen wollte. Cicero wurde rechtzeitig gewarnt, hatte aber keine Beweise. Durch Reden **(ōrātiō, -ōnis)** versuchte er, die Senatoren dennoch von der Schuld Catilinas zu überzeugen.

Wie Fulvia, eine Freundin von Ciceros Frau Terentia, vor dem Mordanschlag warnte
Terentia: „Salvē, Fulvia! Quid scīs dē Catilīnā?" Fulvia: „Dē amīcīs et **comitibus** Catilīnae nārrāre possum: Cicerōnem **cōnsulem necāre** cupiunt!" Terentia: „Cicerōnī vītam **ēripere** student? Māgna est **audācia** Catilīnae!" Fulvia: „Catilīna **cōnsulem** nōn **valdē** timet. Nam scit: Cicerō verba habet, nōn arma." Terentia: „Cicerō scit: Verba sunt arma. **Itaque ōrātiōne** vehementī Catilīnam repellere studet. Saepe dīcit: ‚Ego verbīs **cīvitātem** iuvāre possum; sed Catilīna armīs **mē necāre** nōn potest'."

Cursus honōrum – die „Karriereleiter". Wer in Rom politisch tätig sein wollte, musste eine festgelegte Reihe von Staatsämtern ausüben. So war Cicero zuerst als Quästor **(quaestor, -ōris)** in Sizilien für die Finanzverwaltung zuständig, dann als Ädil **(aedīlis, -is)** unter anderem für die Spiele. Viele Ädilen nutzten dieses Amt, um sich beim Volk beliebt zu machen, und gaben sehr viel Geld aus, um unvergessliche Spiele zu bieten. Als Prätor **(praetor, -ōris)** schließlich kümmerte sich Cicero um die Rechtsprechung; dies war die letzte Stufe vor dem Konsulat. Nach dem Konsulat konnte man als Prokonsul **(prōcōnsul, -is)** eine Provinz verwalten.

1. *Bringe die Informationen über Ciceros Laufbahn in eine Übersicht.*
2. *Finde mithilfe des* Zeitstrahls *heraus, wie alt Marcus zur Zeit von Ciceros Konsulat war.*
3. *Finde auf dem Bild Cicero und Catilina. Beschreibe die dargestellte Situation.*
 – Cicero: Redner links im vorderen Mittelgrund
 – Catilina: abseits, vorne rechts

W Eine brenzlige Situation

Cicerō in tēctō est: **Domī** est.
Subitō scelerātus, amīcus Catilīnae, accēdit.

Ecce, **sub** veste gladium habet.

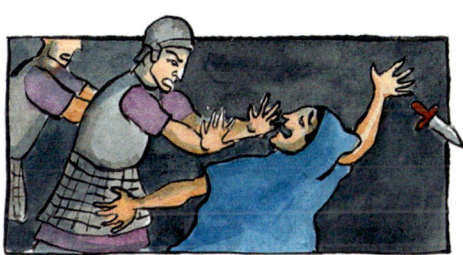

Sed statim **custōdēs** adsunt et
dominum **dēfendunt**.

Custōdēs scelerātum **pellunt**.

a. Erschließe die Bedeutungen der neuen Wörter mithilfe der Bilder.

G1 „Ich hatte keine Angst ...“

> ! *-ba-* ist das Signal für das Imperfekt.

Einer der Leibwächter erzählt seiner Frau stolz von seinen Heldentaten:
Custōs: „Saepe scelerātī veni-ēba-nt. Sed ego numquam timē-ba-m.
Ego semper timōre vacā-ba-m. Omnēs **custōdēs** timōre vacā-ba-nt.
Numquam cessā-bā-mus: Semper Cicerōnem **dēfend**-ēbā-mus.
Scelerātōs semper vinc-ēbā-mus. Itaque Cicerō semper sine cūrīs dormi-ēba-t.“

b. Dieser Text steht im Imperfekt; dieses wird mit dem deutschen Präteritum übersetzt.
Die Imperfektformen sind alle an demselben Signal zu erkennen. Nenne es.
c. Untersuche nun die Formen genauer: Bestimme die einzelnen Bausteine je nach Konjugation.
d. Gib an, welche Personalendung des Imperfekts von der des Präsens abweicht.
e. Übersetze nun den Text.

G2 „Du warst sehr mutig ...“

> ! Imperfekt *posse = pot-* + Imperf. von *esse*

Uxor: „Sciō: Tū semper fortis erās. Tū semper Cicerōnem **dēfendere** poterās.“
Custōs: „Certē fortis eram. Semper Cicerōnem **dēfendere** poteram.
Semper fortēs erāmus. Semper Cicerōnem **dēfendere** poterāmus.“

*f. Erschließe nun die markierten Imperfektformen von **esse** und **posse** und übersetze dann.*

G3 Was tut Cicero in welcher Rolle?

> ! Substantiv als Prädikativum → Ergänze „als“!

Cicerō: „Puer semper gaudēbam, vir saepe timeō.“ –
Cicerō puer semper gaudēbat, vir saepe timet.

*g. Um **puer** und **vir** hier zu übersetzen, musst du im Deutschen ein Wort hinzufügen. Welches?*

W **1. Wortkette – jedes Wort teilt einen Buchstaben mit dem folgenden. Zerlege in Wörter und gib deren Bedeutung an.**

defendereripiorationemultaudaciannusub

2. Wer tanzt aus der Reihe?

a. pello – cupio – oratio – incipio

b. voca – audacia – clama – neca

c. tabulas – dominas – vias – civitas

d. semper – saepe – sub – iterum

AH – S. 52: Ü 1, Ü 2

G1 **3. Setze ins deutsche Präteritum.**

er tritt ein, befiehlt, bittet, betet, flieht; sie ist, hilft, schreit, sitzt, schläft, trägt, zieht.

4. Das war einmal. Setze ins Imperfekt und übersetze.

ardet – monetis – ceno – cavemus – complent – abundat – licet – loco

AH – S. 53: Ü 3

5. Numerus, wechsel dich! Setze in den jeweils anderen Numerus und übersetze.

portabas – eripiebam – ruebatis – sciebat – nesciebam – repellebas – latebas – bibebatis – continebant　HA

6. Imperfekt-Wahl.

a. **Bilde fünf Formen und schreibe sie auf einen Zettel.**

ride- leg- veni-	-ba-	-m -s -t
eripi- ostend- bib-	-eba-	-mus -tis -nt
cena- neca- pell-		

b. **Werft die Zettel in eine „Urne". Zieht dann je einen Zettel und übersetzt die Formen.**

7. „Als Cicero Konsul war." Leider sind die Aufzeichnungen des Sekretärs Tiro teils unleserlich. Wähle aus und übersetze.

1. Tum Cicero saepe civitatem orationibus defend▬(it/ebat/ebant). 2. Itaque multi homines Ciceronem lauda▬(t/bat/bant). 3. Sed Catilina consuli vitam eripere cupi▬(unt/ebat/ebatis). Etiam urbem

incendere cogita▬(mus/bam/bat). 4. Cicero homines turpes repellere stude▬(bam/bat/bant). 5. Profecto omnia pericula avert▬(ebamus/ebat/ebant): 6. Inimici fugi▬(ebam/ebant/ebatis).　HA

G2 **8. Wer war, der konnte. Bilde jeweils die entsprechenden Formen von**
a. esse – b. posse.

pergebat – ducebamus – dormiebas – iuvabatis – capiebam – pellebant

AH – S. 53: Ü 5, Ü 6

9. „Es war sehr gefährlich" – Terentia unterhält sich mit Tiro. Ergänze und übersetze.

1. Terentia: „Comites Catilinae Ciceronem necare ▬, sed non ▬. 2. Deis gratiam habeo: Custodes prudentes et celeres ▬. 3. Sed ego et pueri numquam timore liberi ▬." 4. Tiro: „Tu, domina, fortis ▬; sed ego saepe ▬." 5. Terentia: „Et tu Ciceroni semper ▬; numquam levis ▬. 6. Itaque laeta et contenta ▬."

eram – timebam – eras (2) – aderas – eramus – erant – poterant – studebant

AH – S. 53: Ü 5, Ü 6

G3 **10. Rollenverhalten. Nenne die Prädikativa und übersetze.** ! Substantiv als Prädikativum

1. Terentia: „Puella nihil timebam; mater multa pericula video." 2. Cicero: „Romani me consulem laudabant, poetam me ridebant. 3. Catilina me oratorem laudabat, consulem me necare studebat."

AH – S. 54: Ü 7, Ü 8

Z **11. Cicero – ein Mensch in vielen Rollen.**
a. Bilde sinnvolle Sätze und übersetze.

Cicero	pater	curiam petit.
	consul	liberos laudat.
	orator	homines delectat.
	frater	clientes[1] accipit.
	patronus[1]	Tullium iuvat.

1) **patrōnus**; **cliēns**: → L 10　HA

b. **Setze die Sätze ins Imperfekt und lasse sie jemand anderen übersetzen.**

Auf Leben und Tod – Cicero in Gefahr

HRU – Kurzer Weg

✔ *esse* + *posse*: L 4
✔ Abl. instr: L 6
✔ Abl. mit Präp.: L 7
✔ Relativsatz: L 9
✔ Adjektive (kons. Dekl.): L 10

Die Kinder verstehen nicht, warum Cicero sich über ihre Abwesenheit aufgeregt hat.
Aber Cicero hat in seinem Leben schon zu oft die Gefahren Roms kennen gelernt.
Er berichtet ihnen von der Zeit seines Konsulats, als er um sein Leben fürchten musste.
Die Kinder waren damals noch zu klein, um die Ereignisse bewusst mitzuerleben.

! dramatisches Präsens

a. Untersuche die Tempuswahl und erkläre sie: Wo wird Imperfekt verwendet, wo Präsens?
b. Stelle Sätze und Wendungen zusammen, die sich auf Catilina beziehen,
und erschließe daraus, was für ein „Typ" das war.

Cicerō: „Ante nōnnūllōs annōs valdē timēbam ..."
Mārcus: „Cūr timēbās, pater?"
Cicerō: „Eram in timōre dē vītā meā[1], dē vītā uxōris,
    dē vītā līberōrum, dē ..."
5 Mārcus: „Etiam nōs[2] erāmus in perīculō?"
Cicerō: „Omnēs erant in perīculō:
    ūniversa cīvitās in perīculō ingentī erat.
    In forō lōrīcam[3] sub veste habēbam;
    multī custōdēs fortēs semper aderant et mē dēfendēbant."
10 Quīntus: „Quid? Sine custōdibus incolumis esse nōn poterās?
    Quis tibi vītam ēripere studēbat?"
Cicerō: „Homō turpis, quī mihī et multīs cīvibus
    iterum atque iterum māgnum timōrem faciēbat: Catilīna.
    Cum comitibus urbem Rōmam incendere, inimīcōs necāre,
15   cīvitātem ēvertere[4] parābat. Tyrannus esse cupiēbat.
    Sed ego audāciam Catilīnae impediēbam.
    Itaque cōnsul semper in perīculō mortis eram."
Mārcus Quīntusque: „Quid? Nārrā dē perīculō!"
Cicerō: „Ecce – aliquandō comitēs Catilīnae cum armīs
20   ad portam veniunt; clam intrāre student ...
    Custōdēs scelerātōs ā portā vix pellere possunt."
Mārcus: „Nē domī quidem līberī ā timōre esse poterāmus!
    Cūr ex urbe fugere numquam cōgitābās?"
Cicerō: „In urbe manēre dēbēbam,
25   nam cīvitātem ab hominibus improbīs līberāre cupiēbam.
    Vītam meam[1] lōrīcā[3], salūtem cīvium verbīs dēfendēbam:
    Ōrātiōnibus vehementibus perīculum ostendere poteram,
    ōrātor Catilīnam vincere poteram. –
    Nunc Catilīna nōn iam vīvit, sed vīvunt amīcī Catilīnae."

1) **meus**, -a, -um: mein   2) **nōs**: wir   3) **lōrīca**, -ae f: Brustpanzer   4) **ēvertere**, -ō: zugrunde richten

c. Cicero gestaltet seine Worte bewusst, um ihnen Nachdruck zu verleihen.
Zeige das an Z. 3 f., Z. 14 f. und Z. 26.

– Z. 3 f. + Z. 14 f.: Enumeratio: Trikolon (Klimax), Asyndeton, Parallelismus
– Z. 26: Parallelismus, Asyndeton, Antithese

!Einstiegsidee: Reaktivierung Vorwissen zu Ciceros Konsulatsjahr (L11)

Was kam nach dem Konsulat?

Catilina und kein Ende. Ein römischer Konsul herrschte mit seinem Kollegen so gut wie unbeschränkt – aber eben nur für ein Jahr. Danach musste er über seine Amtsführung Rechenschaft ablegen. Hatte er Unrecht getan, so konnte er dafür nun bestraft werden. Das galt auch für Cicero: Nicht alle waren nämlich mit Catilinas Tod einverstanden. Zwar meinten viele, Cicero habe das Vaterland **(patria)** gerettet **(servāre)**, doch andere behielten Catilina in guter Erinnerung **(memoria)** und ließen auch nach seinem Tod seine Ideale nicht im Stich **(dēserere, -o)**. Sie sahen in ihm einen Volkshelden, der für

Senatoren. Relief am „Friedensaltar" (Ara Pacis), 13–9 v. Chr.

die Schwachen eintrat und zu Recht das Volk gegen die Mächtigen aufwiegelte **(sollicitāre)**. Als Catilina tot war, trat ein gewisser Clodius in seine Fußstapfen und sorgte dafür, dass Cicero für einige Zeit **(tempus, -oris)** in die Verbannung **(exilium)** gehen musste. Clodius und seine Anhänger führten Catilinas Anliegen noch lange weiter. Clodius war auch der Anführer der Bande, zu der unser (erfundener) Briefdieb Sextus gehörte.

Sextus – kleiner Bandit oder großer Unruhestifter? Ein Senator klagt an.
Senātor Sextum **accūsat**: „Sextus populum **sollicitābat**. Quaeritis: ‚**Quantopere** populum **sollicitābat**?' Valdē populum **sollicitābat**! Etiam vim adhibēbat. **Quotiēns** dīcēbam: ‚Sextus est scelerātus'? Iterum atque iterum! Sed numquam audiēbātis. Iterum atque iterum Sextus dolōs malōs adhibēbat; numquam **dēsinēbat** dolōs malōs adhibēre. Omnia ego **memoriā** teneō. Itaque sciō: Sextus **iūdicium** fugere nōn potest."

Senat und Volk. Das Kürzel SPQR war sozusagen das ‚Logo' der römischen Republik und findet sich bis heute auf öffentlichem Eigentum der Stadt Rom – vom Amtsgebäude bis zum Kanaldeckel. „SPQR" steht für „senātus populusque Rōmānus" – und darin steckt bereits eine Aussage: Die Senatoren oder „Väter" **(patrēs, -um)**, vorwiegend Angehörige des Adels, bildeten einen eigenen Stand. Mit dem Volk („populus") verhielt es sich etwas komplizierter: Es umfasste eigentlich alle männlichen und freien römischen Bürger; diese wählten die Beamten und bestimmten damit auch, wer Senator wurde. Die Stimmen waren jedoch im römischen Wahlrecht ungleich verteilt, sodass die der unteren Klassen praktisch nicht zählten. Dafür hatte das einfache Volk **(plēbs, plēbis)** aber eigene Interessenvertreter, die Volkstribunen **(tribūnus plēbis)**, und eigene Versammlungen. Manche Volkstribunen, wie etwa Clodius, nutzten ihre Macht, um das Volk aufzuwiegeln und den Senat zu behindern – gleichgültig, ob dies wirklich im Interesse des Volkes war.

1. *Ergänze deine Übersicht mit den Informationen über die Zeit nach Ciceros Konsulat.* [Zeitstrahl]
   L 8 – Lesetext
2. *Auf [S. 49, Z. 3 f.] hält jemand eine Rede. Welcher politischen Gruppe gehört der Redner wohl an? Begründe deine Meinung.*

W₁ Viele Aktionen

Cicerōnem in **exilium** — dolō

bene cum Scintillā — **agĕre** — dē praemiō cum dominō

vītam fābulam **tempus** — grātiās

a. *Die Grundbedeutungen von **agere** sind „handeln, tun, treiben". Finde passende Übersetzungen.*

W₂ *Virtūs – alles, was einen vir auszeichnet*

Von einem „echten Mann" erwarten die Römer viel: Er hat viele **virtūtēs** (etwa Anstand und Selbstbeherrschung), aber möglichst keinen Fehler **(vitium)**. Vor allem ist er nicht träge, sondern packt seine Aufgaben mit **virtūs** an. Auch gegenüber Staatsfeinden oder im Krieg zeigt er **virtūs.** Für die vielen **virtūtēs**, die er für Rom beweist, erntet er Ruhm. **b.** *Als Bedeutung für **virtus** wird oft „Tugend" angegeben. Das passt aber nicht immer. Erschließe aus dem Kontext weitere Bedeutungen.*

G₁ „Perfekte" Formen

(1) vocāv-istī (2. P. Sg.) – dēlectāv-ī (1. P. Sg.) – ōrāv-istis – audīv-it – nescīv-imus – dōnāv-ērunt

(2) monu-imus – docu-ī – pāru-ērunt – tacu-istī – latu-istis – placu-it

> **!** -i
> -isti
> -it
> -imus
> -istis
> -erunt

c. *Das sind lateinische Perfektformen. Ordne sie den Konjugationen zu.* **d.** *Das Perfekt hat einen eigenen Stamm. Stelle fest, welches Signal im Perfektstamm den Formen in (1) und welches denen in (2) gemeinsam ist.* **e.** *Erschließe, welche Endung für welche Person steht, und bringe die Formen in die richtige Reihenfolge. Übersetze jede Form (Beispiel: ich habe gebaut; du bist gelaufen).*

> **!** bei Verben die Stammformen lernen

G₂ Noch mehr Formen, die „perfekt" sein wollen

colu-it – rapu-imus – **dēseru**-istis – petīv-ī – cupīv-ērunt **f.** *Gib die Konjugation und die Art des Perfektstamms an.*

potu-it – fu-imus

> **!** Signal im Perfektstamm: *-u-*

g. *Das sind Perfektformen von **posse** und **esse**. Gib an, woran du sie als Perfektformen erkennst.*

G₃ Perfekt im Text

> **!** Imperfekt = Dauer
> Perfekt = einmaliges Ereignis

Cicerō diū dē ōrātiōne **cōgitābat**; subitō Tīrō **intrāvit**. **h.** *Erschließe mithilfe der markierten Wörter, wie Perfekt und Imperfekt verwendet werden.*

1. Agite! Finde angemessene Übersetzungen.

Agite 1. ... equum! 2. ... tempus bene!
3. ... amicis gratias! 4. ... vitam bonam!
5. ... bene cum servis! 6. ... nihil!

AH – S. 56: Ü1

2. Partnersuche. Bilde Zwei-Wort-Sätze.

virtutem	timeo
consulem	ostendis
improbos	sollicitat
patriam	accusamus
plebem	servatis
iudicium	deserunt

AH – S. 57: Ü2

G1 **3. Dreizeitenstrudel.**

a. Ordne nach Tempora und übersetze die Perfektformen.

vacavit – ruo – scivi – habitas – orabas –
paravisti – liberatis – paruisti – placuistis –
dormiebatis – placavistis – narravērunt –
locavimus – laudabamus – studuit –
donavi – habet – tenuit – portavisti

b. Setze die Perfektformen in den jeweils anderen Numerus.

AH – S. 57: Ü3, Ü4

4. Ein Bandit packt aus: Was Sextus einem Mithäftling erzählt. HA

1. Quid audivisti de Clodio? 2. Quotiens
turbam sollicitabamus! 3. Quantopere
Cicero de vita timebat in foro, in curia,
etiam domi! 4. Denique Cicero urbem
relinquere debuit. 5. Cur Ciceroni licuit
Romam iterum videre? 6. Cicero sceleratus
est, Cicero vim adhibuit, non ego!
7. Cicero me accusavit. 8. Nunc iudicium
exspecto; sed mortem numquam
timebam; nam vir fortis sum. 9. Memoria
tene virtutem Sexti!

G2 **5. Perfekt versteckt.** HA

a. Finde die Perfektformen und übersetze sie. Bestimme die anderen Formen.

vi – voci – tenuisti – domi – dormivi –
pueri – aedificavi – nonnulli – petivi –
narravimus – fui – salutis – vestis –
hospitis – audivistis – vitiis – coluistis –

cupivi – felicis – nescivērunt – deserui –
rapio – rapui – potuit – affuimus

b. Gib bei den Perfektformen der konsonantischen Konjugation die Stammformen an.

AH – S. 57: Ü5, Ü6

6. Mach es „perfekt". HA

a. Vervollständige so, dass korrekte Perfektformen entstehen. Ein ■ steht für einen fehlenden Buchstaben.

lic■it – loca■ērunt –
impedi■■ – or■■i –
contin■■■tis – lat■■■ – cup■■■mus –
hab■■■■nt – intr■■■■ –
laud■■■■■i – tac■■■■■ (!)

b. Übersetze ins deutsche Perfekt.

7. Aller guten Dinge sind drei. Ergänze die fehlenden Formen.

necas	▭	necavisti
colo	colebam	▭
▭	petebatis	▭
possunt	▭	▭

G3 **8. Was waren das für Zeiten!**
Z
a. Bestimme die Tempora.

b. Begründe den Tempusgebrauch und gliedere dann den Text.

1. Cicero in exilio erat. Ibi numquam laetus
erat. 2. Nam uxorem et filiam et filium
valde desiderabat. 3. Tandem uxor nuntio[1]
epistulam pro Cicerone mandavit:
4. „Audivi: Romanis placuit te[2] revocare[3]."
5. Cicero nuntium[1] cum gaudio audivit.
6. Statim urbem Romam petivit.

1) **nūntius**, -ī m: Bote; Botschaft 2) **tē**: dich
3) **revocāre**: zurückrufen

c. Übersetze nun. Achte dabei darauf, ob das Perfekt auch im Deutschen mit Perfekt oder mit Präteritum wiederzugeben ist.

AH – S. 58: Ü7, Ü8

9. „O-Ton" Cicero. Übersetze und erkläre.
Ubi bene, ibi patria.

Verbannung – eine Schande?

Ciceros Erzählung von Catilina reizt Marcus weiterzufragen.
Er selbst hat nur vage Erinnerungen an die Zeit kurz nach Ciceros Konsulat.

> **!** Perfekt: Erzähltempus
> Imperfekt: Hintergrundtempus

a. Stelle zusammen, wie sich Cicero in dem Gespräch verhält;
formuliere dann eine Vermutung, wie er zu der Frage in der Überschrift steht.
b. Nenne die Prädikate aus Z. 12–22 und begründe die Tempuswahl.

Mārcus: „Intellegō: Fuistī pater patriae; ita semper dīcēbās.
    Sed tamen tempus in exiliō agere dēbēbās: nōn intellegō.“
Cicerō diū tacet.
Dēnique Terentia: „Pater urbem ab omnibus hostibus
5   līberāre nōn potuit; Catilīna vix mortuus erat,
    statim alter[1] Catilīna appāruit: Clōdius.
    Clōdius, homō vitiōrum plēnus, in cūriā patrem
    verbīs vehementibus petīvit: ‚Accūsō tē[2], Cicerō,
    quia tū cōnsul sine iūdiciō cīvēs necāvistī!‘“
10 Mārcus: „Necāvistī?“
Cicerō gemit[3].
Terentia: „Ita pater patriam līberāvit, sed familiae
    māgna perīcula creāvit. Nam Clōdius, tribūnus plēbis,
    patrem ex urbe pellere cupīvit: Iterum atque iterum
15   plēbem sollicitābat, dēnique ad arma vocāvit!“
Cicerō: „Vir improbus et turpis!“
Terentia: „Perīcula timēbāmus.
    Nam patrēs Cicerōnem prōdere nōn cessāvērunt;
    nē cōnsulēs quidem fīdī fuērunt;
20   etiam multī amīcī patrem dēseruērunt;
    iam inimīcī ante portam clāmāvērunt! Itaque pater
    cum Tīrōne, servō fīdō, ex urbe fugere dēbuit.“
Mārcus: „Multās epistulās patris,
    quās ex exiliō accipiēbāmus, memoriā teneō.“
25 Terentia: „Ita est, Mārce. Quantopere, Cicerō,
    familiam dēsīderāvistī! Quantopere sorte miserā doluistī!
    Quantopere mortem exspectāvistī! Quotiēns lacrimās …!“
Cicerō: „Dēsine, Terentia! Līberī, audīvistis dē sorte dūrā virī,
    quī semper virtūte agere studēbat. Crēdite mihī:
30   Tantum morte coniūrātōrum[4] patriam servāre mihī licuit.“

1) **alter**: ein zweiter   2) **tē**: dich   3) **gemere**, -ō, gemuī: seufzen   4) **coniūrātus**, -ī m: Verschwörer

c. Erläutere mit Textbelegen, aus welchen Gründen Cicero ins Exil gehen musste.
d. Stolz auf den Vater? Verfasse Marcus' Tagebucheintrag nach diesem Gespräch.

Ein Leben als „Sache" – Sklaven in Rom

! Einstiegsidee: Was bedeutet es, ein Sklave zu sein? → Aktivierung von Vorwissen und intuitiven Werturteilen

Sklavenarbeit. Sklaven konnten auf dem Sklavenmarkt für etwa 200–1000 Denare – das heißt für mindestens das Jahresgehalt eines Legionärs – gekauft und verkauft werden. Zur Zeit Ciceros war Kriegsgefangenschaft der Hauptgrund, weshalb jemand in die Sklaverei **(servitūs, -ūtis)** geriet. Sklaven und Sklavinnen arbeiteten in den verschiedensten Berufen: Manche waren gebildet und dienten **(servīre)** als Hauslehrer, Sekretär oder als Arzt. Andere waren Koch, Handwerker, Musikerin oder Amme. Ausgebildete Sklaven waren viel Geld wert und konnten daher auf einigermaßen gute Behandlung hoffen. Äußerst hart war die Feldarbeit, noch schlimmer die Schwerstarbeit in Steinbrüchen und Bergwerken. Doch egal, in welchem Beruf – Sklaven hatten keine Rechte: Per Gesetz waren sie mit Dingen gleichgesetzt, sodass etwa der Mord an einem fremden Sklaven lediglich als Sachbeschädigung galt. Eigene Sklaven konnte man sogar straflos töten. Aber nicht alle Herren waren grausam **(crūdēlis, -e)**; manche Sklaven führten sogar ein relativ angenehmes **(iūcundus, -a, -um)** Leben: Aus den Briefen Ciceros wissen wir, dass er mit seinem Sklaven Tiro, der ihn als gewissenhafter **(dīligēns, -entis)** Sekretär **(scrība)** unterstützte, ein fast freundschaftliches Verhältnis pflegte und sich um ihn kümmerte **(cūrāre)**, wenn er krank war. Tiro schrieb **(scrībere, -ō)** Ciceros Reden im Senat mit und entwickelte dafür eine bis in die heutige Zeit berühmte Kurzschrift, die als „Tironische Noten" bezeichnet wird.

Cicero und sein Sekretär Tiro – ein eingespieltes Team

Cicerō: „Tīrō, venī ad mē! Ōrātiōnem parō et tū mē iuvāre dēbēs: Nunc **labor** est, **posteā ōtium**." Tīrō: „Veniō ad tē. Tū **iubēs** et ego tibi libenter pāreō. Nam **crūdēlis** dominus nōn es. Multās hōrās mihī ad **ōtium dās**. Nunc labōrāre nōn cessō, **posteā ōtiō** gaudēre possum." Cicerō: „Prūdēns et **dīligēns scrība** es; semper mē **cūrās**, semper mihī cōnsilium **dās**, semper mē in **labōribus** iuvās. Ergō **scrībe** ōrātiōnem: Hodiē dīcō dē Clōdiō ..."

Schluss mit dem Sklavendasein. Hatte ein Sklave Glück, dann konnte er im Laufe der Zeit genügend Geld sparen, um sich freizukaufen, oder wurde wie Tiro zum Dank für treue Dienste von seinem Herrn freigelassen **(manūmittere, -ō)**. Dies geschah, indem ihm eine Filzkappe **(pīlleus)** als Symbol der Freiheit aufgesetzt wurde. Der Freigelassene **(lībertus)** war nun römischer Bürger, arbeitete aber oft weiterhin für seinen Herrn.

Oben: Sklavenplakette, 4. Jh. n. Chr.
Unten: Freilassungsszene, ca. 2. Jh. n. Chr.

1. Auf der Sklavenplakette steht: „Halte mich, damit ich nicht fliehe, und gib mich meinem Herrn Viventius auf dem Gut des Callistus zurück." Stelle eine Vermutung an, was die Funktion der Plakette war.
2. Stelle dir vor, du bist ein entlaufener Sklave bzw. Sklavin. Du wirst gefasst und musst deinem Herrn bzw. deiner Herrin über die Gründe für die Flucht Auskunft geben. Spielt diese Szene.

W **Was passt?**

*Für die Feier von Tiros Freilassung
kauft Scintilla sich eine neue Tunika.*

*a. Ordne den markierten Ausdrücken
die Bedeutungen zu: teuer sein – fehlen –
passen – (jemandem) gut stehen.*

❗ Personalpronomen

✔ Personalpronomen 1./2. Sg.: L 2 – Wortschatz

G1 **Ohne „uns" geht es nicht.**

(1) Ego dominus sum – tū servus es.
(2) **Nōs** dominī sumus – **vōs** servī estis.

*b. Erschließe die Bedeutung von **nos** und **vos**.*

c. Nenne den Kasus der Pronomina in Satz (1) und (2).

*d. Im Lateinischen steckt normalerweise die Person in der Endung des Prädikats.
Erkläre, warum die Person hier eigens durch Personalpronomina ausgedrückt wird.*

*e. Erstelle eine Übersicht zu **ego, tu, nos** und **vos** in allen Kasus (ohne Genitiv).
Ziehe dazu die folgenden Sätze sowie den lateinischen Text auf S. 70 heran:*

❗ Verwendung des
Personalpronomens:
Betonung des Subjekts

Servī: „**Servīre nōbīs** nōn placet; sed dominī **nōs** in **servitūte** tenent.
Sine **nōbīs** Rōmānī vīvere nōn possunt; **nōbīscum** vīta Rōmānōrum **iūcunda** est."
Dominī: „**Servīre vōbīs** nōn placet; sed **vōs** in **servitūte** tenēmus.
Vōbīscum vīta **iūcunda** est."
Servus dīcit servae: „Cūr nōn fugimus? **Tē** dēsīderō, **tēcum** vīvere cupiō,
sine **tē** vīvere nōn possum. Crēde mihī: **mēcum** vīvere **iūcundum** est."

❗ *mecum ≙ cum me*

G2 **Ein Wort, das auf alles und jeden hinweist**

❗ Demonstrativpronomen

(1) **Is** servus dolet.   **Ea** serva dolet.   **Id** cōnsilium bonum est.
(2) Dominus **eum** servum **cūrat**.   Dominus **eam** servam **cūrat**.   Dominus **id** cōnsilium laudat.

f. Is, ea, id ist ein Pronomen. Erschließe, wie es zu übersetzen ist.

g. Lasse in Zeile (2) die markierten Substantive weg. Wie musst du nun übersetzen?

❗ Possessivpronomen der 3. Person   ❗ Personalpronomen der 3. Person

Servum Cicerōnis videō.   Servum Terentiae videō.   Servum Cicerōnis et Terentiae videō.
Servum **eius** videō.   Servum **eius** videō.   Servum **eōrum** videō.

*h. Finde eine geeignete Übersetzung für den Genitiv (Sg. und Pl.) von **is, ea, id**.*

G3 **Der Fall des Besitzers**

✔ Dativ: L 4, S. 27 G 2, S. 28 G 2

❗ – übers. *esse*: „haben/besitzen"
– lat. Dativ. → dt. Nom.
– lat. Nom. → dt. Akk.

Cicerō servum bonum habet. Cicerōnī servus bonus est.

*i. Die beiden Sätze haben die gleiche Bedeutung. Erkläre den Unterschied in der Formulierung und
finde eine treffende Übersetzung für **esse**.*

→ *Um Ü 4–6 zu lösen, lies in der* Grammatik G2 F (S. 43)   71

W **1. Latein international. Nenne die lateinischen Ursprungswörter und gib deren Bedeutung an.**

cruel – labour – to serve – to cure

2. Vokabelsuppe. Fische acht lateinische Wörter heraus und übersetze sie.

Miubesnmdiligenskiucundusmiepostea ap
tiqaollabordbdoipootiumnitdecetcapt

AH – S. 60: Ü 1, Ü 2

G1 **3. Tiro verrät sein Geheimnis. Setze die passenden Pronomina ein und nenne jeweils den Kasus. Übersetze dann.**

1. Cicero: „Tiro, scribe orationem, quam ▬ dico: 2. ,Hodie Clodium accuso. 3. Sed etiam ▬, patres, accuso. 4. Nam ▬ fidi non fuistis; ▬ deseruistis. 5. Itaque ▬ in patria manere non licuit.'" 6. Tiro: „Actum[1]!" Cicero: „▬ scriba non solum diligens, sed etiam celer es!" 7. Tiro: „▬ litteras[2] adhibeo, quibus omnia verba cito scribere possum." 8. Cicero: „Bene! ▬ orationes facere iucundum est. 9. Sine ▬ orationes facere vix possum."

ego – me – nobis – tu – tibi – te – tecum –
vos (2)

AH – S. 60: Ü 3, Ü 4

1) āctus, -a, -um: fertig   2) littera, -ae f: Buchstabe

G2 **4. Genau dieses. Ordne jedem Substantiv die passende Form von is, ea, id zu.** HA

iis – eo – eos – eam – eae – ei – ea (2) – eius – earum	laboris – carminibus – hora – auxilia – arae – noctium – deos – iuveni – cenam – filio

5. Wirf Cicero raus! Ersetze „Cicero" durch die passende Form von is. Übersetze dann.

1. Terentia liberis narrat: „Aliquando Cicero cum Tirone Romam relinquere debuit. 2. Nam patres Ciceronem deseruerunt; etiam consules superbi amicitiam non servaverunt. 3. Tantum Tiro fidus, qui Ciceronem semper iuvabat, etiam tum Ciceroni affuit. 4. Ciceroni adesse non desiit. 5. Diu cum Cicerone in exilio erat."

AH – S. 60: Ü 5

6. Immer Ärger mit diesen Göttern. Übersetze und achte dabei besonders auf die Wiedergabe von is, ea, id.

a. Ea dea contenta erat. Is deus plenus irae erat. Is sacerdos eum deum eo sacro placare non potuit.

b. Puer deam coluit. Is felix non erat; ea potens erat. Sacerdos ei affuit; is pro eo oravit. HA

c. Puella deum verbis oravit; auxilium eius petivit. Sed deus tacuit; is sacrum eius exspectavit.

d. Feminae deos colunt; auxilium eorum petunt. Dei iis adsunt; itaque eae felices sunt. Iis deis, qui affuerunt, gratias agunt.

AH – S. 61: Ü 6

G3 **7. Tiro packt die Koffer für die ganze Familie. Sag ihm, wem was gehört.** HA

Ciceroni vobis Marco Terentiae custodibus	arma – cibus – gladii – vinum – epistula – vestes – tabulae – pecunia	est sunt non est non sunt

AH – S. 62: Ü 8

Z **8. Hilf Cicero! Zur Freilassung Tiros bereitet Cicero eine kleine Rede vor. Er hat sich schon einige Ideen notiert.**

a. Übersetze; achte dabei auf die passende Wiedergabe der Neutrum-Plural-Formen.

1. Multa scis. 2. Multa et iucunda dicis.
3. Omnia, quae faciebas, bona erant.
4. Multa, quae faciebas, levia erant.
5. Dicebas multa, quae mihi non placebant. 6. Ea, quae scribis, diligenti animo scribis. 7. Saepe etiam parva iuvant.
8. Saepe de parvis narras.

b. Wähle für die Rede geeignete Sätze aus.

c. Entdecke den Cicero in dir: Halte eine Lobrede auf Tiro. Du weißt ja schon viel über ihn.

! substantiviertes Neutr. Pl.

Endlich frei! – Ein großer Tag für Tiro

Heute gibt es einen besonderen Grund zum Feiern: Cicero entlässt seinen
Sklaven Tiro in die Freiheit. Neben anderen Gästen sind auch Scintilla
und Quintus zu diesem Fest eingeladen. Während des Mahls lässt sich
Cicero die „Freiheitsmütze" bringen und ergreift das Wort.

—— = Personalpronomen
~~~~ = Dativ des Besitzes
☐ = Possessivpronomen
⬭ = Demonstrativpronomen

a. *Bestimme die Textsorte des Lesestücks.*
b. *Erschließe aus Z. 8–14, wie Cicero und Tiro sich gegenseitig*
und ihr Verhältnis zueinander charakterisieren.

   Cicerō: „Tē manūmittō, Tīrō; accipe ā mē pilleum!
      Bene tibi convenit. Gaudē, Tīrō! Nunc tibi vīta lībera est.
      Gaudēte vōs quoque, amīcī!"
   Terentia: „Valdē gaudeō, Tīrō. Profectō pilleus tē decet."
5 Quīntus: „Is mihī quoque placet. Quid tū dīcis, Scintilla?"
   Scintilla: „Ego crēdō: Tibi, Quīnte, convīvium placet.
      Sed tacē, Cicerō dē Tīrōne nārrāre et eum laudāre incipit."
   Cicerō: „Tīrō cāre, semper fīdus erās:
      Nōbīscum puer Rōmam petīvistī, mēcum adolēvistī[1].
10   Posteā scrība dīligēns erās; tēcum ōrātiōnēs facere
      et librōs scrībere iūcundum erat."
   Tīrō: „Grātiās tibi agō, Cicerō:
      Nōnnūllī dominī crūdēlēs sunt, tū velut amīcus fuistī;
      iī servōs etiam necant, tū mē velut fīlium cūrāvistī."
15 Quīntus: „Ergō vīta servōrum haud tam misera est …"
   Tīrō: „Vīta eōrum misera est,
      quia eīs labōrēs dūrī sunt, vōbīs autem ōtium est.
      Vōs iubētis, nōs servīmus.
      Itaque Cicerōnī grātiās agō, quia pilleum mihī dat.
20   Nunc in servitūte nōn iam sum."
   Quīntus: „Scintilla et eius parentēs līberī quidem sunt,
      sed pecūnia eīs dēest; in īnsulā turpī vītam agunt."
   Scintilla: „Sed agō ea, quae cupiō, conveniō eōs amīcōs, quōs cupiō.
      Numquam serva esse cupiō. Tīrō, quid nunc facere cupis?"
25 Tīrō: „Cicerōnēs nōn relinquō, sed lībertus quoque eōs iuvō."

1) **adolēvī**: ich bin aufgewachsen

c. *Lest den Text mit verteilten Rollen vor.* ❗️szen. Spiel
d. *Erläutere, welche unterschiedlichen Auffassungen von Sklaverei und Freiheit*
im Text deutlich werden. HRU – KV 22: Recherchieren
e. *Heute ist Sklaverei offiziell verboten. Recherchiere, ob es dennoch auch heute*
sklavenähnliche Verhältnisse gibt. ❗️existenzieller Transfer

! Einstiegsidee: „moderne" Rede aus Politik oder z. B. einem Gerichts-
film oder einer Anwaltsserie mitbringen und untersuchen

Cicero und Milo – Redekunst in einem Mordprozess

Redekunst als Eintrittskarte ins öffentliche Leben.
Cicero war ein Redner – das heißt, sowohl Politiker als
auch Anwalt. Beide Tätigkeiten hingen in Rom eng zusammen,
denn für beide war Redegewandtheit **(ēloquentia)** notwendig.
In einem Prozess **(causa)** wie dem Mordprozess gegen Milo
war die Fähigkeit, eine Rede zu halten **(ōrātiōnem habēre)**
und mit Worten zu überzeugen, besonders wichtig: Wenn
jemand ein schweres Verbrechen **(scelus, -eris)** begangen
hatte **(committere, -ō)**, fand die Verhandlung **(āctiō, -ōnis)**
auf dem Forum vor vielen Zuschauern statt, und es herrschte
eine aufgeheizte Stimmung. Ankläger und Verteidiger
wandten sich direkt an die Richter **(iūdex, -icis)** und gaben
ihr Bestes, um sie zu beeindrucken. Denn die Richter waren
keine Juristen und folgten oft dem Gefühl. Sie fällten unter
dem Vorsitz des Prätors **(praetor → L 11)** ihr Urteil, indem sie
Stimmtäfelchen mit dem Buchstaben C **(condemnō**: ich
verurteile) oder A **(absolvō**: ich spreche frei) in eine Urne warfen.
Nach der Auszählung verkündete der Prätor das Urteil.

Ein Redner
(sog. Arringatore).
Statue aus Bronze,
1. Jh. v. Chr.

Scintilla erzählt Rufus, was mit dem Briefdieb geschehen ist:
Iam audīvistī, Rūfe? **Iūdicēs** Sextum, fūrem epistulae, **damnāvērunt**. In **āctiōne** fūr rogāvit:
„Cūr mē accūsātis? Cūr vōs, **iūdicēs**, mē **damnāre** cupitis? **Scelera** numquam **committēbam**!
Hominēs nōn necābam!" Tum is ōrātor, quī accūsāvit: „Certē, **iūdicēs**, is homō **scelera
committēbat**: Nōn sōlum fūr est, sed etiam multōs hominēs **caedēbat**!" Tum ōrātor
ōrātiōnem ācrem in scelerātum **habuit**. Dēnique **praetor**: „Condemnō!"
Nunc, Rūfe, fūrem timēre nōn iam dēbēmus.

Denar mit Vesta-Tempel,
zwei Amtsstühlen, einer
Urne und den Buchstaben
AC, 55. v. Chr.

Cicero, Clodius und Milo. Im Fall Milo lag Cicero der Erfolg besonders
am Herzen. Milo war des Mordes angeklagt, nachdem Clodius, Ciceros
Todfeind, bei einem der vielen Straßenkämpfe zwischen Milos Bande
und der des Clodius erschlagen worden war. Milo war sicher nicht
unschuldig, aber er hatte immer treu zu Cicero gestanden und sich vor
allem energisch für Ciceros Rückberufung aus dem Exil eingesetzt.
So war es für Cicero nun Ehrensache, seinerseits für Milo einzutreten.
Ob es ihm auch diesmal gelingen wird, die Richter zu überzeugen?

1. *Erkläre, warum Cicero eine Rede für Milo halten will und warum ihm dies so wichtig ist.*
2. *Erläutere den Sinn folgender Sprichwörter aus dem Gerichtswesen:* **In dubio pro reo.**
„Im Zweifel für den Angeklagten." **Nulla poena sine lege.** *„Keine Strafe ohne Gesetz."*
3. *Erkläre die Gegenstände auf der Münze; ziehe dazu auch die* Abbildung auf S. 77 *heran.*

Illustration Lesetext

W Merke dir das Gegenteil – merke dir das Ähnliche

Plateau 1 (L1–5)
S. 34: Vokabeln lernen

Gegensätze:

anteā ⟷ posteā

paulum ⟷ multum

poena ⟷ praemium

probus ⟷ improbus

fīnīre ⟷ incipere

Ähnliche Bedeutungen:

aspicere ≈ spectāre

interficere ≈ necāre ≈ **caedere**

comprehendere ≈ capere

a. Erschließe die Bedeutungen der neuen Wörter.

✔ Perfektbildung (v- und u-Perfekt): L12

G1 Er hat es schon einmal getan …

Hodiē Sextus …	Itaque ōrātor accūsat: „Iam **anteā** Sextus …
… **scelus committit**,	… **scelus commīsit**,
… haud vērum dīcit,	… haud vērum dīxit,
… scelerātīs arma dat,	… scelerātīs arma dedit,
… cīvēs **caedit**.	… cīvēs **cecīdit**.“

! s-Perfekt: Perfektstamm auf -s-
Reduplikationsperfekt:
Silbenverdopplung

b. Nenne die Konjugationen, zu denen die Verben gehören.

c. Gib jeweils den Präsens- und den Perfektstamm an.

*d. Ordne den beiden Perfektbildungsarten die Benennungen **Reduplikations- („Verdoppelungs"-)***
***Perfekt** und **s-Perfekt** zu; begründe deine Entscheidung.*

! Dehnungsperfekt: Dehnung des Stammvokals
Perfekt ohne Veränderung: Perfekt- und Präsens-
stamm gleich

G2 Der Täter hat noch mehr verbrochen …

Hodiē Sextus …	Itaque ōrātor accūsat: „Iam **anteā** Sextus …
… libenter ad scelerātōs venit,	… libenter ad scelerātōs **vēnit**,
… vītam turpem agit,	… vītam turpem **ēgit**,
… scelerātōs dēfendit,	… scelerātōs **dēfendit**,
… epistulam Rūfī **comprehendit**.	… epistulam **comprehendit**.“

e. Nenne auch hier die Konjugation, zu der die Verben gehören.

f. Gib jeweils den Präsens- und den Perfektstamm an.

*g. Ordne den beiden Perfektbildungsarten die Benennungen **Dehnungsperfekt** und*
***Perfekt ohne Veränderung** zu; begründe deine Entscheidung.* **!** Geschafft!: alle 6 Arten der Perfektbildung

75

W **1. Ein Wort – zwei Übersetzungen. Übersetze jeweils passend.**

1. Vir hostem in pugna **caedit**. – Vir fortis arborem[1] **caedit**. 2. Homines verba oratoris **comprehendunt**. – Custodes furem vi **comprehendunt**. 3. Rufus Ciceroni epistulam **dat**. – Fur pro **scelere poenas dat**. 4. Fur **scelus committit**. – Femina pecuniam amicae fidae **committit**.

1) **arbor**, -oris f: Baum

AH – S. 64: Ü 1, Ü 2

G1 **2. Ich habe es getan! Wähle die Formen im s- und im Reduplikationsperfekt aus, nenne jeweils die Stammformen und übersetze die Form.**

commisi – latui – **dixi** – locavi – **dedi** – cecidi – oravi – nescivi – **arsi** – **aspexi** – abundavi – **constiti** – continui – aedificavi

AH – S. 64: Ü 3, Ü 4

G2 **3. Ich hab' noch mehr getan. Sortiere nach Perfektbildungsarten. Nenne zu jeder Form die Stammformen und übersetze die Form.**

veni – vacavi – **egi** – **defendi** – salutavi – colui – **feci** – **vidi** – finivi – **interfeci** – monui – defui – **comprehendi** – portavi

4. Perfekt maskiert. Sortiere: Welche Formen sind eindeutig Präsens, welche Perfekt, welche können beides sein?

committimus – capio – **comprehendimus** – **fecimus** – **defendit** – vivitis – exspectavi – **comprehenderunt** – legunt – **dixerunt** – bibis – **dedisti** – **venistis** – **venit** – **vidit**

AH – S. 64: Ü 5

5. Tempus, wechsel dich! Verwandle Präsens in Perfekt und umgekehrt. Übersetze dann. HA

parat – **ceciderunt** – **dixisti** – finiunt – **commisi** – estis – **agimus** – potuit – **comprehendisti** – audio – **facitis**

6. Was ist ein guter Redner? Cicero verrät sein Geheimnis. HA

1. Orationibus multa et bona **egi**. 2. Multa verba **proba feci**, quibus cives bonos

defendi. 3. Verbis vehementibus ac veris affui miseris. 4. Nonnulli homines, qui in foro me viderunt, statim **constiterunt** et audiverunt. 5. Nunc quaeritis: Quomodo[1] orator bonus **dicere** debet? 6. Orator bonus est is, qui homines non solum docet, sed etiam delectat. 7. Orator bonus animos eorum etiam incendit!

1) **quōmodo?**: wie?

7. Wer tanzt aus der Reihe?
a. **dedimus** – **egimus** – animus – **diximus**
b. fuge – dolore – perge – crede
c. quaerere – prodere – tenere – **dicere**
d. rapuit – latuit – studuit – licuit

AH – S. 65: Ü 6

8. Aller guten Dinge sind drei. Ergänze. HA

▬▬	dabam	dedi
▬▬	▬▬	arserunt
▬▬	videbas	▬▬
dicis	▬▬	▬▬
▬▬	faciebatis	▬▬

Z **9. Zu allen Zeiten auf dem Forum. Bestimme die Tempora. Gliedere danach den Text und übersetze.**

✔ Tempusgebrauch (Perf. + Imperf.):

1. In foro oratores clari orationes habebant. 2. Aliquando Rufus **causam** audire cupivit. Ad rostra (→ L 8) **constitit**. 3. Iam orator **venit**; is magna voce **dixit** et forum clamore complevit. 4. Inter homines fur erat. 5. Is clam ad Rufum **venit**; pecuniam eius rapere cupivit. 6. Sed statim custodes affuerunt et furem **comprehenderunt**. 7. Et hodie turba hominum in foro est – et fures non desunt. Ergo cavete!

❗ Geschafft!: alle Arten der Perfektbildung

10. Responde Latine.
1. Ubi oratores orationes habent?
2. Quis in **causa iudicium dicit**?
3. Cur orator Sextum furem accusat?

❗ Achtung!: G+ in Begleitgrammatik: Verbum simplex + Kompositum (BG, L 14, S. 47)

Ein turbulenter Prozess

– Perfekt: Erzählung
– Imperfekt: langandauernde wiederholte Handlung
– Präsens: Beginn von Ciceros Rede

——— = Reduplikationsperfekt
-------- = s-Perfekt
~~~~~ = Dehnungsperfekt
·········· = Perfekt ohne Veränderung

Nach dem gewaltsamen Tod des Clodius steht Milo wegen Mordes vor Gericht. Milo hatte sich früher vehement für Cicero eingesetzt; selbstverständlich übernimmt Cicero die Verteidigung.

a. Untersuche den Tempusgebrauch in Z. 11–27, indem du das Tempus der Prädikate bestimmst. Begründe den Wechsel der Tempora.

Cicerō: „Hodiē, Terentia, ōrātiōne Milōnem dēfendere possum.
Libenter causam eius suscēpī. Nam is anteā mē dēfendit
et mēcum bene ēgit. Nunc Clōdium, hominem malum,
interfēcit. Mehercle, bene fēcit!"
5 Terentia: „Hominem autem Milō cecīdit!"
Cicerō: „Sed anteā Clōdius Milōnem caedere cupīvit.
Multa scelera commīsit et cīvēs bonōs terruit;
propter eum cūria ārsit. Tandem poenās iūstās dedit.
Nunc cum Tīrōne in forum properāre dēbeō."
10 Mārcus et Quīntus: „Nōs quoque āctiōnem vidēre cupimus!"

Paulō post puerī ad forum vēnērunt. Sed quid vīdērunt?
Multī mīlitēs ibi stābant et hominēs irātōs ā iūdicibus
prohibēbant. Nam ingēns turba hominum
iterum atque iterum clāmābat:
15 „Milō, scelerāte! Milōnem damnāte! Prō Clōdiō!"
Cicerō ante iūdicēs cōnstitit. Tum dīxit:
„Prō Titō Anniō Milōne, iūdicēs, virō probō,
quī tanta et praeclāra fēcit, ōrātiōnem habēre studeō.
Mē nōn terrent improbī, quī ōrātiōnem vī prohibēre,
20 quī mē et Milōnem caedere cupiunt."
Subitō undique clāmōrēs: „Clō-di-us, Clō-di-us!
Milō, scelerāte! Comprehendite Cicerōnem!"
Cicerō tacuit et turbam perturbātus[1] aspexit.
Tum pergere studuit, sed hominēs clāmāre nōn dēsiērunt.
25 Tandem dīxit: „Vim quidem mīlitēs prohibēre possunt,
nōn clāmōrem."
Ōrātiōnem fīnīre nōn iam potuit. Iūdicēs Milōnem damnāvērunt.

1) **perturbātus**, -a, -um: verwirrt, irritiert

b. Nenne die Gründe, aus denen Cicero ins Exil gehen musste und aus denen er Milo verteidigt, und erörtere die Berechtigung dieser Gründe.
c. Einer der Milo-Gegner, die mit ihrem Geschrei Ciceros Rede verhindert haben, berichtet seiner Frau von den Ereignissen. Schreibe diesen Bericht auf.

Caesars Krieg in Britannien

!Einstiegsidee: Wer war Caesar? (Vorwissen der SuS aktivieren)

Tullius in Britannien. Die Römer führten außerhalb ihrer Heimat Eroberungskriege. Zu Ciceros Zeit waren die beiden größten Feldherren **(imperātor, -ōris)** Pompeius und Caesar. Pompeius war für seine Siege im Osten berühmt (→ L5), Caesar führte Krieg **(bellum)** im Nordwesten Europas. Nachdem er gegen Gallier und Germanen gekämpft hatte **(pūgnāre)**, drang er über das Meer bis zu den Britanniern vor.
Alle drei Völker **(gēns, gentis)** stellt Caesar in seinem Werk „Dē bellō Gallicō" als tapfer, aber auch wild **(ferus, -a, -um)** und barbarisch **(barbarus, -a, -um)** dar. Allerdings beschreibt er sie auf seine eigene Art **(modus)**, und es steht fest **(cōnstat)**, dass die Darstellung recht einseitig ist. An dem Britannienfeldzug nahm auch Quintus' Vater Tullius teil, denn er war 54–52 v. Chr. einer der Unterfeldherren **(lēgātus)** Caesars. Im Frühjahr 51 v. Chr. kehrte Tullius nach Hause zurück.

Fremde Völker – barbarische Völker?

Rōmānī cum **gentibus aliēnīs** saepe **bella** committēbant. Caesar **imperātor** cum Gallīs, Germānīs, Britannīs, **gentibus ferīs** atque **barbarīs**, **pūgnāvit**. Iī autem verbīs ācribus Rōmānōs accūsāvērunt: „Nōs **ferī** nōn sumus. Quid Rōmānī ā nōbīs petunt? Certē nōbīs eō **modō** vīvere licet, quō vīvere cupimus: Līberī esse cupimus, itaque **lībertātem** dēfendimus. Et profectō fortēs in **bellō** sumus: Quotiēns Rōmānī nōs fugiēbant! Quantopere audācia **gentium aliēnārum** Rōmānōs terret! Timēte nōs, Rōmānī!"

Ein keltischer Gott – wofür ist er wohl zuständig?
Relief auf dem Kessel von Gundestrup, 5.–1. Jh. v. Chr.

Kelten und Germanen. Die Kelten besiedelten weite Teile Europas, vor allem den Nordwesten: Gallien, Britannien und Teile des heutigen Deutschlands. Zu den Kelten zählen die Gallier und die Britannier, nicht aber die Germanen, deren Sprache auch eine andere war. Die Römer betrachteten sie alle als Barbaren: Sie glaubten, dass die Menschen in den entferntesten Gegenden nicht einmal Ackerbau kannten und sich nur mit Fellen bekleideten. Durch Ausgrabungsfunde weiß man aber heute mehr über die Kelten: Sie betrieben nicht nur Ackerbau, sie waren auch geschickte Handwerker, prägten Münzen und stellten mit großer Kunst Gefäße und Schmuckstücke her. Eine wichtige Rolle spielten bei ihnen die Druiden. Diese waren Gelehrte, Heilkundige und Richter. Über die Religion der Kelten weiß man wenig, da sie kaum Schriftzeugnisse hinterließen. Ob sie Menschenopfer darbrachten, wie die Römer behaupteten, ist umstritten.

1. *Finde mithilfe der Karte im Einband heraus, wo Caesars Feldzüge stattfanden und zu welchen Ländern diese Gebiete heute gehören.*
2. *Recherchiere, ob dein Heimatort zum Römischen Reich gehört hat und ob es römische Hinterlassenschaften in deiner Nähe gibt.* HRU – KV 22: Recherchieren

W **Hier spricht der Barbar.**

Seht, wie māgnus ich bin!
Seht die **māgnitūdō** meines **corpus**!
Seht meine **pectus**-Tätowierung!
Und ist mein Schmuck nicht **mīrus**?
Cōnstat:
Ich bin einfach **incrēdibilis**!

a. Ordne den markierten Wörtern
die Bedeutungen zu: Größe – unglaublich –
Brust – erstaunlich – Körper

G1 **Ich sehe, ich sage – was?**

✔ Akkusativ (AH – S. 69)

(1) Videō **barbarum**.

(2) Videō **barbarum pūgnāre**.

(3) Dīcō **barbarum pūgnāre**.

b. Übersetze Satz (1)–(2) wörtlich.

c. Satz (3) kann nicht wörtlich übersetzt werden.
Finde eine passende Übersetzung.

d. Beschreibe, wie sich die markierten Formen bei der Übersetzung ins Deutsche ändern.

✔ Infinitiv (L1 W/G1, S. 15/16)

Tullius nārrat Caesarem vincere.

Tullius nārrāvit Caesarem vincere.

> **!** AcI nach „Kopf- und Gefühlsverben", z.B.
> *intellegere, scire, videre, audire, dicere, gaudere, …*

e. Der Infinitiv Präsens drückt aus, dass eine Handlung gleichzeitig mit der
des Prädikats stattfindet. Übersetze entsprechend.

✔ Perfekt: Stamm + Bildung (L12 G1/G2, S. 67/68; L14 G1/G2, S. 75/76)

G2 **Schon vorbei: Ein neuer Infinitiv**

(1) Vincō.   Vincere mihī placet.

(2) Vīcī.   Vīc-isse mihī placet.

> **!** Endung *-isse* = signal für Infinitiv Perfekt

f. Nenne den Stamm von vicisse.

g. Vergleiche Satz (1) mit Satz (2) und erschließe die Bedeutung des neuen Infinitivs.

G3 **Verhältnismäßig früh**

> **!** Geschafft!: Gleichzeitigkeit und Vorzeitigkeit im AcI

Tullius nārrat   Caesarem vīcisse.

Tullius nārrāvit   Caesarem vīcisse.

h. Der neue Infinitiv drückt aus, dass eine Handlung zeitlich vor der
des Prädikats stattfindet. Übersetze entsprechend.

W **1. Barbarisch? Wähle alle Adjektive aus, die zu einem Barbaren passen.**

alienus – corpus – superbus – barbarus – dolus – pulcher – acer – legatus – mirus – iuvenis – ferus – incredibilis – pectus – prudens – levis – potens

AH – S. 67: Ü 1, S. 68 Ü 2

2. Erstelle ein Sachfeld zum Thema Krieg.

G1 **3. Manches hängt vom Betrachter ab. Schreibe den AcI heraus und übersetze.**

1. Tullius dicit Britannos feros esse. 2. Videt Britannos fortes esse. 3. Quintus scit pericula ingentia esse. 4. Omnes sciunt multos milites mortuos esse. 5. Quintus gaudet patrem vivere.

AH – S. 67: Ü 3

4. Alle freuen sich – Tullius ist wieder da!
a. Hier ist das Subjekt des AcI meist kein Substantiv, sondern ein Pronomen. Übersetze entsprechend.

1. Quintus: „Gaudeo patrem adesse." Quintus Tullio dicit: „Salve, pater! Gaudeo te adesse." 2. Tullius: „Filius gaudet me adesse." 3. Tullius amicis dicit: „Gaudeo vos adesse." 4. Amici Tullio: „Gaudemus nos te videre."

AH – S. 68: Ü 4

b. Tullius erzählt. Übersetze und achte auf die Tempora im Deutschen. HA

1. Tullius: „Caesar nobis dixit hostem fortem esse. 2. Iam vidimus turbam hostium adesse. 3. Subito Romani clamaverunt Britannos accedere."

5. Wie barbarisch sind die Barbaren?

1. Romani dicebant gentes alienas miro modo vitam agere. 2. Credebant Germanos modo bestiarum[1] ferarum vivere. 3. Nonnulli dixerunt: „Constat Germanos crudeli modo deos colere. 4. Scimus barbaros etiam homines pro sacris necare. 5. Decet viros mortem non timere. 6. Sed non licet nos eo modo deos colere."

1) **bestia**, -ae f: Tier

G2 **6. Was dir gefällt. Bilde sinnvolle Sätze mit Infinitiv und übersetze sie.**

| Pulchrum est | laborare – laboravisse – dare – dedisse – amicam exspectare – |
| Non placet | domi mansisse – verum dixisse |

AH – S. 68: Ü 5

G3 **7. Ein Gallier ärgert sich über die Römer. Gib die Zeitverhältnisse an und übersetze.**

„Dixistis nos feros crudelesque esse. Dixistis vos patriam defendisse. Constat vos non semper verum dixisse. Scitis nos semper verum dicere."

AH – S. 68: Ü 6 und Ü 8

8. Vorurteile zum Selberbasteln. Bilde Sätze.

Scio	Romanos	barbaros esse
	Germanos	scelera commisisse
Semper	Britannos	bona fecisse
dicebam	vos omnes	laetos ac leves esse

9. Gib an, ob jeweils ein AcI oder ein einfacher Infinitiv vorliegt, und übersetze.

1. Scio amicum adesse. 2. Dolere non placet. 3. Gaudeo vos vidisse. Gaudeo vos affuisse. 4. Mihi placet te videre.

HA | AH – S. 69: Ü 7

Z **10. Zweideutig. Übersetze auf zwei Arten und wähle, wo möglich, die sinnvolle.**

1. Scio equum milites timere. 2. Rufus scit Scintillam Quintum desiderare.

11. Caesar sagte über eine Schlacht:
Veni, vidi, vici.
Übersetze. Stelle dir dann aus drei Verben dein eigenes Motto zusammen:
veni, vidi, dixi, mansi, egi, potui, quaesivi, cupivi, colui, affui, iussi, timui, desii, risi.

H **Beschreibe die Besonderheit der Wortstellung und übersetze.**

1. Britanni magna cum virtute pugnant.
2. Romani magnis in periculis sunt.
3. Britannia insula est. Media[1] in insula barbari vivunt.

1) **medius**, -a, -um: der mittlere; mitten in/auf ...

Andere Länder, andere Sitten

Im Hause Ciceros herrscht große Freude und Erleichterung:
Onkel Tullius, der als Unterfeldherr Caesars in Britannien tätig war,
ist wohlbehalten zurückgekehrt. Die Familie, die in großer Sorge war,
bereitet ihm einen begeisterten Empfang.

HRU – KV 8: Illustration

L 6, S. 41: Lesetext (Tullius' Abschiedsfest)

a. Stelle Vermutungen darüber an, was Tullius wohl zu erzählen hat.
b. Stelle Ausdrücke zusammen, die die „Barbaren" charakterisieren.

❗ Dialog Z. 1–7   S. 80, Ü 4

Quīntus: „Gaudēmus tē tandem adesse, pater."
Etiam Mārcus clāmāvit: „Gaudēmus tē incolumem esse.
Nunc nārrā dē Britanniā īnsulā, nārrā dē hominibus,
quī ibi habitant!" Tullius rīsit et cōnfīrmāvit
5 Britannōs hominēs ferōs et barbarōs esse.
Libenter nārrāvit labōrēs dūrōs fuisse. ❗ Zeitverhältnis
et mīlitēs Rōmānōs māgnīs in perīculīs fuisse. Tullius:
„Certē iam scītis Britannōs et barbarōs et līberōs esse.
Cōnstat enim Britannōs māgnā cum virtūte
10 lībertātem dēfendisse. Incrēdibile est, sed crēdite mihī:
lōrīcās¹ nōn habent; nūdō pectore pūgnant.
Sed māgnitūdō corporum multōs Rōmānōs terret."
Iterum Tullius rīsit: „Negō mē umquam timuisse."

L 13, Ü 8; hier: Ü 5 Satz 4

Nōnnūlla quoque mīra nārrāvit: „Certē nōn scītis
15 mediā in īnsulā barbarōs agrōs nōn colere,
sed modō bestiārum² ferārum vīvere
et pellēs³ prō vestibus habēre." Cicerō posteā frātrī dīxit:
„Semper putābam tē māgnīs in perīculīs esse.
Nam timebam Ōceanum et lītora saxōsa⁴ īnsulae.
20 Certē memoriā tenēs mē tum tibi propter timōrem
multās epistulās mīsisse; sed nunc gaudeō
L 13, Ü 8 tē in eō bellō tanta et praeclāra vīdisse et fēcisse.
Sciō tē ēgregium lēgātum imperātōris ēgregiī fuisse."
Mārcus autem rogāvit: „Cūr necesse est Rōmānōs gentēs aliēnās,
25 hominēs līberōs petere et omnēs vincere?"
Patrēs respondēre cessābant.

1) **lōrīca**, -ae f: Brustpanzer   2) **bestia**, -ae f: Tier   3) **pellis**, -is f: Fell   4) **saxōsus**, -a, -um: felsig

c. Erkläre, warum Cicero und Tullius auf die Frage des Marcus
nicht gleich antworten.
d. Schreibt die Fortführung des Gesprächs auf und stellt es szenisch dar.
e. Vergleiche Tullius' Aussagen über die Britannier mit den Informationen auf S. 78.

Texte erschließen (I): Vorerschließung

Das Verstehen eines lateinischen Textes fällt dir leichter, wenn du über den Inhalt schon vorab etwas herausbekommst, noch bevor du mit dem Übersetzen anfängst. Die Aufgaben vor jedem Lesetext helfen dir dabei. Du kannst aber immer noch weitere Erschließungsmethoden selbst anwenden. Hier findest du die wichtigsten im Überblick:

Informationen aus der Textumgebung sammeln
Sieh dir vorab die Sachinformation, die Überschrift, den Hinführungstext und die Abbildung an und mache dir bewusst, welche **Erwartungen** du nun an den Inhalt des Textes hast:
- Stelle **Fragen** an den Text.
- Formuliere **Vermutungen** über den Inhalt, die du nach der Übersetzung überprüfst. Lesetext L 12, S. 69

  → Beim Lesetext 12 hast du anhand der Sachinformation und der Überschrift „Verbannung – eine Schande?" vor dem Übersetzen Vermutungen über die Haltung Ciceros angestellt.

  → Beim Lesetext 15 hast du vor dem Übersetzen Vermutungen darüber angestellt, was Tullius beim Wiedersehen mit seiner Familie zu erzählen hat. Lesetext L 15, S. 81

Informationen aus dem Text gewinnen
Du kannst dir auch die **inhaltliche Gestaltung** und den **Aufbau** von Texten vorab bewusst machen, indem du gezielt nach bestimmten Hinweisen suchst:
- Welche **Personen bzw. Handlungsträger** kommen an welcher Stelle im Text vor?
- Gibt es **direkte Rede**? Wenn ja: Wer spricht, wer wird angesprochen?
- Welche **Orte** werden genannt?
  Tipp: Schlage unbekannte Namen sogleich im **Eigennamenverzeichnis** nach.
- Welche **Schlüsselwörter** verraten etwas über den Inhalt?
- Kommen mehrere Wörter vor, die man einem **Sachfeld** zuordnen kann?
- Durch welche **Konnektoren** (Verbindungswörter) wird der Text gegliedert?
- Welche **Tempora** werden – außerhalb von direkten Reden – verwendet?
  Tipp: Einige Texte lassen sich anhand des Tempusgebrauchs gliedern **(Tempusrelief).**

  → Bei den Lesetexten 11 und 14 hast du vor dem Übersetzen den Tempusgebrauch untersucht und die Verwendung der Tempora erklärt. Lesetext L 11, S. 65; Lesetext L 14, S. 77

  → Beim Lesetext 15 hast du vor dem Übersetzen Ausdrücke zusammengestellt, die die ‚Barbaren' charakterisieren. Lesetext L 15, S. 81

Wende diese Methoden auf den Wiederholungstext (S. 85) an, zum Beispiel:
a. Sammle aus der Textumgebung (Überschrift, Einleitung, Bild) möglichst viele Informationen über den Inhalt und formuliere eine Erwartung.
b. Sammle Begriffe, die zu dem Sachfeld „Seereise" gehören. ! Sachfeld „Seereise" S. 85
c. Stelle Personen und Orte zusammen, die im Text vorkommen. ! Personen + Orte S. 85
d. Gliedere den Text, indem du auch die Verwendung der Konnektoren und den Wechsel der Tempora berücksichtigst. ! Gliederung + Konnektoren S. 85

Lektionen 11–12

1. Wortbaukasten.

a. Zerlege die Formen in ihre Bausteine; benenne diese und übersetze die Formen.

vivebant – dolebatis – eripiebamus – intellegebas – apparebatis – monebam – sciebat – fugiebas – petebant – servabat

! Tempuszeichen Imperfekt: -ba-/-eba-

b. Gib jeweils die Stammformen und die Konjugation an. ! Perfektstamm + Konjugation an Stammformen erkennen

2. Wer tanzt aus der Reihe?

a. eras – defendebas – cras – creabas

b. eripui – tibi – iuveni – uxori

c. scivi – fui – siti – debui – creavi

d. vera – omnia – ingentia – interea

! Perfekt

3. Alles Perfekt. [HA]

a. Übersetze die Formen.

clamavisti – coluistis – paravimus – cupiverunt – fui – rapuit – petivit

! Präsens + Imperfekt

b. Bilde die entsprechenden Präsens- und Imperfektformen. [HA]

! Präsens, Imperfekt + Perfekt

4. Schwere Entscheidungen?

Cicero spricht mit Terentia über Catilina. Wähle die richtige Verbform und übersetze.

1. „Ego consul diu (timebam/timuisti/timuimus). 2. Tum tu mihi saepe consiliis bonis auxilio (venio/venis/veniebas). 3. Semper vitam civium a sceleratis defendere (cupitis/cupivistis/cupiebam). 4. Sed Catilina salutem civium bonorum (rides/ridebat/ridebamus). 5. Mortem consulis (desiderabam/desiderant/desiderabat). 6. Tum ego orationem vehementem in Catilinam (habuerunt/habui/habuistis). 7. Ita patriam (servavit/servavi/servavisti). 8. Tamen cum Tirone urbem relinquere (debuisti/debebant/debui)."

Lektionen 13–14

! Personalpronomen

5. Wer mit wem? Ordne das Pronomen der passenden Endung zu. ! ii = ei

ego – tu	-s ǀ -tis	-imus ǀ -istis
is – nos	-t ǀ -o	-i ǀ -erunt
vos – ii	-mus ǀ -nt	-isti ǀ -it

! is, ea, id

6. Nur eins passt. Wähle das zum Pronomen passende Bezugswort aus.

a. ea: mater – liber – puer

b. is: serva – senator – convivium

c. id: lacrima – dominus – templum

d. eius: clamor puerorum – ira patrum – sermo amicae

e. earum: ludi Romanorum – libri liberorum – gaudium servarum

! 6 Arten der Perfektbildung

7. Perfekt verteilt. Ordne die Perfektart zu und bilde die geforderte Form.

| defendere – dicere – committere – agere – caedere – comprehendere | Reduplikationsperfekt, 3. Pl. – s-Perfekt, 2. Pl. – Perfekt ohne Veränderung, 2. Sg. – Dehnungsperfekt, 3. Sg. |

! Geschafft!: 6 Arten der Perfektbildung

8. Richtigstellung.

a. Übersetze den Text. [HA]

1. Cicero narrat: „**Iuppiter** servat bonos, damnat **superbos**. 2. Quia virtus **Romanorum** magna erat, Capitolium semper Incolume manebat." 3. Nunc Marcus vocem continere non iam potest: „Sed aliquando turba **Gallorum** in urbe Roma fuit! 4. Iam nonnulli Galli **Capitolium** tenebant. 5. Tum anseres[1] **Romanis** auxilio venerunt et **urbem** servaverunt. 6. **Severus** magister[2] me eam fabulam docuit." 7. Cicero gaudet: „Probus es, **verba** magistri[2] bene memoria tenes."

1) ānser, -eris m: Gans   2) **magister**, -trī m: → L 2

b. Ersetze nun jeden fett gedruckten Begriff durch die entsprechende Form von is, ea, id. [HA]

Lektionen 11–15

9. Du weißt mehr, als du denkst.

a. Nenne die zugrunde liegenden lateinischen Wörter und deren Bedeutung.

Terror – Militär – miserabel – Dozent – kapieren – Intelligenz – Universum – Lektüre – Kurs – Justiz – zivil

b. Erkläre die heutige Bedeutung.

! Personalpronomen

10. Ordne passend zu.

id – eae – tu – ii – ego – is	negavi – suscepit – doluerunt – misisti – constitit – curaverunt

! Imperfekt + Perfekt

11. Zweizeitenstrudel. HA

a. Sortiere nach Tempora und übersetze.

potuerunt – tenui – commisi – capiebat – apparuisti – desinebat – interfecerunt – terrebamus – caedebant – vidistis

b. Gib jeweils die Stammformen und die Konjugation an.

! Perfekt

12. Alles Perfekt! Nenne die Stammformen und übersetze die Form.

vidit – feci – coluerunt – cecidistis – aspexerunt – mansit – damnavisti – stetimus – comprehendit (!) – constitit (!)

! Präsens + Perfekt (Infinitive)

13. Vom Präsens zum Perfekt und zurück.

a. Bilde den Infinitiv Präsens.

teneo – audio – rapio – relinquo – cupio – mitto – confirmo – sum – constat

b. Bilde nun den Infinitiv Perfekt.

! Dativ des Besitzers

14. Manchmal soll es nicht „sein" sein. Übersetze. HA

1. Parentibus liberi sunt. 2. Tabulae Severo sunt. 3. Mihi epistula est. 4. Ciceroni servi et servae sunt.

! Gleich- und Vorzeitigkeit im AcI

15. Eine Frage der Zeit. Finde die Fehler in den Übersetzungen und korrigiere sie.

1. Cicero scit Britannos libertatem defendisse. – *Cicero weiß, dass die Britannier die Freiheit verteidigen.* 2. Semper dicit virtutem eorum magnam esse. – *Er sagt immer, dass ihre Tapferkeit groß gewesen sei.* 3. Scivit barbaros agros non colere. – *Er weiß, dass die Barbaren keinen Ackerbau treiben.* 4. Sciebat Tullium fratrem in magnis periculis fuisse. – *Er wusste, dass sein Bruder Tullius in großen Gefahren ist.* 5. Gaudet fratrem laetum incolumemque esse. – *Er freut sich, dass sein Bruder froh und unversehrt war.*

16. Gleichzeitig oder vorzeitig? Nenne den AcI und übersetze. HA

1. Cicero videt Tullium fratrem Romam relinquere. 2. Constat Tullium Britanniam petere. 3. Memoria tenes Romanos tot et tantos Gallos vicisse? 4. Quis dixit Caesarem venisse, vidisse, vicisse? 5. Caesar dixit gentes alienas Romanos timere. 6. Gentes alienae autem dixerunt Romanos saepe crudeles fuisse.

! AcI

17. Dreimal AcI – du hast die Wahl. Löse Aufgabe (a), (b) oder (c).

a. Nenne den AcI und übersetze.

1. Tullius narrat Romanos Britannos vicisse. 2. Confirmat Gallos feros esse. 3. Constat Romanos haud umquam nudo pectore pugnavisse. 4. Quintus videt patrem incolumem esse. 5. Quintus scit Tullium Ciceroni epistulas misisse. 6. Quintus dicit deos esse.

b. Setze die Prädikate aus (a) ins Perfekt und übersetze dann.

c. Mache die Sätze von constat abhängig; übersetze sie dann.

1. Hostes ne magna quidem pericula timent. 2. Servi semper laborabant atque parebant. 3. Domina eos saepe laudavit. 4. Galli urbem Romam capere non potuerunt.

! Geschafft!: Gleichzeitigkeit + Vorzeitigkeit im AcI

In einer unbekannten Welt – die ersten Seefahrer

Beeindruckt von den Erzählungen des Onkels über fremde Länder träumt auch Marcus von einer abenteuerlichen Reise über das Meer. Er erinnert sich an den Mythos von den ersten Seefahrern, Jason und den Argonauten: Diese waren einst mit ihrem Schiff, der Argo, nach Kolchis am Schwarzen Meer aufgebrochen, um das Goldene Vlies, ein sehr wertvolles Widderfell, zu holen. Aber am Eingang zum Schwarzen Meer standen die „Klappfelsen", die Symplegaden, bereit, jedes Schiff zu zerquetschen ...

> ✔ Präpositionen: L11
> ✔ Dat. poss.: L13
> ✔ Inf. Perf.: L15
> ✔ AcI mit Pron.: L15

a. Wähle zwei der auf S. 82 vorgeschlagenen Aufgaben aus.

Colchis ad Pontum Euxinum[1] sita erat. Constat eam urbem tum barbaram fuisse.
Iason sciebat viam plenam periculorum esse. Itaque ex omnibus civitatibus Graeciae
fortes iuvenes per legatos vocabat; et profecto multi undique conveniebant. Ex eis
Iason tantum egregios adhibuit. Eos navem[2] armis et cibis complere iussit. Tum litora
5 patriae reliquerunt.
Mox navis[2] ad Symplegades, duas[3] rupes[4], quibus ingens magnitudo erat, properavit.
Eae rupes[4] – inter mare internum[5] et Pontum Euxinum[1] sitae – miro modo custodes
viae erant: nam naves[2] alienas, quae inter eas viam quaerebant, subita conflictione[6]
comprimebant[7]. Iason, quia vidit comites timore non vacare, orationem habuit: „Non
10 nego periculum magnum esse. Vos, quibus ingens virtus et ingens audacia est, nunc
et fortes et celeres este! Cito per rupes[4] properare debemus, priusquam[8] nos
comprimunt[7]. Ergo properate omni vi!"
Et Argonautae omni vi remigaverunt[9]. Iam rupes[4] accedere, iam rupes[4] ruere, iam
mortem apparere viderunt. At non mors apparuit, sed Minerva dea. Dixit: „Fortes
15 libenter iuvo. Remigate[9], viri; ego rupes[4] repello!" Ita Argo et Argonautae auxilio deae
incolumes manserunt. Postea autem Symplegades in[10] omne tempus constiterunt.
Etiam hodie stant et periculis vacant.

1) **Pontus** (-ī m) **Euxīnus**: Schwarzes Meer
2) **nāvis**, -is f: Schiff   3) **duo**, *Akk. f* **duās**: zwei
4) **rūpēs**, -is f: Fels, Klippe
5) **mare** (-is n) **internum**: Mittelmeer
6) **subitā cōnflīctiōne**: durch plötzliches
Zusammenklappen   7) **comprimere**, -ō:
zusammendrücken, zerquetschen
8) **priusquam**: bevor   9) **rēmigāre**: rudern
10) **in** *hier*: für

b. Erkläre, wie die Argonauten den „Klappfelsen" entkommen.

c. Beschreibe, inwiefern die Abbildung den Text wiedergibt und inwiefern sie abweicht.

d. Recherchiere die ganze Sage von den Argonauten und stelle sie in der Lerngruppe vor. HA

Neptun hilft der Argo. Filmszene aus „Jason und die Argonauten",
USA 1963, Regie: Don Chaffey

Eine Reise auf das Land

! Einstiegsidee: Gespräch über Reisen heute (Anknüpfen an Lebenswelt der SuS)

Römisches Landleben. Mosaik aus Nordafrika, 3. Jh. n. Chr.

Arbeit für die einen – Erholung für die anderen. Die Römer betrachteten sich gerne als ein Volk von Bauern. Aber wenn Cicero oder andere reiche Römer ihr Landhaus **(vīlla)** aufsuchten, taten sie dies nicht, um Landarbeit zu verrichten. Es waren Sklaven, die auf den Landgütern Getreide, Obst, Oliven oder Wein anbauten und das Vieh hüteten; ein Verwalter **(vīlicus)** beaufsichtigte alles. Für die Herren selbst war das Land **(rūs, rūris)** vor allem ein angenehmer Ort **(locus)**, wo sie sich ausruhen **(quiēscere, -ō)** konnten, wenn sie Erholung (ōtium) von Politik und Geschäft **(negōtium)** suchten. An Komfort fehlte es dabei nicht: Villen waren von Handwerkern **(faber, -brī)** mit höchster Kunstfertigkeit **(ars, artis)** luxuriös ausgestattet, z. B. mit Mosaikfußböden und Wandmalereien, sogar mit eigenen Thermen. Bei Cicero durfte selbstverständlich auch auf dem Lande **(rūrī)** eine Bibliothek nicht fehlen.

Cicero besaß mehrere Villen. Wenn er quer durch Italien reiste, übernachtete er nicht in Gasthäusern: Er suchte entweder eines seiner eigenen Güter auf oder besuchte Freunde oder Verwandte. So machte er auf seinem Weg nach Kilikien, wo er Prokonsul **(prōcōnsul → L 11)** werden sollte, bei seinem Bruder Tullius und dessen Frau Pomponia Halt. Tullius besaß eine Villa bei Arpinum, der südöstlich von Rom gelegenen Heimatstadt der Familie Cicero.

Der Anfang einer großen Reise – Marcus schreibt an Quintus nach Arpinum.
„**Nova** nārrō, Quīnte! Cicerō pater nunc **prōcōnsul** est. Itaque cum **familiāribus** Arpīnum petimus. Valdē gaudeō! Nam pater ante **negōtia**, quae eum in Ciliciā manent, **quiēscere** dēsīderat; **rūrī** ōtium agere cupit. Pater dīcit vōs in **vīllā** nōs exspectāre. Nārrat Tullium et Pompōniam ibi tēctum **novum** aedificāre. Eum **locum** pulchrum vidēre cupiō.“

Reisen im römischen Reich. Das römische Reich **(imperium Rōmānum)** verfügte über ein gut ausgebautes Straßennetz. Das war sehr wichtig, damit ein so großes Reich überhaupt funktionierte: Truppen kamen gut vorwärts, die Handelswaren und auch die Post wurden schnell transportiert; zudem bildeten diese Straßen die wichtigsten Reiserouten. Cicero und seine Familie folgten, abgesehen von einem Abstecher nach Arpinum und einem anderen nach Pompeji, der Via Appia, der ältesten römischen Straße, die von Rom in die Hafenstadt Brundisium führte. Von dort konnte man zu Schiff nach Griechenland und noch weiter nach Kilikien in Kleinasien gelangen.

HRU – KV 22: Recherchieren

Notiere die im Text genannten Ortsangaben und ermittle Ciceros Reiseroute auf der Karte im Einband. Finde anhand einer modernen Karte heraus, wie diese Orte und Länder heute heißen.

W
G1

Meine Leute – deine Leute – seine Leute

> ✔ Personalpronomen 1./2. Pers.: L 13
> ✔ *is, ea, id*: L 13

Mārcus Quīntō dīcit: „Cicerō pater **meus** est. Tullius pater **tuus** est."

! Possessivpronomen

Mārcus et Quīntus: „Rūfus amīcus **noster** est. Scintilla amīca **nostra** est."

Cicerō: „Rūfus amīcus **vester** est. Scintilla amīca **vestra** est."

Mārcus amīcam **suam** salūtat. Scintilla amīcōs **suōs** salūtat.

a. Erschließe die Bedeutungen der hervorgehobenen Possessivpronomina.

b. Für suus, -a, -um brauchst du im Deutschen zwei verschiedene Ausdrücke. Nenne sie.

Mārcus et Quīntus Cicerōnem vident:

Mārcus patrem **suum** videt. Quīntus patrem eius videt.

! Reflexive Verwendung: Possessivpronomen bezieht sich auf das Subjekt

c. Übersetze und erkläre, inwiefern die markierten lateinischen Pronomina im Gegensatz
zum Deutschen eindeutig sind.

G2

Jeder denkt an sich – nur ich denke an mich!

Pompōnia in **speculō sē** aspicit.

! reflexives Personal-
pronomen der 3. Person

speculum

Sibi placet.

Sēcum cōgitat: „Mihī placeō."

d. Finde die richtigen Übersetzungen
für die hervorgehobenen Pronomina.

e. Kläre mithilfe der Grammatik (S. 51)
den Begriff „Reflexivität".

> ✔ AcI: L 15

G3

Zweifache Freude

! „Spiegelpronomen": *suus,*
-a, -um, sibi, se, secum →
beginnen mit **s**, beziehen sich
auf das **S**ubjekt (= reflexiv)

Marcus und Quintus treffen sich. Marcus freut sich, dass er da ist.

f. Gib an, wer mit dem markierten Personalpronomen gemeint sein kann.

Mārcus et Quīntus conveniunt:

! Reflexivität im AcI

Mārcus gaudet **sē** adesse.

Mārcus gaudet eum adesse.

g. Im Lateinischen ist das Pronomen eindeutig. Erschließe, welches Pronomen sich auf wen bezieht.
Was du über Reflexivität weißt, hilft dir dabei.

W **1.** *Finde das Gegenteil.*

otium – urbs – laborare – alienus

AH – S. 72: Ü 1, Ü 2

G1 **2.** *Meins, deins, seins … keins?*
Finde die Possessivpronomina und
bestimme sie nach den Kasus.

meus – me – sua – tuo – tanto – vestri –
vesti – nostris – noctis – mihi – nihil –
tibi – iis – vos – vobis – vitiis – vestras –
ecce – ego – eo – eius – suorum – meis

AH – S. 73: Ü 3

3. *Das ist meins! Tullius und seine Frau*
Pomponia streiten sich. Quintus versucht
zu vermitteln. Nehmt die Rollen der drei
ein und bestimmt, wem was gehört.
Beispiel: villa → Villa mea est! Villa tua non
est! Villa nostra/vestra est!

vinum – vestis – servi – servae – tabula –
pecunia – libri – gladius – arma – equi –
ager

AH – S. 73: Ü 4

4. *Beziehungswirrwarr. Gib an, auf wen*
sich das Pronomen bezieht, und übersetze.

1. Quintus Marcum salutavit. Et patrem
eius salutavit. 2. Scintilla amica Quinti
erat. Quintus amicam suam desideravit.
3. Tullia et Marcus liberi Terentiae erant.
Pomponia liberos eius monuit. 4. Cicero et
Tullius virtutes suas laudaverunt. Et nos
virtutes eorum laudamus. HA

G2 **5.** *Spiegelscherben. Die reflexiven Personal-*
pronomina der 3. Person sind aus dem
Spiegel gefallen. Setze sie wieder ein.

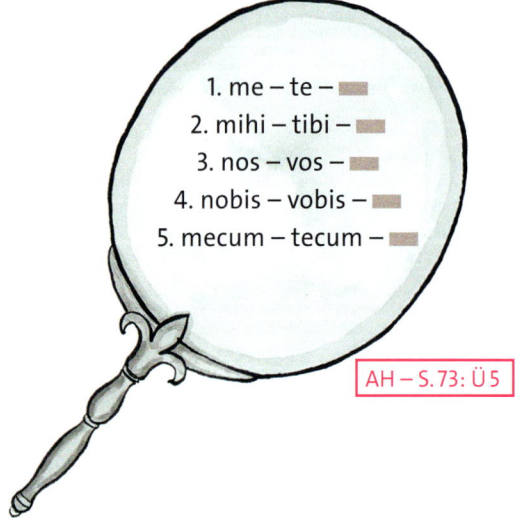

1. me – te – ▬
2. mihi – tibi – ▬
3. nos – vos – ▬
4. nobis – vobis – ▬
5. mecum – tecum – ▬

AH – S. 73: Ü 5

6. *Helden können nerven. Pomponia macht*
bei einer Freundin ihrem Ärger Luft.

1. Salve, cara amica! Tandem mihi licet
tecum sermonem habere. 2. Tua consilia
desidero, quia maritus[1] meus me sollicitat.
3. Crede mihi: Tullium meum amo[2].
4. Sed is iterum atque iterum se laudat.
5. Valde sibi placet. 6. Tacere non potest;
numquam desinit de se narrare et
virtutem suam laudare. 7. Dicit quidem:
‚In Britannia id tantum feci, quod necesse
erat.‘ 8. Secum autem cogitat: ‚Ego
egregius sum!‘ 9. Pro victoria[3] non
imperatori gratias agit, sed sibi.

1) **marītus**, -ī m: Ehemann   2) **amāre**: lieben
3) **victōria**, -ae f: Sieg

HA   AH – S. 73: Ü 6

G3 **7.** *Selbstbezogen. Übersetze und achte*
besonders auf die Pronomina.

1. Nonnulli homines se libenter ruri vivere
narrant. 2. Loca sibi placere confirmant.
3. Ibi se quiescere posse putant.
4. Otio se dant et parvis cibis se delectant.
5. Sermones iucundos inter se habent.
6. Se cibos bonos cenavisse et carmina
cantavisse memoria tenent.

HA   AH – S. 73 f.: Ü 7, Ü 8

Z **8.** *Manche haben „sich" verschluckt. Finde*
die Verben, bei denen du im Deutschen
„sich" ergänzen musst.

1. Gaudet. 2. Desiderat cibum.
3. Consistunt. 4. Equum curat. 5. Ubi fur
latet? 6. Ibi fur apparet. 7. Non dormit, sed
quiescit. 8. Civis cavet sceleratos.

9. *Tullius erzählt. Wähle aus und übersetze.*

1. Labores militum (nostrorum/suorum/
suum) in Britannia duri erant. 2. Britanni
feri fuerunt et cibos miro modo (sibi/se/
suis) paraverunt. 3. Memoria tenetis (se/
eos) libertatem egregia virtute defendisse.
4. Gentes Britanniae dicunt (se/eas) fortes
esse. 5. Dicunt (sibi/eis) servitutem non
placere.

Zwischenfall in Arpinum

☐ = Possessivpronomen

▢ = Reflexivpronomen

Die erste Station der Reise nach Kilikien ist Arpinum, Ciceros Heimatstadt, wo Onkel Tullius, dessen Frau Pomponia und Quintus eine Villa haben; die Männer mit ihren Söhnen wollen dann gemeinsam weiterreisen. Soeben betrachten Cicero und Marcus das Anwesen.

a. *Der Text ist in zwei Teile gegliedert. Nenne zu jedem Abschnitt* handelnde Personen *und* Schlüsselwörter *und formuliere eine Inhaltserwartung.*

Cicerō: „Rūs nostrum, Mārce, mē semper dēlectat.
    Ecce: montēs, flūmen, arborēs!"
Mārcus: „Etiam mē ea loca dēlectant."
Cicerō: „Hīc est locus nātālis[1] meus, est patria nostra,
5   patria avī tuī, patria māiōrum nostrōrum.
    Hīc semper ōtiō mē dō; gaudeō mē hīc līberum ā negōtiīs esse.
    Hīc cum Tīrōne et Chrȳsippō, familiāribus meīs, librōs legēbam.
    Memoriā teneō vīllam nostram tum parvam fuisse;
    videō eam nunc māgnam esse.
10   Patruus[2] tuus mihī nārrāvit fabrōs suōs ātrium[3] novum aedificāre."
Mārcus: „Aspice, pater, Quīntus ad nōs currit."
Quīntus: „Vae![4] Cavēte, quaesō: Calamitās accidit:
    Fabrī nostrī in ātriō[3] labōrābant. Subitō clāmāvērunt
    tēctum ruere et multās tēgulās[5] in sē cadere."

*Cicero betritt mit den Jungen das Haus. Sie finden im Atrium ein Durcheinander vor:
Zerbrochene Ziegel liegen am Boden, eine Staubwolke erfüllt den Raum.*

15 Undique vōcēs hominum audīvērunt. Hīc servī: „Iuvāte nōs!"
    Ibi Pompōnia: „Vae[4]! Quid fēcistis, fabrī improbī?"
    Subitō Cicerō: „Chrȳsippe, Chrȳsippe!"
    Puerī vīdērunt familiārem Cicerōnis sub tēgulīs[5] esse.
    Servī eum statim ē tēgulīs[5] trāxērunt.
20 Mārcus: „Vidēte: Vīvit!"
    Cicerō: „Chrȳsippe, cāre! Spērō[6] tē nōn nimis dolēre."
    Chrȳsippus: „Pectus dolet. Magis magisque dolet!"
    Cicerō: „Vocā medicum[7] vestrum, Quīnte, citō!"
    Paulō post Quīntus medicum[7] sēcum dūxit. Etiam Pompōnia accessit.
25 Pompōnia: „Iuvā eum, quaesō, medice[7]!"
    Medicus[7] cōnfīrmāvit sē Chrȳsippum arte suā sānāre[8] posse,
    sed eum quiēscere dēbēre.

1) **nātālis, -e**: Geburts- 2) **patruus, -ī m**: Onkel 3) **ātrium**: → L 9 4) **vae**: o weh!
5) **tēgula, -ae f**: Ziegel 6) **spērāre**: hoffen 7) **medicus, -ī m**: Arzt 8) **sānāre**: heilen

b. *An dem Arbeitsunfall sieht man, dass Sklaven gefährlich lebten –
aber nur einem Sklaven wird sofort geholfen. Begründe, warum.*

Nicht immer aus Liebe. Die Ehe bei den Römern

! Einstiegsidee: Ehe und Eheschließung gestern und heute (Projekt)

Porträt eines Paares. Fresko aus Pompeji, 1. Jh. n. Chr.

Die Ehe. Die Römer und Römerinnen heirateten früh und eher selten aus Liebe; oft wurde die Ehe **(mātrimōnium)** von den Eltern arrangiert. Für das Mädchen war dieser Schritt besonders wichtig, denn sie wurde mit der Hochzeit eine erwachsene Frau **(mulier, -is)**. Sie war zwar auch als Ehefrau **(coniūnx, -iugis)** rechtlich nicht selbstständig, sondern ihrem Ehemann **(coniūnx, -iugis)** oder aber ihrem Vater untergeordnet. Aber das bedeutete nicht zwingend, dass sie den Rest ihres Lebens in Unterdrückung verbrachte. Als ehrbare Dame **(mātrōna)** stand sie gesellschaftlich in hohem Ansehen, außerdem hatte sie ihr eigenes Geld. So verfügte auch Ciceros Frau Terentia über ihr eigenes Vermögen. Sie hatte auch an seiner Politik Anteil. Während seines Exils (→ L12) war sie besonders aktiv, kümmerte sich zu Hause um alles und erreichte schließlich zusammen mit Freunden Ciceros Rückberufung. Ciceros Bruder Tullius führte hingegen mit Pomponia eine Ehe, in der Frieden **(pāx, pācis)** selten war: Sie stritten viel und der Ton zwischen ihnen war rau **(asper, -era, -erum)**; oft drohte die Scheidung. Scheidungen **(dīvortium)** waren einfach **(facilis, -e)** und durchaus nicht selten. Ciceros Tochter Tullia z. B. war dreimal verheiratet.

Chrysippus plaudert aus dem Nähkästchen

Chrȳsippus, quī dolōribus labōrāvit, nōn iam **trīstis** est. Nam pectus nōn iam dolet. Medicus[1] quoque gaudet pectus eius arte suā non iam dolēre. Tamen Chrȳsippus cūrīs nōn vacat: „Tullius et Pompōnia **coniugēs** saepe īrātī sunt et verbīs ācribus inter sē **certant**. Crēdō mātrimōnium nōn semper **facile** esse, putō id saepe **asperum** esse. Mihī **pāx** et vīta **placida** placent."

1) **medicus, -ī** m: Arzt

Die Hochzeit. Eine römische Hochzeit war meist ein großes Fest. Man schmückte **(ōrnāre)** die Braut und legte ihr den feuerfarbenen Brautschleier an. Von diesem Ritual leitet sich das lateinische Wort für „heiraten" **(nūbere, -ō)** ab: Denn „**nūbere**" bedeutet nichts anderes, als den Brautschleier für den Ehemann **(marītus)** anzulegen. Deshalb wird dieses Wort nur für die Frau verwendet. Der Mann hingegen heiratete, indem er „eine Gattin heimführte" **(uxōrem dūcere)**. Am Hochzeitstag wurde die Braut in feierlicher Prozession zum Haus ihres Bräutigams geleitet und über die Schwelle getragen. Dann fragte er sie, wie sie heiße, und sie gab die traditionelle Antwort: „Ubī tū Gāius, ibi ego Gāia". Zahlreiche religiöse Bräuche begleiteten die ganze Zeremonie, an die sich ein fröhliches Festmahl anschloss.

1. Beschreibe das Bild und stelle eine Vermutung an, warum sich das Paar so darstellen ließ.
2. Erläutere, warum es in Deutschland in der Regel keine „arrangierten" Heiraten gibt.

W Dreimal Wollen

velle	nōn	lieber wollen
nōlle	**velle**	wollen
mālle	magis	nicht wollen

> ! nolle ~ *ne-velle
> malle ~ *magis velle

a. *Ordne den Verben in der linken Spalte die richtige Bedeutung zu. Die Elemente in der Mitte helfen dir dabei.*

! Sonderkonjugation

G1 Zwei, die nicht dasselbe wollen

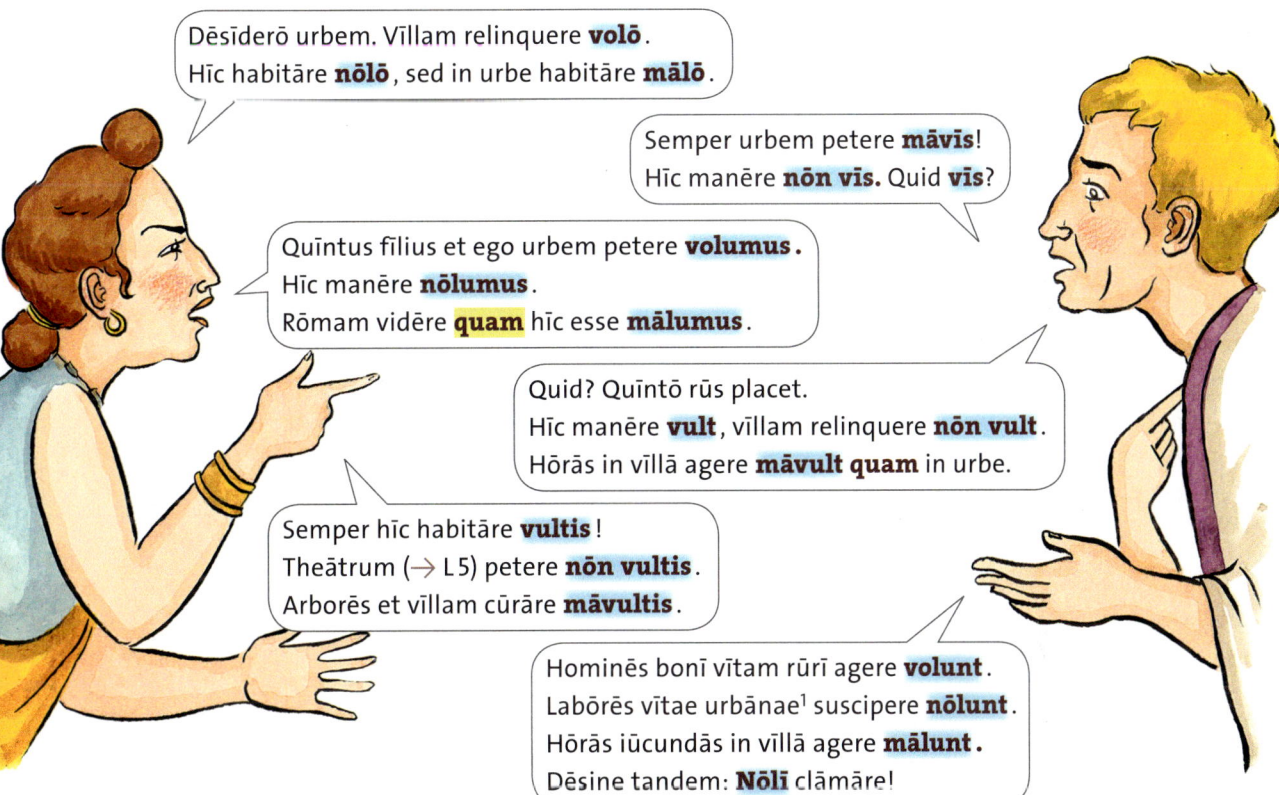

> Dēsīderō urbem. Vīllam relinquere **volō**.
> Hīc habitāre **nōlō**, sed in urbe habitāre **mālō**.

> Semper urbem petere **māvīs**!
> Hīc manēre **nōn vīs**. Quid **vīs**?

> Quīntus fīlius et ego urbem petere **volumus**.
> Hīc manēre **nōlumus**.
> Rōmam vidēre **quam** hīc esse **mālumus**.

> Quid? Quīntō rūs placet.
> Hīc manēre **vult**, vīllam relinquere **nōn vult**.
> Hōrās in vīllā agere **māvult quam** in urbe.

> Semper hīc habitāre **vultis**!
> Theātrum (→ L 5) petere **nōn vultis**.
> Arborēs et vīllam cūrāre **māvultis**.

> Hominēs bonī vītam rūrī agere **volunt**.
> Labōrēs vītae urbānae[1] suscipere **nōlunt**.
> Hōrās iūcundās in vīllā agere **mālunt**.
> Dēsine tandem: **Nōlī** clāmāre!

1) **urbānus**, -a, -um: städtisch, Stadt-

b. *Alle markierten Wörter sind Formen von **velle, nolle** und **malle**.*
Ordne die Formen dem richtigen Verb zu und bestimme auch die Person und den Numerus.
c. *Erschließe die Bedeutung von **quam**.*

✔ Imperativ: L 7

d. *Finde eine passende Übersetzung für den Satz mit dem Imperativ **noli**. Übersetze entsprechend:*
nōlī dormīre! – **nōlī** mē dēserere! – **nōlīte** certāre!

! verneinter Imperativ

G2 Wollen in verschiedenen Zeiten

✔ Imperfekt: L 11
✔ Perfekt: L 12 (v- und u-Perfekt), L 14 (übrige Arten)

nōlēbās – voluimus – voluistī – māluērunt – nōluisse – volēbant – mālēbam – voluisse – nōluit – nōluistis

e. *Erschließe, wie Imperfekt und Perfekt von **velle, nolle** und **malle** gebildet werden.*
f. *Ergänze die fehlenden Formen.*

W **1. Wer tanzt aus der Reihe?**
a. coniunx – uxor – maritus – mortuus
b. placidas – putas – parvas – asperas
c. malle – velle – pelle – nolle
d. reliqui – perrexi – vixi – diligenti
e. cavit – servit – legit – iuvit

AH – S. 76: Ü 1

2. Stelle ein Sachfeld zum Thema „Mann – Frau – Ehe" zusammen. HA

3. Finde das Nein. Du kennst schon einige Wörter, bei denen n-, ne- oder non- am Anfang eine Verneinung ausdrückt.
a. Nenne die lateinischen Wörter.
nicht wissen – niemals – leugnen – Aufgabe – einige
b. Bei dreien kennst du die zugrunde liegenden Wörter. Nenne sie.

G1 **4. Formen des Wollens**
a. Ersetze die folgenden Formen von velle durch Formen von cupere.
vult – volumus – vis – vultis – volo.
b. Ersetze sie durch die entsprechenden Formen von nolle und malle.

AH – S. 76: Ü 3

5. Befiehl das Gegenteil und übersetze.
Beispiel: Veni! → Noli venire!
Venite! → Nolite venire!
Tace! – Ridete! – Finite! – State! – Ora! – Labora! – Create! – Neca! – Ades! – Trahite! HA

6. Seltsame Abneigung. HA
a. Übersetze.
1. Puella viro nubere vult, sed tectum eius intrare non vult. 2. Cur domi manere quam tectum viri intrare mavult? 3. Mavult, quia servus verbis miris puellam monuit: „Cave tectum viri! Noli ibi dormire!"

AH – S. 77: Ü 4

b. Stelle eine Vermutung an, warum der Sklave dies sagt.

7. Was wünschst du dir?
Scintilla und Marcus denken über die Zukunft nach.
1. Scintilla Marco dicit:
„Nolo umquam nubere."
2. Marcus rogat: „Cur vitam in matrimonio agere non vis?" 3. Scintilla: „Intellexi: Uxores maritis parere debent, sed liberae esse malunt.
4. Ego serva mariti esse nolo; sine marito vivere malo. Et tu, Marce?"
5. Marcus: „Nunc coniugem habere nolo; tamen volo patrem mihi puellam pulchram fidamque quaerere. 6. Parentes mei vix inter se certant. Ii in pace vivunt."
Erkläre, welche Konstruktion in Satz 5 von nolo und welche von volo abhängt.

G2 **8. Ersetze die Formen von cupere durch die entsprechenden von velle.**
cupiebatis – cupiverunt – cupivisti – cupit – cupiebam – cupivit – cupiebas – cupiunt

AH – S. 77: Ü 5, Ü 6

Z **9. Es war einmal …**
Setze die Formen von Ü 4 ins Perfekt.

10. Responde Latine. (→ Sachinfo S. 90)
1. Cur Chrysippus servus non iam tristis est? 2. Quid coniunx et maritus, qui irati sunt, faciunt? 3. Quid Chrysippo placet?
4. Quaere id verbum, cuius vis[1] est: „finis[2] matrimonii".

1) vīs hier: Bedeutung   2) fīnis, -is m: Ende

11. Tauscht euch auf Latein darüber aus, was ihr wollt und was nicht. Dabei könnt ihr die folgenden Bausteine verwenden.
cibum bonum cenare – maritum malum habere – viro nubere – poenas dare – amicitiam colere – orationem habere – sermones iucundos habere – scelera committere – felix esse – probus/-a esse – te felicem esse

Keine rosigen Zeiten für Tullius und Pomponia

Vor der Abfahrt nach Kilikien will die ganze Familie Cicero noch einmal gemeinsam feiern.
*Den Anlass dazu bieten die **Floralia**, ein Feiertag zu Ehren der Frühlingsgöttin Flora:*
An diesem Tag wollen Tullius und Pomponia auf ihrem Landgut ein fröhliches Fest ausrichten.

a. Formuliere deine Erwartungen an den Text; ziehe dazu Überschrift,
Einleitungstext und Abbildung heran.

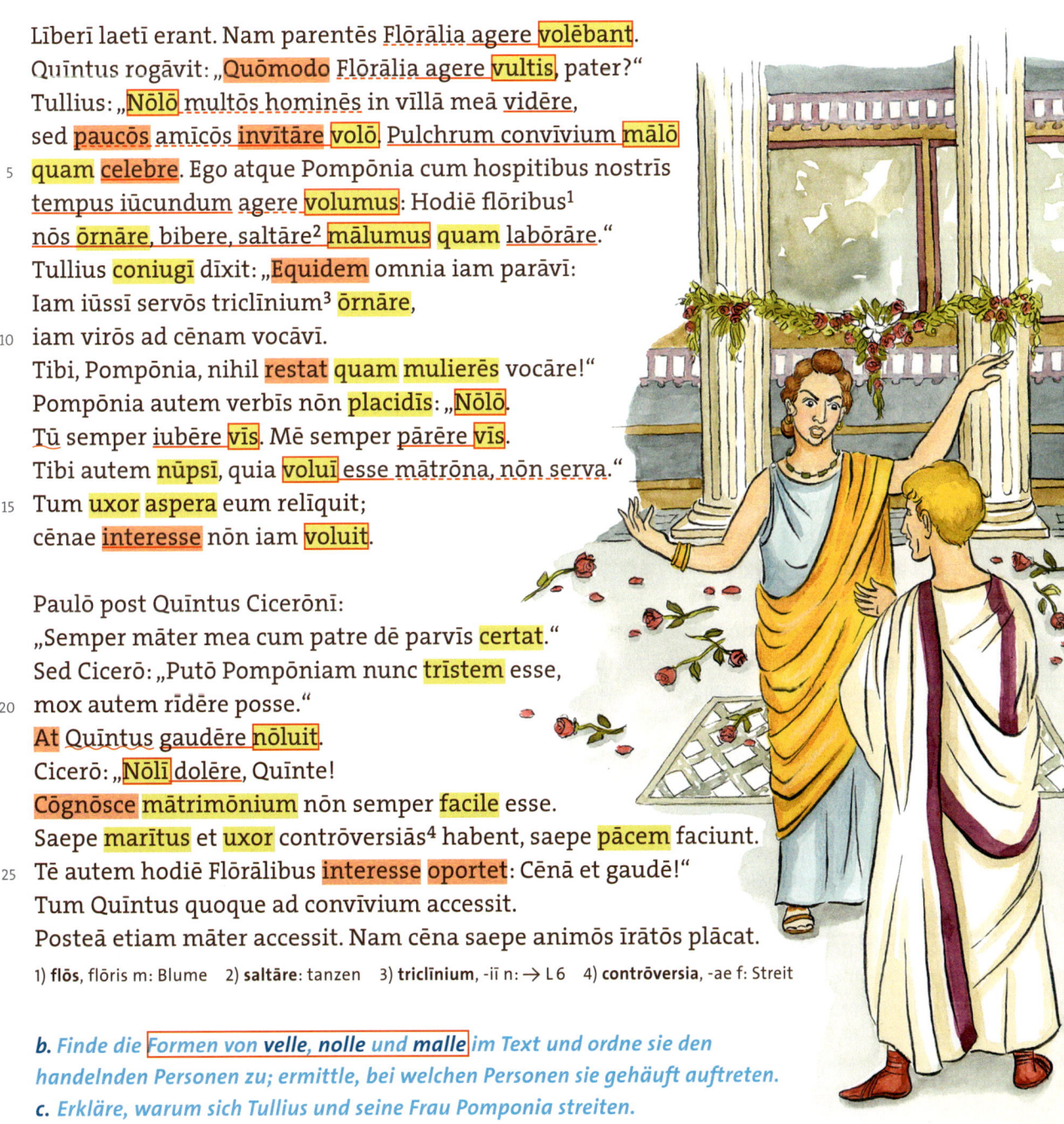

Līberī laetī erant. Nam parentēs Flōrālia agere volēbant.
Quīntus rogāvit: „Quōmodo Flōrālia agere vultis, pater?"
Tullius: „Nōlō multōs hominēs in vīllā meā vidēre,
sed paucōs amīcōs invītāre volō. Pulchrum convīvium mālō
5 quam celebre. Ego atque Pompōnia cum hospitibus nostrīs
tempus iūcundum agere volumus: Hodiē flōribus[1]
nōs ōrnāre, bibere, saltāre[2] mālumus quam labōrāre."
Tullius coniugī dīxit: „Equidem omnia iam parāvī:
Iam iūssī servōs triclīnium[3] ōrnāre,
10 iam virōs ad cēnam vocāvī.
Tibi, Pompōnia, nihil restat quam mulierēs vocāre!"
Pompōnia autem verbīs nōn placidīs: „Nōlō.
Tū semper iubēre vīs. Mē semper pārēre vīs.
Tibi autem nūpsī, quia voluī esse mātrōna, nōn serva."
15 Tum uxor aspera eum relīquit;
cēnae interesse nōn iam voluit.

Paulō post Quīntus Cicerōnī:
„Semper māter mea cum patre dē parvīs certat."
Sed Cicerō: „Putō Pompōniam nunc trīstem esse,
20 mox autem rīdēre posse."
At Quīntus gaudēre nōluit.
Cicerō: „Nōlī dolēre, Quīnte!
Cōgnōsce mātrimōnium nōn semper facile esse.
Saepe marītus et uxor contrōversiās[4] habent, saepe pācem faciunt.
25 Tē autem hodiē Flōrālibus interesse oportet: Cēnā et gaudē!"
Tum Quīntus quoque ad convīvium accessit.
Posteā etiam māter accessit. Nam cēna saepe animōs īrātōs plācat.

1) **flōs**, flōris m: Blume   2) **saltāre**: tanzen   3) **triclīnium**, -iī n: → L 6   4) **contrōversia**, -ae f: Streit

*b. Finde die Formen von **velle**, **nolle** und **malle** im Text und ordne sie den*
handelnden Personen zu; ermittle, bei welchen Personen sie gehäuft auftreten.
c. Erkläre, warum sich Tullius und seine Frau Pomponia streiten.
d. Deute Pomponias letzten Satz (Z. 14) mithilfe der Sachinformation (S. 90).

Athen – Stadt der Philosophen

> ! Einstiegsidee: *Was bedeutet Glück für dich?* (Anknüpfen an Erfahrungswelt der SuS)

Akropolis in Athen mit dem Parthenon, um 440 v. Chr.

Philosophie, eine griechische Erfindung. Auf ihrer Reise nach Kilikien (→ L16) machten Cicero und seine Familie auch in Athen (Athēnae, -ārum) Station. Cicero freute sich auf die Stadt, in der er – wie so viele Römer – studiert hatte. Dort hatte er die griechische Philosophie **(philosophia)** – das heißt „Liebe zur Weisheit **(sapientia)**" – kennengelernt. Umgekehrt freuten sich auch die Athener auf Cicero – besonders der Philosoph **(philosophus)** Patro, dessen Vorlesungen Cicero einst besucht hatte. Philosophen diskutierten **(disputāre)** vor allem die Frage, wie man leben soll, um glücklich **(beātus, -a, -um)** zu werden. Dazu vertraten verschiedene Gruppen von Philosophen unterschiedliche Meinungen: So empfahl die Lehre **(disciplīna)** der Stoiker (Stōicus), sich für den Staat oder die Mitmenschen einzusetzen, auch in Form einer politischen Karriere mit Ämtern und Ehren **(honōs, -ōris)**; die Epikureer (Epicūrēus) hingegen zogen die Ruhe des Privatlebens vor: Sie wollten zurückgezogen leben und mit guten Freunden das Leben maßvoll genießen.

Auf dem Schiff nach Griechenland

Mārcus: „Ibi lītora Graeciae sunt; Athēnās iam videō!" Quīntus: „Ibi nihil est; Athēnās vidēre **nōndum** possumus." Mārcus: „Quīnte, cūr trīstis es? Cūr **beātus** nōn es?" Quīntus: „Parentēs mē sollicitant, quia semper dē parvīs certant." Mārcus: „Nōlī cōgitāre dē parentibus! Nova et mīra nōs exspectant." Quīntus: „**Rēctē** dīcis: Athēnae abundant **philosophīs** mīrīs, quī **disciplīnās** suās docent. Epicūrēī et Stōicī semper inter sē **disputant**: Stōicī eās **sententiās** negant, quās Epicūrēī **probant**; Epicūrēī autem eās negant, quās Stōicī **probant**. Semper **summō studiō** certant." Mārcus: „Sed dē māgnīs certant: **Sapientiae** student."

Griechenland – Ursprung der antiken Kultur. Griechenland war zu Ciceros Zeit – wie die meisten Länder rund um das Mittelmeer – römische Provinz. Aber Griechenland war nie eine Provinz wie alle anderen. Es galt als Ursprung von Kultur und Bildung in der gesamten römischen Welt: Nicht nur die Philosophie, sondern auch Kunst, Architektur, Dichtung, das Theater (→ L5) und selbst die Geschichten über Helden und Götter (Mythen), die man in Rom kannte, stammten zumeist aus Griechenland. Nach Italien waren diese Kulturgüter vor allem durch griechische Sklaven und Kriegsgefangene gelangt, die hier als Hauslehrer arbeiteten und so den Kindern vornehmer Römer die griechische Kultur beibrachten. Einer von ihnen war der berühmte Historiker Polybius, der etwa hundert Jahre vor Cicero lebte.

1. Cicero war weder Epikureer noch Stoiker, hatte sich aber mit beiden Schulen beschäftigt. Gib an, welche besser zu ihm passte, und begründe dies. Du kennst ihn ja aus L 11 und L 12 ziemlich gut.
2. Was bedeutet Glück für dich? Tragt in der Lerngruppe eure Vorstellungen zusammen.

Sachinformationen + Lesetexte

W1 Ein Wort, viele Bedeutungen

gerere
- negōtia
- bellum
- labōrēs
- vestem
- sē bene

*a. Die Grundbedeutung von **gerere** ist „tragen, (aus)führen". Erschließe, wie die Wendungen zu übersetzen sind.*

W2 Quintus sieht nicht, was Marcus sieht

Mārcus: „Lītora Graeciae videō.
   Et Athēnās videō.
   Et lītora et Athēnās videō."

Quīntus: „Lītora Graeciae nōn videō.
   Neque Athēnās videō.
   Neque lītora neque Athēnās videō."

*b. Erschließe die Bedeutung von **neque** und von **neque … neque**.*

✔ Perfekt: L 12 (v- und u-Perfekt); L 14 (übrige Bildungsarten)
✔ Imperfekt von *esse*: L 11 G2

! Tempuszeichen Plusquamperfekt: *-era-*

G1 Mehr als vergangen

Mārcus in Graeciā multa et mīra spectāvit,
dē quibus pater iam anteā nārrāv-erat.

Cicerō Rōmānōs **philosophiam** docuit,
quam Graecī iam anteā invēn-erant.
c. Übersetze und achte dabei besonders auf das neue Tempus. Benenne das neue Tempus.
d. Erkläre, wie die Formen zusammengesetzt sind.
*e. Ergänze die fehlenden Formen: **narrav-eram**, …*
*f. Bilde zu **dico, mones** und **venit** die entsprechende Form im neuen Tempus.*
*g. Konjugiere entsprechend die Formen von **esse, posse** und **velle**.*

! Plusquamperfekt: Perfektstamm + Imperfekt von *esse*

G2 Sinnfindung

(1) Quīntus trīstis fuit, quia māter cum patre dē parvīs certāvit.
(2) Quamquam hospitēs Pompōniam exspectābant, tamen māter ad convīvium diū nōn accessit.
(3) Sī marītus et uxor pācem faciunt, hospitēs certē convīviō gaudent.
h. Ordne den drei Subjunktionen die Bedeutungen zu: obwohl – weil – wenn.
*i. Ordne den Subjunktionen nun je eine Sinnrichtung zu: **konditional (Bedingung),** **kausal (Grund), konzessiv (Gegengrund).***

! Geschafft!: 2 Arten von Gliedsätzen (Relativsatz, adverbialer Gliedsatz)

W **1.** *Da steckt Latein drin. Führe die fett gedruckten Wörter auf ihren lateinischen Ursprung zurück.*

Cicero ging in seiner Jugend zum **Studium** nach Griechenland. Mit Begeisterung, aber auch mit **Disziplin** hörte er die Philosophen und nahm an ihren **Disputen** teil. Später schrieb er selbst philosophische Bücher, in denen sich viele gewandte **Sentenzen** finden.

> AH – S. 79: Ü 1

2. *Wer führt oder trägt was? Ergänze und übersetze.*

1. Pomponia ▨ gessit. 2. Caesar in Gallia ▨ gerere perrexit. 3. Quotiens mater filiam iussit ▨ gerere! 4. Cicero pro civitate ▨ gessit.

> tot et tanta negotia – vestem pulchram – se bene – bellum

> ✔ Perfekt: AH – S. 80; ÜW

G1 **3.** *Vierzeitenstrudel.*

a. *Sortiere nach Tempora und zerlege die Verbformen in ihre Bausteine.*

curro – fugiebant – respondisti – venis – scribebam – iuverunt – inveneras – terrui – ruistis – ostenderatis – susceperam – intersumus – impediebas – potuerant

b. *Gib zu jedem Verb die Stammformen an.*

> AH – S. 79 f.: Ü 3, Ü 4

4. *Perfekt und mehr. Nenne die Stammformen und übersetze dann die Form.*

egeram – incendisti – duxerant – convenit – defueram – volueras – nupsisti – viceramus – vixeram – averterunt – arsit – restitistis

> HA

5. *Polybius – ein Grieche in Rom.*

a. *Der Text enthält ein Prädikativum. Teilt euch in zwei Gruppen und sucht es. Wer ist schneller?*

b. *Übersetze.*

1. Post bellum, quo Romani Graecos vicerant, Polybius in familiam Scipionis venit. 2. Polybius hostis cum Romanis pugnaverat; tamen postea amicus et Scipionis et Romanorum fuit. 3. Itaque post nonnullos annos, quos in Italia egerat, tandem ei licuit in patria sua vivere. 4. Eos libros, quos Polybius de historia[1] Romana scripserat, post multos annos Cicero summo studio legit.

1) **historia**, -ae f: Geschichte

G2 **6.** *Satzwracks. Die Subjunktionen sind verrostet. Setze neue ein.*

1. Rus Ciceronem semper delectabat, ▨ erat patria eius. 2. Quantopere villa fratris Ciceroni placebat, ▨ parva erat! 3. ▨ tectum ruerat, Cicero pericula tamen non cavit, sed villam intravit. 4. Medicus[1] confirmavit: „Chrysippum iuvare possum, ▨ is paulum quiescere potest."

> si – quamquam (2) – quia

1) **medicus**, -ī m: Arzt

> AH – S. 80: Ü 5

7. *Philosophie zum Selberbasteln. Bilde sinnvolle Sätze.* HA

> Cicero philosophos colebat, …
> Sapientiae studere te oportet, …
>
> quia – si – quamquam
>
> … is sapientiam quaerebat.
> … multis Romanis id non placebat.
> … beata esse vis.
> … id studium plenum laborum est.
> … philosophia viam ad vitam beatam ostendit.

> AH – S. 80: Ü 6

Z **8.** *So sprachen Philosophen.*

a. *Diese Sentenzen (!) stammen von antiken Philosophen. Übersetze sie.*

1. Beatus (is est), qui procul[1] negotiis (est). 2. Omnia mea mecum porto. 3. Nihil nimis!

1) **procul** *(m. Abl.)*: fern von

b. *Erläutere, was jeweils gemeint sein könnte. Welcher Satz passt am besten zu einem Epikureer?*

> **!** Achtung!: G + in Begleitgrammatik: Beiordnung und Unterordnung (BG, L18, S. 58

Pflicht oder Vergnügen – Leben wie Cicero?

Endlich in Athen! Cicero hat seinem Sohn schon viel über seine Studienzeit in Athen erzählt.
Nun freut er sich auf seine alten Bekannten – etwa seinen früheren Lehrer Patro.

a. *Sammle aus dem Text Ausdrücke, die sich auf „Pflicht" oder „Vergnügen" beziehen.*

Mārcus: „Quanta turba hominum! Ecce quattuor virī sub arbore:
    Quid summō studiō disputant?"
Cicerō: „Philosophī sunt. Nam sapientiae student.
    Inter eōs cōgnōscō Patrōnem, philosophum Epicūrēum,
5   quī quondam magister[1] meus fuit."
Mārcus: „Epicūrēōs audīvistī, quamquam semper dīcis
    disciplīnam eōrum tibi omnīnō nōn placēre? Cūr Patrōnem audīvistī?"
Cicerō: „Patro mē multa docuit, quae nōndum cōgnōveram.
    Dīxit: Sī beātī esse volumus, neque negōtia pūblica gerere
10   neque honōrēs petere dēbēmus;
    sed amīcīs prōvidēre et amīcitiam colere nōs oportet."

Cicero lädt Patro für den Abend zu seinem Gastmahl ein. Marcus freut sich, denn
er hofft, von Patro mehr über die Epikureer zu hören. Patro hebt seine Trinkschale:
Patro: „Chaere[2], Cicerō! Hodiē nostram amīcitiam perpetuam
    et recentēs honōrēs tuōs celebrāre licet:
    Tū, quī quondam discipulus[3] meus fuerās,
15   posteā cōnsul fuistī; nunc prōcōnsul[4] Ciliciam petis."
Mārcus: „Quid dīcis? Cūr tū, Patro philosophe,
    honōrēs et negōtia pūblica laudās?"
Patro: „Rēctē mē monēs, Mārce: Philosophī
    honōrēs nimis laudāre nōn dēbent. Ergō tibi dīcō, Cicerō:
20   Eam vītam, quam tē docueram, nōn ēgistī.
    Summō studiō summōs honōrēs petīvistī, sed beātus nōn es:
    Quamquam summam glōriam tibi parāverās,
    tamen nōn sōlum perīculīs, sed etiam exiliō labōrāvistī."
Cicerō: „Ita est. At sententiam tuam nōn probō:
25   Labōribus meīs cīvitātem servāvī. Sī ōtiō tē dās,
    neque cīvēs neque amīcōs iuvāre potes."
Patro: „Quid tū cōgitās, Mārce?"
Mārcus: „Hmm … Epicūrēī imprīmīs mihī placent. Tamen glōriam petere volō …"

1) **magister**, -trī m: → L 2   2) **chaere**: griech. Gruß (wörtl.: Freue dich!)
3) **discipulus**, -ī m: Schüler   4) **prōcōnsul**, -is m: → L 11

b. Auf Patros Feststellung **„sed beatus non es"** (Z. 21) antwortet Cicero nicht einfach
„beatus sum". Erörtere seine Antwort und beurteile, ob Cicero glücklich ist.
c. *Nimm Stellung zu Marcus' letztem Satz.*

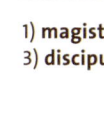

Provinzverwaltung – eine verantwortungsvolle Aufgabe

❗Einstiegsidee: Betrachtung der Karte im Einband (Rom und seine Provinzen)

So wurden Provinzen verwaltet. Das römische Reich wurde im Laufe der Zeit so groß (vgl. Karte im Einband), dass man es nicht mehr von einer Stadt aus beherrschen konnte. Schon früh richteten die Römer daher Provinzen **(prōvincia)** ein. Jede Provinz wurde von einem Statthalter regiert, in der Regel von einem ehemaligen Konsul **(prōcōnsul → L 11)** oder Prätor, der für ein Jahr dort blieb. Die Statthalter standen an der Spitze **(praeesse, -sum)** ihrer Provinz, ohne einer Kontrolle unterworfen zu sein. Nicht wenige nutzten das aus, um sich hemmungslos zu bereichern: Manche erpressten Geld, manche stahlen wertvolle Kunstwerke, sogar Götterstatuen aus den Tempeln. Ein besonders berüchtigtes Beispiel für eine solche Bereicherung war Verres, der Statthalter von Sizilien. Verres allerdings musste für seine Verbrechen büßen: Cicero hatte ihn vor Gericht gebracht (70 v. Chr.). Nun, zwanzig Jahre später (50 v. Chr.), war Cicero selbst Statthalter. Er hatte die besten Absichten. Aber er hatte auch einen Freund mit „guten" Ideen …

Der Ädil (→ L 11) Caelius überlegt, wie ihm Cicero als Prokonsul helfen könnte
Tandem **aedīlis** sum! Nunc lūdōs parō. Nam multī hominēs – quid dīcō? – nōn sōlum multī, sed **cunctī**, nōn sōlum **multitūdō** hominum, sed **tōta** cīvitās mē rogat: „Dā nōbīs lūdōs ingentēs!" Et ex mē **quaerunt**: „**Quandō**?" Ergō Cicerōnī, quī nunc **prōcōnsul** in Ciliciā **prōvinciā** est, statim epistulam mīsī. Nam Cicerō, amīcus meus, auxilium mihī **prōmittēbat**: „Semper tē iuvō, quia hominēs bonōs decet amīcōs et comitēs iuvāre." Itaque Cicerōnī eās **litterās** scrīpsī: „Cicerō, quaesō, prōvidē mihī et lūdīs meīs …!".

Die Römer in der heutigen Türkei. Die Provinz Kilikien, die Cicero 50 v. Chr. verwaltete, lag an der Südküste Kleinasiens, das heißt in der heutigen Türkei, und war vor allem für ihre Piraten be-

kannt. Die wichtigste Provinz in Kleinasien war Asia an der Westküste. Sie war äußerst wohlhabend und von stattlicher Größe. In ihr lagen berühmte griechische Städte, z. B. Pergamon, Milet und Ephesus. Wie reich und kulturell bedeutend diese Städte in der Antike waren, zeigen bis heute Bauwerke wie der Pergamonaltar oder das Tor von Milet (beide heute im Pergamonmuseum in Berlin). Der Artemistempel von Ephesus galt sogar als eines der sieben Weltwunder; er ist allerdings nicht erhalten.

Der Pergamonaltar im Pergamonmuseum, 2. Jh. v. Chr.

1. *Beschreibe, wie „gute" und „schlechte" Statthalter die Provinzen verwalteten.*
2. *Wie du weißt, ist Cicero nun Statthalter. Sammle Ideen, was Caelius von ihm wollen könnte.*
3. *Informiere dich, welche Provinzen der römische Staat zur Zeit Ciceros sonst noch besaß.*

Karten im Einband | HRU – KV 22: Recherchieren

W **Prōcōnsul malus ...**

... cūrās hominum	... multōs hominēs	... cīvibus	... māgnā cum pecūniā dē
ignōrat.	**torquet.**	**insidiās** parat.	**prōvinciā dēcēdit.**

a. Ordne den lateinischen Prädikaten folgende Übersetzungen zu:
er geht weg – er kennt nicht – er legt einen Hinterhalt – er quält.
b. Gib die Infinitive der Verben an.

G1 **Was heute nicht ist, wird morgen sein – mit Verspätung nach Kilikien** !Futur I

Quīntus:

Mārcus:

1. Hodiē Athēnās nōn relinquimus.
2. Hodiē amīcōs novōs nōn convenīmus.
3. Hodiē id valdē dolet.
4. Hodiē haud laetī sumus.
5. Hodiē Ciliciam vidēre nōn possumus.

Sed crās Athēnās relinquēmus.
Sed crās amīcōs novōs conveniēmus.
Sed crās id nōn iam dolēbit.
Sed crās laetī erimus.
Sed crās Ciliciam vidēre poterimus.

c. Vergleiche die linke mit der rechten Spalte: Welches Tempus
geben die Formen in der rechten Spalte an? Übersetze dann die Sätze.

!„Gespensterfutur": a-/e-Konj.
→ Futur auf -b(o)/-bi/-bu

(1) spectābitis, spectābō, spectābimus
(3) conveniam, conveniēmus, convenient
(5) erō, erit, erunt

(2) dolēbō, dolēbunt, dolēbis, dolēbit
(4) relinquet, relinquēs, relinquētis, relinquam

d. Ordne die Formen für jede Konjugation in eine Tabelle ein; ergänze die fehlenden Formen.
e. Leite eine Regel ab, die erklärt, wie das neue Tempus in der a-, e-, i- und !„Kamelfutur": i-/kons. Konj.
konsonantischen Konjugation gebildet wird. → Futur mit -am + -e-
*f. Konjugiere nun **laudare, monere, audire, ducere** und **posse** im neuen Tempus.*

✔ Fragesätze: L1 (ubi, cur), L2 (quid), L4 (quis), L11 (unde)

G2 **Wohin geht es? Eine stürmische Schifffahrt** ! Wortfragen + Satzfragen

Puerī: „Ubī nunc sumus? **Quandō** Ciliciam vidēbimus? **Quō** Neptūnus nōs portābit?
Vidēbimus**ne** aliquandō Ciliciam?"
Cicerō: „**Nōnne** fortēs estis? **Num** timētis?"
Puerī: „Certē nōn timēmus! Neptūnus nōs nōn terrēbit!"
*g. Erschließe die Bedeutung der Fragepronomina **quando** und **quo**.*
*h. Ordne -**ne, nonne** und **num** folgende Übersetzungen zu: etwa – etwa nicht.*
Eines der Wörtchen bleibt unübersetzt.

→ *Um Ü 6 zu lösen, lies in der Grammatik G 1.7 (S. 60).*   **99**

W **1.** *Latein international. Nenne jeweils das zugrundeliegende Wort.*

1. Verres was never a **glorious** politician.
2. He always **ignored** the wishes of the men and women who lived in Sicily.
3. He also **tortured** a lot of them. 4. He **promised** everything, but in fact he did nothing. 5. He didn't even answer any **questions**.

AH – S. 83: Ü 2

2. *Silbensalat. Stelle richtig und gib jeweils die Bedeutung an.*

rat | ig | no – mul | tu | ti | nis | di –
que | re | tor – ci | am | vin | pro –
mit | pro | to – si | in | as | di

AH – S. 83: Ü 1

G1 **3.** *Fit im Deutschen?*
Wähle alle Futurformen aus.

ich werde sagen – es wird gesagt –
wir werden gefragt – sie werden fragen –
ihr werdet lachen – du wirst Konsul

4. *Damals, heute oder später?*
a. *Unterscheide und übersetze.*

1. de vita decedit – de vita decedet
2. creabant – creabunt 3. e patre quaeres –
e patre quaeris 4. accipiet – accipit
5. eris – eras 6. dormitis – dormietis
b. *Ergänze entsprechend (a).*
7. poter■t – poter■t 8. caveb■m – caveb■
9. comprehend■t – comprehend■t
10. damnab■mus – damnab■mus

HA | AH – S. 83: Ü 3

5. *Verschiebe es auf morgen. Setze die Verben ins Futur.*

donamus – decet – sumus – interficiunt –
legitis – accipiunt – impedio – apparetis –
caedis – accusat – desum – finit

HA | AH – S. 83: Ü 4

6. a. *Fünfzeitenstrudel. Finde alle Futur-formen und übersetze sie.*

geritis – disputabunt – fugerant – prodes –
conveniemus – providebamus – ero –
bibi – volent – praeeris – cepi – coepisti
b. *Setze die übrigen ebenfalls ins Futur.*

7. a. *Was werden wir denn in Kilikien machen?*

1. Marcus: „Tiro, cras in Cilicia erimus.
2. Quid ibi aspiciemus, quid audiemus, quid cognoscemus? 3. Quid ibi facere poterimus?" 4. Tiro: „Constat in Cilicia vicos pulchros et templa praeclara esse.
5. Sed non ignoro: Theatra (→ L 5) vobis magis placebunt. Certe cras thermas (→ L 3) petetis. 6. Tum theatrum intrabitis et fabulas Graecas spectabitis ..."

Z **b.** *Ergänze im Futur und übersetze weiter.*

7. „... Postea vos poetas audire (posse).
8. Ii fabulas (narrare) et vos (delectare).
9. Nocte (dormire). Certe laeti (esse)."

G2 **8.** *Quaere Latine. Frage nach den fett gedruckten Ausdrücken.*

1. Marcus **filius Ciceronis** est.
2. Quintus **litteras** ad matrem misit.
3. Marcus **in theatrum** properat.
4. Marcus **mox** veniet.

AH – S. 84: Ü 6

9. a. *Responde Latine. Benutze für deine Antworten die Wörter im Kasten.*

1. **Nonne** Cilicia provincia praeclara est?
2. **Num** Cicero proconsul magnam pecuniam sibi parare vult?
3. Vis**ne** umquam Ciliciam videre?

HA

volo – nolo – est – non est – vult – non vult

b. *Welche beiden Wörter für eine Antwort hat der Römer offenbar nicht?*

AH – S. 84: Ü 5

Z **10.** *Wie wird sich Cicero bewähren?*
Erläutere anhand des Textes, was Handlungen eines guten Prokonsuls sind.

Cicero proconsul Ciliciae praeerit. Nam populus Romanus ei salutem provinciae commisit. Cicero sibi gloriam parabit: Nam hominibus in ea provincia numquam insidias parabit. Numquam eos torquebit. Hostes, qui provinciam petent, repellet. Cicero iudex iustus erit et sceleratos damnabit.

Wildkatzen machen Cicero wild

—————— = Fragen
-------- = Futur I

Cicero, nun Prokonsul in Kilikien, sitzt in seinem Arbeitszimmer. Da kommt
Tiro mit der Post herein. Was Cicero noch nicht weiß: Schon wieder hat
ihm Caelius geschrieben – und Caelius will immer dasselbe …

a. Stelle aus dem Brief (Z. 8–16) die Prädikate im Futur mit ihren
Subjekten zusammen; erschließe daraus, was Caelius plant.

Cicerō: „Habēsne litterās, Tīrō?"
Tīrō: „Habeō, patrōne, epistulam Caeliī."
Cicerō: „Quid scrīpsit? Quid vult? Petitne panthērās[1]?"
Tīrō: „Iterum petit."
5 Cicerō: „Mehercle! Vultne quīnque, sex, decem? An centum satis sunt?"
Tīrō: „Vīsne mē tibi epistulam recitāre?"
Cicerō: „Recitā!"

Tīrō:
„Lūdōs mox faciam, Cicerō: Id tū nōn īgnōrās.
Prōvincia tua panthērīs[1] abundat: Id ego nōn īgnōrō.
10 Lūdī sine panthērīs[1] nihil erunt: Id et tū et ego nōn īgnōrāmus.
Veniet, aderit, spectābit tōtus populus. Itaque ē tē quaerō:
Quandō tandem mihī panthērās[1], quās saepe prōmittēbās, mittēs?
Quōmodo ingentem multitūdinem hominum, quī lūdōs spectābunt,
sine panthērīs[1] dēlectāre poterō?
15 Num gaudēbis, sī cunctī cīvēs mē rīdēbunt?
Nōnne Caelium tuum iuvābis? Nōnne glōriam meam cōgitās?"

Cicerō: „Quō ūsque tandem[2] Caelius noster mē panthērīs[1] suīs
torquēbit? Num populus Rōmānus
salūtem prōvinciae mihī commīsit,
20 quia vult mē summō studiō pantherīs[1] insidiās parāre?
Quis mē laudāre poterit,
nisī serviam salūtī hominum, quibus praesum,
sed panthērās[1] quaeram?"
Tīrō: „Quid respondēbimus, patrōne?"
25 Cicerō: „Scrībe: ‚Glōriam tuam mehercle cūrō et cūrābō.
Sed panthērae[1] in prōvinciā meā paucae sunt. Et eae, quae hīc
sunt, ex nostrā prōvinciā in Cāriam dēcēdere cōnstituērunt.'"

1) **panthēra, -ae f**: Panther   2) **quō ūsque tandem?**: wie lange noch?

b. Nenne die Textstellen, die man mit „ja" übersetzen kann.
c. Erläutere die Gründe, aus denen Cicero Caelius nicht helfen will.
d. Finde die im Text genannten Zahlen in der Sprechblase.

Toga, Tunika und Stola: Die Kleidung der Römer

❗ Einstiegsidee: Kleiderordnungen heute (Anknüpfen an Erfahrungswelt der SuS)

Mehr als nur ein Kleidungsstück – die Toga. Mit etwa 16 oder 17 Jahren feierten römische Jungen ihre Volljährigkeit. Für Quintus war es noch auf der Rückreise von Kilikien so weit, für Marcus etwa ein Jahr später in Arpinum. Anstelle der Kindertoga erhielt er nun die Männertoga (**toga virīlis**). Diese war weiß; nur höhere Beamte und Priester durften eine Toga mit Purpurstreifen (**toga praetexta**) tragen. Die Toga bestand aus einem einzigen (**ūnus, -a, -um**), etwa 3 m langen und bis zu 8 m breiten Stück Stoff, das etwa die Form eines Halbkreises hatte. Es wurde so über die linke Schulter drapiert, dass der rechte Arm frei blieb und die Toga bis auf den Knöchel hinabfiel. Die Toga anzulegen (**togam compōnere, -ō**) und auch sie zu tragen, war nicht einfach – man musste ständig darauf achten, dass sie nicht verrutschte. Daher waren die Römer zwar stolz auf ihr Nationalgewand und nannten sich gerne **gēns togāta** („Volk in der Toga"), kleideten sich im Alltag aber eher in praktischere Gewänder.

Cicero schreibt an Tiro, der krank in Griechenland zurückbleiben musste

Tandem domī sumus. Mox Mārcus meus **togam virīlem** accipiet. Iam eum **instruō**: Nam **togam compōnere** nōn facile, sed **difficile** est. At cūrae ācrēs mē torquent. Imprīmīs Caesar et Pompēius mē sollicitant: Nam propter eōs bellum incipiet, bellum crūdēle inter cīvēs. Sed etiam salūs tua mē sollicitat. Scrībis tē statim in Italiam venīre et tē mē iuvāre velle. Sed nōs omnēs tē rogāmus: Nōlī venīre! Nam **adhūc** nōn **valēs**. Tē rogāmus, Tīrō cāre, quia tē **amāmus**: Manē, quaesō, in Graeciā et cūrā salūtem tuam! Pecūnia non dēerit. **Valē**!

Frau in Tunika und Stola und mit Papyrusrolle. Fresko, 1. Jh. n. Chr.

Wie kleideten sich die Römer? Das wichtigste Kleidungsstück für alle Römerinnen und Römer war die Tunika (**tunica**). Tuniken bestanden meist aus zwei rechteckigen Wolltüchern, die an den Schultern verbunden wurden und bei den Männern bis zu den Knien, bei den Frauen bis zu den Knöcheln hinunterhingen. In der Taille wurde die Tunika durch einen Gürtel (**cingulum**) zusammengehalten. Männer trugen über der Tunika bisweilen noch ihre Toga, Frauen die Stola, eine Art lose fallende Übertunika. Gegen Kälte und Regen schützte man sich mit einem Mantel (**pallium**), den es in verschiedenen Ausführungen gab. Frauen trugen meist die **palla**, ein großes rechteckiges Wolltuch, das um die Schultern gewickelt und oft auch über den Kopf gezogen wurde. Hosen (**brācae, -ārum**) waren verpönt: Nur Barbaren wie die Gallier (→ L15) trugen sie.

1. Nenne Beispiele dafür, dass es auch heute noch Kleiderordnungen gibt.
2. Untersuche die Illustrationen im Buch im Hinblick auf die Kleidung.
3. Besorgt passenden Stoff und stellt selbst römische Gewänder für euch her.

❗ Projekt

W **Bürgerkrieg droht – Vorahnungen eines Opferschauers**

> Virī **honestī** patriam dēfendent – Num
> Caesar arma **dēpōnet**? – Pompēius māgnīs
> **cōpiīs** praeerit – **potentia** Caesaris **crēscet** –
> Quō hominēs sē **vertent**? – Quis **victor** erit?

a. Ordne den neuen Wörtern die Bedeutungen zu: honestus –
deponere – copiae – potentia – crescere – vertere – victor;
Macht – Sieger – Truppen – ehrenhaft – wachsen –
niederlegen – wenden.

G1 **Noch eine Sinnrichtung**

(1) Cicerō tum ē Ciliciā dēcessit, **cum** Caesar bellum Gallicum (→ L 15) fīnīvit. –
Cum imperātōrēs bellum gerunt, mīlitēs cadunt. –
Is, quī pācem nōn facit, **cum** potest, bellum facit.

(2) **Postquam** Cicerō Caeliō respondit, panthērae fēlīcēs sunt.
   Nachdem Cicero Caelius geantwortet hat, sind die Panther glücklich.
Postquam Cicerō Caeliō respondit, panthērae fēlīcēs erant.
   Nachdem Cicero Caelius geantwortet hatte, waren die Panther glücklich.

b. cum bedeutet: (damals) als – (dann) wenn – (immer) wenn. Ordne die Bedeutungen zu.
c. Nenne die Sinnrichtung, die die Subjunktionen cum und postquam angeben.
d. Nenne bei postquam den Unterschied im Tempusgebrauch zwischen Latein und Deutsch.

! Geschafft!: 4 Sinnrichtungen adverbialer Gliedsätze (temporal, kausal, konditional, konzessiv)   ! Futur II

✔ Perfektbildung: L 12, L 14
✔ Futur von *esse*: L 19

G2 **Morgen ist heute schon gestern – Zukunftspläne**

Mārcus: „**Togam virīlem** accipiam.   **Cum togam virīlem** accēp-erō, cīvis Rōmānus erō.“
Quīntus: „Bellum incipiet.   Sī bellum coep-erit, ad **cōpiās** Caesaris mē **vertam**.“

! Tempuszeichen Futur II: -eri-

e. Übersetze und erschließe dabei, wie du das neue Tempus wiedergeben kannst.
f. Erkläre das zeitliche Verhältnis zwischen den Handlungen in Glied- und Hauptsatz.
g. Erkläre, wie die neuen Formen zusammengesetzt sind und inwiefern die Form coep-erint
(3. P. Pl.) abweicht.

! Futur II: Perfektstamm + Fut. I von *esse*/-erint (3. P. Pl.)

! Geschafft!: alle Tempora

G3 **Was lange währt …**

Mārcus multās hōrās Quīntum exspectat.

! Akk. der zeitl. Ausdehnung

h. Formuliere die Frage nach dem markierten Akkusativ und beschreibe seine Funktion.

W **1.** *Wer tanzt aus der Reihe?*

a. praeerant – praeclari – praesunt – praefuisti

b. decem – sex – quinque – unus

c. victor – propter – iudex – legatus

d. deponere – providere – componere – gerere – promittere

G1 **2.** *Gliedsätze im Gepäck. Nenne jeweils den Gliedsatz und übersetze.*

1. Cicero, postquam Tironem in Graecia reliquit, Italiam cum Quinto et Marco petivit. 2. Cum ad litus Italiae venerunt, Terentia eos ibi mansit. 3. Terentia: „Quia vos incolumes video, gaudeo. Et cum gaudeo, lacrimas tenere non possum." 4. Terentia narravit multos homines bellum providere. 5. Postquam Cicero sermonem cum Terentia habuit, omnes iter[1] perrexerunt. 6. Cum villam ad Arpinum sitam viderunt, Cicero dixit: „Cum rus nostrum video, gaudeo."

1) **iter**, itineris n: Reise

AH – S. 87: Ü 3, Ü 4

G2 **3.** *Sechszeitenstrudel. Bestimme und gib den Infinitiv sowie dessen Bedeutung an.*

composuerimus – avertam – prodiderat – pugnabit – eripuero – cucurreras – promittebatis – pelletis – scribemus – confirmaveris – restitit – deserit

4. *Perfekter Ersatz. Ersetze die Formen*

a. des Plusquamperfekts durch Futur II.

putabo – credideras – pepuli – averterant – amabant – respondisti – consistet – iusseratis – aspeximus – acceperatis – incipiam – ostendi – reppuleram – fugi

b. des Perfekts durch Futur II. HA

5. *Quintus schmiedet Pläne. Achte besonders auf die Wiedergabe des Futur II.*

1. Quid agam, cum bellum coeperit?
2. Num Pompeius Caesari insidias parabit, si potentia Caesaris creverit? 3. Quid Caesar faciet, cum Romam ab inimicis

liberaverit? 4. Quid pater dicet, si me ad Caesarem vertero? 5. Quid Cicero dicet, cum audiverit me clam se deseruisse? 6. Quid Caesar dicet, cum me viderit? 7. Quid amici putabunt, cum non ignoraverint me pro Caesare pugnare velle?

HA   AH – S. 87: Ü 5

Z **6.** *„Perfekte" Paare. Bilde zu den Formen des Präsensstammes die entsprechenden Formen des Perfektstammes.*

Beispiel: do → dedi | dabam → dederam | dabo → dedero

eripit – incendemus – interficio – certat – pelletis – impedimus – componemus – ignorabat – crescent – terrebo – iubet – bibebat – accipiam – instruunt

AH – S. 87: Ü 6

7. *Ergänze die fehlenden Tempora.*

quiescere	torquere	incipere	posse
quiesco	▬	▬	▬
quiescebam	▬	▬	▬
▬	torquebit	▬	▬
▬	▬	coeperunt	▬
▬	▬	▬	potueras
quievero	▬	▬	▬

❗ Geschafft!: alle Tempora

G3 **8.** *Ergänze sinnvoll und übersetze.*

1. Caelius ▬ epistulam Ciceronis exspectabat. 2. Caesar ▬ bellum in Gallia gessit. 3. Quintus ▬ Scintillam mansit.

paucas noctes – multos annos – multos custodes – nonnullas horas

AH – S. 88: Ü 7, Ü 8

Z **9.** *Quintus hat nicht zu Ende gedacht. Vervollständige die Sätze sinnvoll auf Latein und lasse sie jemand anderen übersetzen.*

„Cum Caesar Romam liberaverit, ..."
„Si me ad Caesarem vertero, ..."
„Si Caesar me viderit, ..."

laetus (esse) – (gaudere) – tristis (esse) – (vincere) – me (amare)

Kleider machen Männer

-------- = Futur II
~~~~~ = Akk. der zeitl. Ausdehnung
☐ = temp. Subjunktionen

*Nach der langen Reise ist die Familie nach Italien zurückgekehrt; wieder einmal haben sich alle auf dem Landgut bei Arpinum versammelt. Marcus ist schon ganz früh aufgestanden und freut sich, da er heute seine **toga virilis** erhalten wird.*

a. *Nenne die* Gesprächsteilnehmer *und formuliere deine Erwartungen an das Gespräch.*
b. *Auch der drohende Bürgerkrieg kommt zur Sprache. Nenne die betreffenden Textstellen anhand der im Gespräch genannten Namen und der Wörter aus dem* Sachfeld „Krieg".

Mārcus: „Hodiē diēs fēstus[1] meus est. Convīvium celebre celebrābimus!"
Quīntus: „Tēcum gaudeō. Sed mē bellum novum magis sollicitat.
    Nōnne audīvistī? Caesar, postquam tōtam Galliam vīcit, ..."
Mārcus: „... nūper cōpiās in Italiam, in nostra oppida dūxit.
5   Sciō: Plērīque hominēs putant bellum īnstāre.
    Hodiē autem, cum convīvium coeperit
    et pater mihī togam virīlem dederit, omnēs gaudēbunt."
Terentia: „Cum togam virīlem accēperis,
    tandem cīvis Rōmānus eris."
10 Cicerō: „Sīc est: Ūnus ē gente togātā eris.
    Adhūc eum diem fēstum[1] ante oculōs habeō,
    cum ego togam virīlem accēpī.
    Prīmō difficile erat togam compōnere,
    quamquam pater mē saepe īnstrūxerat."
15 Mārcus: „Audīvī nōnnūllōs pallium vel tunicam quam togam
    mālle; cum ego togam accēperō, eam numquam dēpōnam ..."
Cicerō: „Cavē ...! Pōnere vērō eam dēbēbis, sī aliquandō exul[2] eris."
Mārcus: „Ego numquam exul[2], semper vir honestus erō ..."
Cicerō: „Ō Mārce! Hodiē valēmus,
20   sed sortem nostram īgnōrāmus! Vidē cīvitātem nostram:
    Potentia Pompēī multōs annōs māgna erat;
    potentia Caesaris nūper crēvit – bellum nunc īnstat.
    Quis victor erit? Quis in exilium dēcēdet?"
Mārcus: „Ego pūgnīs nōn intererō. Sī bellum coeperit,
25   Athēnās petam et litterīs studēbō. Litterās amō, nōn arma.
    Sed Quīntus fortāsse ad cōpiās Caesaris sē vertet ..."
Cicerō: „Quid?!"
Quīntus: „Cūr verba tam trīstia facimus?
    Hodiē, Mārce, diēs fēstus[1] tuus est."

1) **diēs fēstus** m (*Akk.:* diem fēstum): Festtag   2) **exul**, -is m/f: Verbannte(r)

c. *Beschreibe die Haltungen, die die Männer zum Bürgerkrieg einnehmen, und bewerte sie.*
d. *Gib an, wo deutlich wird, dass Marcus seinen Vater nicht unbedingt als Vorbild sieht.*
e. *Terentia beteiligt sich wenig an dem Gespräch; schreibe ihre Gedanken auf.*

! Einstiegsidee: Modell-Recherche

DLS – Diagnosebogen

Informationen beschaffen: Recherchieren

HRU – KV 22: Recherchieren

Wenn du dich intensiver mit einem Thema auseinandersetzen willst, z. B. für ein Referat oder eine Projektarbeit, musst du Informationen beschaffen und auswerten können.

→ Du hast bereits zu verschiedenen Lektionen selbst recherchiert:
Zu Lektion 15 hast du Informationen über deinen Heimatort gesammelt.
Zu Lektion 19 hast du dich über die römischen Provinzen informiert.

Hier erfährst du, wie du auch größere Themenbereiche selbstständig recherchieren kannst.

(1) **Vorbereitung:** Bereite dich auf deine Recherche vor, indem du dein Thema gliederst und eine Ideensammlung, z. B. in Form einer **Mindmap**, herstellst. So kannst du die neuen Informationen leichter auswählen und einordnen.

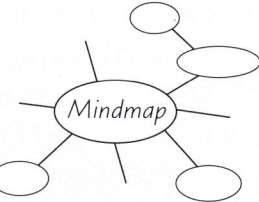

(2) **Informationen beschaffen:** Verwende und vergleiche immer mehrere Informationsquellen, die aus unterschiedlichen Medien stammen, z. B. aus Sachbüchern, Lexika, Zeitungen, Zeitschriften, Internet, Fernseh- oder Radiosendungen.

- **Sachbücher und andere gedruckte Medien:** Hier findest du die verlässlichsten Informationen. Bücher findest du in der Schul- oder Stadtbibliothek. Bei öffentlichen Bibliotheken kannst du im Online-Katalog nach Autorinnen bzw. Autoren oder Stichworten suchen.

- **Internet und andere digitale Medien:** Hier findest du sehr leicht sehr viele Informationen, indem du Stichworte in eine Suchmaschine eingibst. Die Suchergebnisse sind jedoch von unterschiedlicher Qualität, weshalb es manchmal schwer zu bewerten ist, welche Informationen brauchbar sind. Sichere immer die Informationen und Quellenangaben (Ausdrucken, Speichern o. ä.).

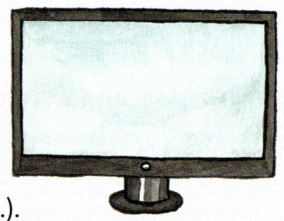

(3) **Ergebnisse ordnen und auswerten:** Ordne nun die gefundenen Informationen deiner Ideensammlung (Mindmap) zu und sortiere Unwichtiges aus. Fasse die wichtigen Informationen in eigenen Worten zusammen. Kläre alle Begriffe, die du nicht kennst. Wenn du Formulierungen verwenden willst, die von anderen stammen, dann kennzeichne diese als Zitat. Gib immer an, woher deine Informationen stammen.

(4) **Ergebnisse präsentieren:** Die Ergebnisse kannst du für deine Präsentation nutzen. Dies geschieht in Form eines Referats, eventuell unterstützt durch ein Präsentationsprogramm (z. B. Power Point), oder in Form eines Plakats, einer Wandzeitung, einer Projektdokumentation (Logbuch) oder auf einer Webseite.

Recherchiere zur Vorbereitung auf das Sachthema der Lektion 21 zu einem der folgenden Themen und bereite eine kurze Präsentation vor: Jupiter, Neptun, Pluto, Titanen, Giganten.

Lektionen 16–17

⚠ Possessivpronomen

1. Wem gehört was?

a. Setze zu jedem Substantiv die passende Form von meus, tuus oder suus.

villam – servis – iudicii – virium – avum – coniugis – actione – maioribus – audacia

b. Führe die Wortverbindungen auf den Nominativ zurück und übersetze sie.

⚠ Perfektbildung

2. Welches Perfekt? Bilde von den Verben mit Dehnungsperfekt die 3. P. Sg., von den Verben mit s-Perfekt die 3. P. Pl.

dicere – convenire – iuvare – scribere – vivere – legere – nubere – cavere – accedere – ardere – facere – ducere

⚠ verneinter Imperativ

3. Verkehrt. Verwandle die Befehle in Verbote und übersetze diese. HA

Intrate! – Lege eum librum egregium! – Ad amicos veni! – Patribus credite!

⚠ velle, nolle, malle

4. Jeder will etwas.

a. Formuliere die folgenden Aussagen als Wünsche, z. B. venio → venire volo.

traho – ornamus – otio se dant – certas – adestis – cognoscit – restant – nubit – intratis – consulem creamus

b. Entscheide dich: Lieber oder gar nicht? Forme die Wünsche aus (a) mit malle oder nolle um. Lasse die Sätze dann jemand anderen übersetzen.

⚠ reflexives Personalpronomen

5. Wer ist gemeint? Wähle das richtige Pronomen, übersetze und gib an, wer gemeint ist.

1. Pomponia multos hospites invitavit. Gaudet **(eos/se)** venire. 2. Tamen dicit **(se/eam)** tot labores in villa **(sua/eius)** conficere[1] non posse. 3. Quintus contentus non est. **(Sibi/Ei)** non placet parentes **(suos/eius)** certare.

1) **cōnficere, -iō, cōnfēcī:** erledigen

Lektionen 18–19

⚠ Perfektbildungen

6. Ordnung muss sein. Nenne jeweils den Infinitiv; sortiere die Verben dann nach der Art ihrer Perfektbildung. HA

averterat – legeramus – dederant – provideratis – feceras – ostenderam – constituerat – dixeratis – timuerant – potueramus – celebraveras

⚠ Futur I

7. Blick in die Zukunft. Sortiere die Verben nach der Art ihrer Futurbildung und nenne jeweils den Infinitiv.

ignorabis – poterunt – fugiet – erit – promittemus – capiam – audiet – torquebunt – bibam – respondebitis

8. Vier Adjektive und ein Adverb. Ergänze passend.

1. Is, qui non vivit, ▪▪ est. 2. Id, quod credere non potes, ▪▪ est. 3. Ea, quae familiares non prodit, ▪▪ est. 4. Is, cui vestis non est, ▪▪ est. 5. Is/ea, qui/quae puer/puella est, ▪▪ vir/mulier est.

⚠ Futur I

9. Futurformen. Ergänze und übersetze.

vide▪▪tis – proba▪▪nt – faci▪m – mitt▪s – pot▪▪▪mus – prod▪nt – audi▪t – cup▪▪nt HA

⚠ Sinnrichtungen Gliedsätze

10. Kombiniere die Sätze mit quia, quamquam oder si zu einem Satzgefüge.

1. Marcus **philosophos** probos audivit. – Ii prudentes erant. 2. Vitam beatam docuerunt. – Non semper vitam beatam egerunt. 3. Bene vivere poteris. – Sententias **philosophorum** leges. 4. Marcus Epicureum recte monuit. – Is gloriam et honores laudavit.

⚠ Fragesätze

11. Responde Latine.

1. A quo Caelius auxilium petit?
2. Habetne Tiro litteras Ciceronis?
3. Nonne Cicero Caelium iuvabit?
4. Num ei **pantheras** feras mittet?

Lektionen 16–20

**12. Du weißt mehr, als du denkst.
Viele Substantive sind von einem Adjektiv oder Verb abgeleitet: Nenne dieses und erschließe die Bedeutung des Substantivs.
Z. B. magnitudo: magnus: groß →
magnitudo: Größe.**

multitudo – valetudo – fortitudo –
sollicitudo – veritas – celeritas –
crudelitas – superbia – potentia – iustitia

! Formen bestimmen

13. Welches -is ist es? Bestimme.

eris – pueris – celeris – fueris – patronis –
quaeris – provideris – mulieris – gesseris –
satis – alienis – universis   HA

**14. Gegensätze ziehen sich an.
Nenne lateinische Wörter mit der entgegengesetzten Bedeutung.**
bellum – difficilis – maritus –
pauci – otium – beatus

15. Immer gültig? Übersetze und erkläre.
Audi, vide, tace, si vis vivere in pace!

! Tempora

**16. Ein Stamm – drei Tempora.
a. Erstelle zu jeder Form eine Reihe,
z. B. amat – amabat – amabit
bzw. amavit – amaverat – amaverit.
b. Nenne den Infinitiv und dessen Bedeutung.**

mittit – posuisti – iubent – volueramus –
interfuistis – credidi – audiunt – accessi

! Fragesätze

17. Was Quintus Scintilla nicht zu fragen wagt. a. Übersetze.

1. Quando ad me venies, Scintilla? 2. Quis nuper te convenit? 3. Cur tam crudelis eras? 4. Num irata es? 5. Nonne me amas? 6. Visne mihi nubere? 7. Quo ruis? Consiste! 8. Quomodo sine te vivere potero?

b. Formuliere Scintillas Antwort – wenn du es dir zutraust, auch auf Latein.

18. Sorge um Tiro. Übersetze.

1. Quintus et Marcus tristes sunt, quia Tiro non valet. 2. Tironem convenire desiderant. 3. Quintus secum cogitat: „Cum Tiro satis quieverit, viam faciet et ad nos veniet." 4. Marcus: „Conviviumne cum eo celebrabimus, si tandem venerit?" 5. Quintus: „Cum venerit et servi villam ornaverint, amicos invitabimus et convivium agemus."

! Tempora   HA

19. Schwere Entscheidung? Wähle die passende Verbform und übersetze.
Cicero, quamquam **proconsul** (est/erit/ erat/fuerat), non omnibus omnia promittere potuit.

! Subjunktionen/Sinnrichtungen

**20. Marcus hat sein Fest – du hast die Wahl.
Löse Aufgabe (a) oder (b).
a. Wähle eine passende Subjunktion und übersetze dann.**

1. Marcus convivium pulchrum celebrare voluit, (quamquam/ quia/si) bellum instabat. 2. Multas horas convivium frustra exspectabat, (nisi/quia/ postquam) servi cibos nondum paraverant. 3. (Cum/Nisi/Postquam) servi omnia paraverunt, Marcus felix erat. 4. Neque de Pompeio neque de Caesare cogitare voluit, (si/cum/quamquam) convivium erat.   HA

b. Setze passend zusammen und übersetze.

> A. Si bellum coeperit
> B. Nisi Marcus **togam** componere poterit
> C. Cum Marcus **togam virilem** acceperit
> D. Si Marcus civis honestus erit
> E. Nisi Marcus **togam virilem** acceperit

1. ▬, familia convivium celebrabit. 2. ▬, verus civis Romanus non erit. 3. ▬, pater eum iuvabit. 4. ▬, amici et familiares gaudebunt. 5. ▬, Marcus Italiam fortasse relinquet.

Was danach geschah

Als der Bürgerkrieg begann, machte sich Quintus tatsächlich auf den Weg zu Caesar – heimlich und ohne jemandem etwas davon zu sagen. Marcus ging zum Studieren nach Athen. In einem Brief erzählt er Scintilla von Quintus. Aber zuvor gab es offenbar Neues bei Scintilla …

a. Zeige, dass es sich bei dem vorliegenden Text um einen Brief handelt. Merkmale Brief
b. Stelle die Personen zusammen, von denen Marcus berichtet. Formuliere eine Vermutung, was Marcus berichten könnte.

Marcus Scintillae salutem dicit.

Litteris tuis me valde delectavisti. Nam
scripsisti te Rufo nostro nubere velle.
At animum Quinti, qui te semper
desideraverat, valde sollicitavisti. Is enim,
5 postquam de nuptiis[1] tuis audivit,
nonnullas horas miro modo tacuit;
tum consilium leve cepit: Bello interesse
constituit; pugnare ei placuit: Ad Caesarem
10 clam cucurrit – sine pecunia, sine auxilio,
sine amicis. Quia vitam suam miseram
esse credebat, nos deserere maluit quam
domi manere. Certe intelleges id consilium
patribus nostris iucundum omnino non
15 fuisse. Imprimis Ciceroni ingens et acer
dolor erat. Iterum iterumque clamabat:
„O calamitatem miseram! Quid fecit? Quid
faciet? Num Caesar eum velut familiarem
accipiet? Nonne Quintus, cum pericula
20 belli cognoverit, litteras tristes nobis
mittet?" Sed nunc mecum gaudebis:
Caesar Quinti audaciam, virtutem, etiam
animi magnitudinem laudavit et – statim eum domum[2] misit.
Magno cum gaudio Quintum accepimus. Et pater meus et pater eius multas horas
25 sermones cum eo habebant. Sed nunc meam sententiam tibi dicam: Quintus clam te
amat et adhuc putat se dolores suos in bello finire posse. Tamen, si omnia cogitaverit,
cognoscet te recte facere: Tum te viro bono nubere velle gaudebit. Vale!

Julius Caesar überschreitet den Fluss Rubikon.
Lithographie, 19. Jh.

1) **nūptiae, -ārum** f Pl.: Heirat   2) **domum**: nach Hause

c. Beschreibe, wie in Z. 9–11 die Betroffenheit des Marcus in der sprachlichen Gestaltung zum Ausdruck kommt.
d. Erläutere, warum Marcus meint, Scintilla habe sich richtig entschieden.
e. Recherchiere, inwiefern die Überschreitung des Rubikon den Beginn des Bürgerkriegs markiert.

Wortschatz 1

S.14

familia f	die Familie	*die Familie*
dominus m	der Herr; der Hausherr	*dominant*
domina f	die Herrin; die Hausherrin	
servus m	der Diener, der Sklave	*servieren*
serva f	die Dienerin, die Sklavin	
est	er/sie/es ist; es gibt	*frz. (il/elle) est*
amīcus m	der Freund	*frz. ami, ital. amico*
et	und; auch	
amīca f	die Freundin	*frz. amie, ital. amica*
ubī?	wo?	
cūr?	warum?	
nōn	nicht	*engl. no, frz. non*
hīc	hier	
iam	schon, bereits	
venīre	kommen	
verbum n	das Wort	*verbal*

S.15

properāre	eilen, sich beeilen	
labōrāre	arbeiten; leiden	*das Labor*
pārēre	gehorchen, folgen	*parieren*
clāmāre	(laut) rufen, schreien	
cōgitāre	denken; beabsichtigen (zu tun)	
gaudēre	sich freuen, Spaß haben	
sunt	sie sind; es gibt	*frz. (ils/elles) sont*

S.17

nam	denn, nämlich	
dēbēre	müssen; schulden	*engl. debt*
hodiē	heute	
semper	immer	
tum	dann, darauf, da; damals	
sed	aber, doch; sondern	
nārrāre	erzählen, berichten	

placēre
  placet (m. Inf.)
	gefallen
	  es gefällt zu …	

gaudium n	die Freude	→ *gaudere; die Gaudi*

cōgnōmen n	der Beiname
forum n	das Forum, der (Markt-)Platz, das Stadtzentrum
nōmen n	der Name
nōmen gentīle n	der Familienname
praenōmen n	der Vorname

S. 18	**monēre**	(er)mahnen, erinnern	
	laudāre	loben	*die Laudatio*
	epistula f	der Brief	*die Epistel*
	tabula f	die Tafel, das Gemälde	
	intrāre	betreten, eintreten (in)	*engl. to enter*
	salūtāre	grüßen, begrüßen	*salutieren*
	salvē!/salvēte!	sei gegrüßt!/seid gegrüßt!	
	subitō	plötzlich	
	rogāre	fragen; bitten (um)	
S. 19	**ego**	ich	*egoistisch*
	vidēre	sehen	*das Video*
	audīre	hören, anhören	*die Audiodatei, die Audienz*
	tū	du	*frz. tu*
	studēre (m. Inf.)	sich bemühen (zu tun), wünschen (zu tun), (tun) wollen	*der Student, studieren, engl. to study*
	fābula f	die Geschichte, die Erzählung; das Theaterstück	*die Fabel*
	manēre	bleiben; warten (auf), erwarten	*permanent*
S. 21	**exspectāre**	warten (auf), erwarten	*engl. to expect*
	libenter	gern	
	nunc	nun, jetzt	
	tacēre	still sein, schweigen; verschweigen	
	bene	gut	
	nescīre	nicht wissen, nicht kennen	
	convenīre	zusammenkommen; treffen; besuchen	→ *venire; die Konvention*
	quid?	was?	
	timēre	fürchten, sich fürchten	
	venia f	die Nachsicht, die Verzeihung	
	veniam rogāre	*um Verzeihung bitten*	
	statim	sofort, auf der Stelle	
	forās	heraus, hinaus, nach draußen	
	discipulus m	der Schüler	
	grammaticus m	der Literaturlehrer, der Gelehrte	
	lūdus m	das Spiel; die Schule	
	magister m	der Lehrer	
	schola f	der Unterricht	
	stilus m	der (Metall-)Griffel, der Schreibstift	

Wortschatz 3

S. 22

ōrātor m	der Redner	
ecce!	sieh da!, schau!/seht da!, schaut!	
nōn dēbēre	nicht müssen; nicht dürfen	→ *debere*
diū	lange (Zeit)	
vocāre	rufen	*der Vokal*
cessāre (m. Inf.)	zögern (zu tun), sich Zeit lassen	
clam	heimlich	*klammheimlich*

S. 23

sōl m	die Sonne	*das Solarium*
fūr m/f	der Dieb/die Diebin	
currere, currō	laufen, rennen	
fugere, fugiō (m. Akk.)	fliehen (vor); meiden	
dīcere, dīcō	sagen, sprechen	*dichten, diktieren*
petere, petō	(er)bitten; verlangen, haben wollen; aufsuchen; angreifen	*die Petition*
rapere, rapiō	rauben; mit sich reißen	
relinquere, relinquō	verlassen, zurücklassen	*das Relikt*

S. 25

ibī	dort	
cupere, cupiō (m. Inf.)	wünschen (zu tun), wollen, begehren	
ita	so	
habēre	haben; halten	
quaerere, quaerō	suchen	
ubīque	überall	→ *ubi*
clāmor m	der Schrei; das Geschrei; der Lärm	→ *clamare; reklamieren*
populus m	das Volk	*die Population, populär*
saepe	oft	
accēdere, accēdō	herbeikommen, herantreten, sich nähern	*engl. access*
tenēre	halten, festhalten	
capere, capiō	fassen, fangen, ergreifen; einnehmen	*kapieren, die Kapazität*

apodytērium n	der Auskleideraum, das Auskleidezimmer
caldārium n	das Heißbad
frigidārium n	das Kaltbad
palaestra f	der Sportplatz
tepidārium n	das Warmbad
thermae f (Pl.)	die Thermen, die öffentlichen Badeanlagen

S. 26	**habitāre**	wohnen, bewohnen	→ *habere; der Habitus*
	vīcus m	das Dorf; die Gasse	
	scelerātus m	der Verbrecher	
	perīculum n	die Gefahr	
	līberī m (Pl.)	die Kinder	
	invenīre	finden, auffinden; erfinden	→ *venire; die Inventur, das Inventar, engl. invention*
	scīre	wissen, kennen	→ *nescire; engl./frz. science*
	certē (Adv.)	sicher, gewiss	*engl./frz. certain*

S. 27	**licet** (m. Inf.)	es ist möglich (zu tun); es ist erlaubt (zu tun)	*die Lizenz*
	frūstrā	vergeblich, umsonst	*frustriert, die Frustration*
	parentēs m (Pl.)	die Eltern	*engl./frz. parents*
	cōnsistere, cōnsistō	stehen bleiben; sich aufstellen	
	quis?	wer?	
	esse	sein	
	posse	können; vermögen	→ *esse*

S. 29	**etiam**	auch; sogar	
	amīcitia f	die Freundschaft	→ *amicus, amica; frz. amitié, ital. amicizia*
	respondēre	antworten	*engl. to respond*

	sōlum
	    nōn sōlum ...,
	    sed etiam ...
		nur, bloß, einzig, allein
		    nicht nur ...,
		    sondern auch ...	

	adesse (m. Dat.)	da sein; helfen	→ *esse*
	tandem	endlich, schließlich	
	mox	bald; dann	
	nōn iam	nicht mehr	→ *non, iam*
	meherc(u)le!	beim Herkules!	
	vix	kaum, mit Mühe	
	via f	der Weg, die Straße	*frz. voie, ital./span. via*

caupōna f	die Kneipe
forum n	das Forum, der (Markt-)Platz, das Stadtzentrum
īnsula f	die Insel; der Wohnblock
popīna f	die Imbissbude, die Kneipe
taberna f	der Laden, das Geschäft, die Werkstätte

Wortschatz 5

S. 30

lūdus m	das Spiel; die Schule	
dēsīderāre	sich sehnen nach, vermissen; *(m. Inf.)* ersehnen (zu tun)	*engl. to desire, frz. désirer*
spectāre	(an)schauen, betrachten	*das Spektakel*
pūgna f	der Kampf, die Schlacht	
poēta m	der Dichter	*der Poet*
et ... et ...	sowohl ... als auch ...	→ *et*
dēlectāre	erfreuen	

S. 31

uxor, uxōris f	die Ehefrau	
pater, patris m	der Vater	*engl. father, frz. père, ital./span. padre*
māter, mātris f	die Mutter	*engl. mother, frz. mère, ital./span. madre*
fīlius, -ī m	der Sohn	*frz. le fils*
fīlia, -ae f	die Tochter	*frz. la fille*
soror, sorōris f	die Schwester	*frz. soeur, ital. sorella*
cīvis, civis m/f	der Bürger/die Bürgerin	*der Zivilist, zivil*
homō, hominis m	der Mensch	

S. 33

ārdēre	brennen, glühen	
animus, -ī m	das Herz, das Gemüt, der Mut; der Geist, die Seele	*reanimieren, Animation*
hōra, -ae f	die Stunde	*engl. hour, frz. heure, ital. ora, span. hora*
cantāre	singen	*die Kantate*
dolor, dolōris m	der Schmerz	*frz. douleur, ital. dolore*
mors, mortis f	der Tod	*frz. mort, ital. morte*
plācāre	besänftigen, beruhigen	
docēre *līberōs fābulam docēre*	lehren, belehren *die Kinder eine Geschichte lehren*	*der Dozent*
incipere, incipiō	anfangen, beginnen	→ *capere*
turba, -ae f	die (Menschen-)Menge; das Durcheinander; der Lärm	*turbulent, engl./frz. trouble*
oculus, -ī m	das Auge	*das Monokel*
āvertere, āvertō	abwenden, fernhalten; entfernen	*die Aversion*

amphitheātrum Flāvium, amphitheātrī Flāvii n	das Kolosseum
arēna, -ae f	der Sand(platz), die Arena, der Kampfplatz
circus, -ī m	die Rennbahn, der Zirkus
Circus Maximus, Circī Maximī m	der Circus Maximus (Roms größte Rennbahn)
gladiātor, gladiātōris m	der Gladiator
imperātor, imperātōris m	der Kaiser, der Feldherr
Rōma, -ae f	Rom
scaena, -ae f	die Bühne, der Schauplatz
spectāculum, -ī n	das Schauspiel
theātrum, -ī n	das Theater

Eng verwandt – Wortfamilien und Sachfelder

Wenn du Wörter nach Wortfamilien oder Sachfeldern zusammenstellst, hilft dir das, diese Wörter im Gedächtnis zu behalten. Wortfamilien bestehen aus Wörtern, die von derselben Wurzel abgeleitet sind:

amicus – amica – amicitia – **amare**

clamor – clamare   studere – **studium**

a. Nenne die Bedeutung der Wörter und erschließe, was die unbekannten Wörter heißen könnten.
b. Beschreibe innerhalb jeder Wortfamilie die Unterschiede in Form und Bedeutung.
c. Nenne jeweils die Buchstabengruppe, die als unveränderter Bedeutungsträger bei allen Wörtern derselben Wortfamilie auftaucht.

Sachfelder bestehen aus Wörtern, die sich auf das gleiche Thema beziehen:

oculus – videre – spectare – ecce

d. Nenne das Thema für dieses Sachfeld.
*e. Stelle ein Sachfeld **familia** zusammen.*

1. *Wandle die Wörter des Sachfeldes **familia** in einen Stammbaum um, der die Beziehungen zwischen den Personen verdeutlicht. Beziehe auch die Sklavinnen und Sklaven mit ein.*

2. *Stelle aus dem Lernwortschatz der Lektionen 1–5 ein Sachfeld „Zeitangaben" zusammen; finde mindestens zehn Wörter.*

3. *Im falschen Film? Stell dir vor, du wärst ein Römer, der Gladiatorenkämpfe liebt. Du bist bei der Eröffnung des Pompeius-Theaters dabei und von der Maulesel-Darbietung enttäuscht. Schreibe einen Brief an einen Freund, in dem du über deine Leidenschaft für Gladiatorenkämpfe und deine Enttäuschung berichtest. Verwende dabei möglichst viele lateinische Ausdrücke.*

4. *Familienähnlichkeit.*
a. Ordne die Wörter nach Wortfamilien und nenne jeweils den Bedeutungsträger.
dominus – servus – gaudium – domina – serva – gaudere

b. Diese Wortfamilien enthalten unbekannte Wörter. Erschließe deren Bedeutung.
dolor – dolere – scientia – scire – labor – laborare

Z **5.** *Fremdsprachen, vor allem romanische, enthalten oft Wörter lateinischen Ursprungs.*
a. Nenne jeweils das lateinische Ausgangswort.

italienisch	spanisch	französisch	englisch
abitare	habitar	habiter	to inhabit
l'ora	la hora	l'heure	hour
rispondere	responder	repondre	to respond
rapire	raptar	ravir	to rape
studiare	estudiar	étudier	to study

b. Die Wörter haben sich gegenüber dem Ausgangwort verändert. Nenne zwei Veränderungen, die dir auffallen.

Wortschatz 6

S.38

cēna, -ae f	die (Haupt-)Mahlzeit, das Essen	
hospes, hospitis m	der Gastgeber; der Gast(freund)	*das Hospital, das Hospiz, das Hotel*
cibus, -ī m	die Speise; die Nahrung	
vīnum, -ī n	der Wein	*engl. wine, frz. vin, ital./span. vino*
vacāre	leer sein, frei sein	
cēnāre	essen, speisen	→ *cena*
bibere, bibō	trinken	
portāre	tragen, bringen	*das Porto, im-/exportieren, transportieren*
abundāre	übervoll sein; Überfluss haben	

S.39

vincere, vincō	siegen, besiegen	
equus, -ī m	das Pferd	
gladius, -ī m	das Schwert	*der Gladiator*
timor, timōris m	die Angst, die Furcht	→ *timere*
carmen, carminis n	das Lied, das Gedicht	
abundāre (m. Abl.)	*übervoll sein (von); Überfluss haben (an)*	
labōrāre (m. Abl.)	*leiden (an)*	
vacāre (m. Abl.)	*leer sein, frei sein (von), ohne (etwas) sein, (etwas) entbehren*	

S.41

tot (indekl.)	so viele	
sermō, sermōnis m	das Gespräch; die Sprache	*der Sermon*
complēre (m. Abl.)	ausfüllen, anfüllen (mit); erfüllen	*komplett, engl. to complete*
auxilium, -ī n *auxiliō venīre* *auxilium petere*	die Hilfe *zu Hilfe kommen* *um Hilfe bitten*	*engl. auxiliary verb*
enim (nachgestellt)	denn, nämlich	
hostis, hostis m/f	der (Landes-)Feind, die Feindin	
repellere, repellō	zurückstoßen, abwehren, vertreiben	*engl. to repel*
līberāre (m. Abl.)	befreien (von)	*liberal, engl. to liberate*
intereā	inzwischen	
frāter, frātris m	der Bruder	*frz. frère, ital. fratello*
rīdēre	lachen; auslachen	
dormīre	schlafen	

accubāre	(bei Tisch) liegen
cēna viātica, cēnae viāticae f	das Abschiedsfest, das Abschiedsessen
Gallus, -ī m	der Gallier
Gallia, -ae f	Gallien
lēgātus, -ī m	der Gesandte; der Offizier, der Unterfeldherr
mēnsa, -ae f	der Tisch
mēnsa secunda, mēnsae secundae f	der Nachtisch
Rōmānus, -ī m	der Römer
triclīnium, -ī n	das Speisezimmer

S. 42	**colere, colō**	bewirtschaften, bebauen, pflegen; verehren	*kultivieren, die Kultur*
	deus, -ī m	der Gott	
	dea, -ae f	die Göttin	
	templum, -ī n	der Tempel	
	ōrāre	beten (zu), bitten	→ *orator; das Oratorium*
	sacrum, -ī n	das Opfer(tier), *Pl.* die Opferhandlung	*das Sakrament*
	āra, -ae f	der Altar	
	sacerdōs, sacerdōtis m/f	der Priester/die Priesterin	
	salūs, salūtis f	die Rettung; das Wohl(ergehen); der Gruß	*salutieren*
	facere, faciō	machen, tun	*das Fazit, der Faktor,*
	sacrum facere	*opfern*	*frz. faire*

S. 43	**ad** (m. Akk.)	zu (... hin); bei, an; nach	→ *ad-esse*
	ante (m. Akk.)	vor	
	in (m. Akk.)	in (... hinein); auf; nach (...hin); gegen *(wohin?)*	*der Import*
	in hostēs	*gegen die Feinde*	
	per (m. Akk.)	durch (... hindurch); über	
	in (m. Abl.)	in, an, auf, bei *(wo?)*	
	ē/ex (m. Abl.)	aus, aus ... heraus; von ... her; seit	→ *ex-spectare; der Export*
	dē (m. Abl.)	von ... herab; von, über; um	
	dē Capitōliō nārrāre	*vom Kapitol erzählen*	
	dē āmīcō timēre	*um den Freund fürchten*	
	cum (m. Abl.)	(zusammen) mit	
	prō (m. Abl.)	vor; für; statt, an Stelle von	*das Pro und Contra*
	prō templō	*vor dem Tempel*	
	prō salūte ōrāre	*für das Wohlergehen beten*	
	prō cibō	*anstelle des Essens / als Essen*	
	ā/ab (m. Abl.)	von, von ... her, von ... weg	

S. 45	**ergō**	also, folglich	
	forum, -ī n	das Forum, der (Markt-)Platz, das Stadtzentrum	
	dūcere, dūcō	führen, ziehen	
	inter (m. Akk.)	zwischen; während	→ *interea*
	iuvenis, iuvenis m	der junge Mann	*engl. young, frz. jeune*
	post (m. Akk.)	nach; hinter	
	latēre	verborgen sein	*latent*
	crās	morgen	

Capitōlium, -ī n	das Kapitol
Iūnō, Iūnōnis f	Juno
Iūppiter, Iovis m	Jupiter
Larēs, Larium m	die Laren, die Hausgötter
Mārs, Mārtis m	Mars
ōmen, ōminis n	das (gute oder schlechte) Vorzeichen
Penātēs, Penātium m	die Penaten, die Hausgötter
Sāturnus, -ī m	Saturn
taurus, -ī m	der Stier
victima, -ae f	das Opfer, das Opfertier
Venus, Veneris f	Venus

S. 46	**urbs, urbis** f	die Stadt, die Großstadt, die Hauptstadt	*urban, die Urbanisierung*
	cūria, -ae f	die Kurie, das Rathaus	
	sors, sortis f	das Los, das Schicksal	
	cōnsilium, -ī n	der Rat, der Ratschlag; der Plan; der Beschluss	*frz. conseil*
	cōnsilium capere	*einen Plan fassen*	
	citō	schnell	
	arma, -ōrum n (Pl.)	die Waffen	*die Armee, engl. army*
	arma capere	*zu den Waffen greifen*	
	inimīcus, -i m	der (persönliche) Feind	→ *amicus; engl. enemy*
	tantum	nur	
	vīta, -ae f	das Leben, die Lebensweise	*vital, das Vitamin*
S. 47	**māgnus, -a, -um**	groß; bedeutend, wichtig	
	parvus, -a, -um	klein, gering	
	bonus, -a, -um	gut	*der Bonus*
	malus, -a, -um	böse, schlecht, schlimm	*die Malaria*
	vir, virī m	der Mann	
	puer, puerī m	der Junge	
	ager, agrī m	der Acker, das Feld; *Pl.* das Land	*die Agrarwirtschaft*
	līber, lībera, līberum (ā/ab)	frei (von)	→ *liberare; liberal, der Libero*
	pulcher, pulchra, pulchrum	schön	
	inimīcus, -a, -um	*feindlich; (Subst.) der (persönliche) Feind*	
S. 49	**multī, -ae, -a**	viele	*die Multiplikation,*
	multum	*viel, sehr*	*ital. molto, span. mucho*
	miser, misera, miserum	arm, unglücklich, erbärmlich	*die Misere, miserabel*
	miserī, -ōrum m (Pl.)	*die Armen*	
	contentus, -a, -um (m. Abl.)	zufrieden (mit)	*engl. content*
	improbus, -a, -um	schlecht, unanständig, niederträchtig	
	incendere, incendō	entflammen, in Brand setzen	
	cavēre (m. Akk.)	sich hüten (vor), sich in Acht nehmen (vor)	*die Kaution*
	continēre	zusammenhalten, enthalten; im Zaum halten	*der Container, engl. to contain*
	pergere, pergō	fortfahren (zu tun), weitermachen; aufbrechen	
	porta, -ae f	die Tür, das Tor, der Eingang	*die Pforte, das Portal*
	puella, -ae f	das Mädchen	→ *puer*
	rōstra, -ōrum n (Pl.)	die Rednerbühne	
	rōstrum, -ī n	der Schiffsschnabel, der Schnabel	
	senātor, senātōris m	der Senator	

S. 50	**īnsula, -ae** f	die Insel; der Wohnblock	
	aedificāre	bauen, erbauen	
	locāre	legen, stellen; vermieten	
	ruere, ruō	(sich) stürzen, eilen, rennen; einstürzen	
	fēmina, -ae f	die Frau	*das Femininum, feminin*
	grātia, -ae f	der Dank; die Gunst; die Anmut	*die Grazie, graziös, ital. grazie*
	grātiam habēre	*danken*	
	dolus, -ī m	die List, die Täuschung	

S. 51	**numquam**	niemals	
	adhibēre	anwenden; hinzuziehen	→ *ad, habere*
	superbus, -a, -um	hochmütig; *(m. Abl.)* stolz (auf)	
	sine (m. Abl.)	ohne	*frz. sans, ital. senza*
	atque/ac	und, und auch	
	iterum	wiederum, ein zweites Mal	*iterativ*
	iterum atque iterum	*immer wieder*	
	quī, quae, quod	der, die, das; welcher, welche, welches	

S. 53	**profectō**	in der Tat, tatsächlich	
	situs, -a, -um	gelegen	*die Website*
	vestis, vestis f	das Kleid, die Kleidung	*die Weste, engl. vest*
	vōx, vōcis f	die Stimme; das Wort	→ *vocare; der Vokativ, engl. voice*
	māgnā vōce	*mit lauter Stimme*	
	parvā vōce	*mit leiser Stimme*	
	vērus, -a, -um	echt, richtig, wahr	*verifizieren*
	vērum dīcere	*die Wahrheit sagen*	
	ostendere, ostendō	zeigen, erklären, offenbaren	*ostentativ*
	quidem	zwar, wenigstens, freilich	
	laetus, -a, -um	froh, fröhlich	
	prohibēre (ā/ab)	abhalten (von), hindern (an), verhindern	→ *pro, habere*
	dēnique	schließlich	
	mandāre	übergeben, anvertrauen; auftragen	*der Mandant, das Mandat*
	sermōnem habēre (cum)	*ein Gespräch führen (mit)*	

ātrium, -ī n	das Atrium (der Hauptraum im Haus)
cubiculum, -ī n	das Schlafzimmer
fenestra, -ae f	das Fenster
habitātiō, habitātiōnis f	die Einzelwohnung, die Wohnung
impluvium, -ī n	das Regenbecken, das Auffangbecken für Regen
Palātium, -ī n	der Palatin (Hügel in Rom)
vestibulum, -ī n	der Eingangsbereich, der Eingang

S. 54	**accipere, accipiō**	annehmen, empfangen, erhalten; vernehmen	→ *capere; akzeptieren, engl. to accept*
	iuvāre (m. Akk.)	helfen, unterstützen; erfreuen	
	cūra, -ae f	die Sorge; die Pflege	*die Kur*
	clārus, -a, -um	hell, klar; berühmt	
	tēctum, -ī n	das Dach, das Haus	
	praemium, -ī n	die Belohnung, der Lohn	*die Prämie*
	īra, -ae f	der Zorn, die Wut	
	īram incendere	*Zorn erregen*	
	vīs, –, –, vim, vī f, Pl. **vīrēs, vīrium**	die Kraft, die Gewalt; die Menge; *Pl. auch:* die Streitkräfte	
	plēnus, -a, -um (m. Gen.)	voll (von/mit)	*das Plenum*
	viam facere	*einen Weg bahnen*	

S. 55	**potēns;** Gen. **potentis**	mächtig, stark	→ *posse; potent*
	prūdēns; Gen. **prūdentis**	klug	
	ingēns; Gen. **ingentis**	riesig, gewaltig	
	vehemēns; Gen. **vehementis**	heftig, nachdrücklich, energisch	*vehement*
	ācer, ācris, ācre	scharf; heftig	
	turpis, turpe	hässlich, schändlich	

S. 57	**celer, celeris, celere**	schnell	
	nox, noctis f	die Nacht	*frz. nuit, ital. notte, span. noche*
	omnis, omne	jeder; all; ganz	*der Omnibus, omnipräsent*
	incolumis, incolume	heil, unversehrt	
	unde?	woher?	
	nihil	nichts	*der Nihilist, der Nihilismus*
	legere, legō	lesen; sammeln; auswählen	*die Lektüre, die Lektion*
	intellegere, intellegō	erkennen, verstehen, einsehen	→ *inter, legere; die Intelligenz, intelligent*
	pecūnia, -ae f	das Geld	
	dōnāre	schenken; beschenken	
	fēlix; Gen. **fēlīcis**	glücklich; erfolgreich	*Felix, ital. felice, span. feliz*
	fortis, forte	tapfer; stark; tatkräftig	
	levis, leve	leicht; leichtsinnig, wankelmütig	
	verba facere	*sprechen, reden*	

cliēns, clientis m	der Klient
patrōnus, -ī m	der Schutzherr, der Anwalt
salūtātiō, salūtātiōnis f	der Morgenbesuch, der Morgengruß
senex, senis m	der alte Mann, der Greis

Der Wort-Baukasten (I): Wortbildung mit Vorsilben (Präfixen)

convenire – adesse – avertere – repellere

a *Trenne die Präfixe ab und nenne ihre Bedeutung.*

b. *Manche der Präfixe sind zugleich Präpositionen. Nenne sie und finde heraus,*
aus welcher Präposition das Präfix **con-** *entstanden ist.*

c. *Zum Weiterdenken: Diese Verben hast du noch nicht gelernt, aber du kannst*
ihre Bedeutung jetzt schon erschließen:
inesse – advertere – convocare – evocare – expellere – deportare

Auch Substantive und Adjektive haben Präfixe:

amicus – inimicus

d. *Nenne das Präfix und die deutsche Vorsilbe, der es entspricht.*

e. *Beschreibe die Veränderung, die bei der Wortzusammensetzung entstanden ist.*

f. *Erschließe die Bedeutung des unbekannten Adjektivs:* **felix – infelix**.

1. *Baue dir deine Verben selbst!*
a. *Bilde aus den Präfixen und den*
Infinitiven Zusammensetzungen
(Komposita):

con-   currere, ducere
re-   portare, manere
ex-   orare, petere

b. *Lasse jemand anderen in der Lerngruppe*
die Bedeutung deiner Komposita angeben.

2. *Ins Gegenteil gekehrt.*
a. *Erschließe die Bedeutung folgender*
lateinischer Adjektive:
imprudens – probus – incertus

b. *Nenne auf Englisch das Gegenteil.*
unlucky – unhappy

c. *Bilde das Gegenteil zu folgenden*
Fremdwörtern.
human – kompetent – intolerant

3. *Gut zerlegt ist halb gelernt.*
a. *Eines dieser Komposita enthält einen*
zusätzlichen Buchstaben zwischen Präfix
und Verb. Finde ihn.
interesse – abesse – deesse – prodesse

b. *Erschließe die Bedeutung der Komposita*
von **esse.**

c. *Prüfe deine Lösung mithilfe des*
alphabetischen Vokabelverzeichnisses.

4. *Vielseitiges* **ducere.**
Bilde möglichst viele Komposita zu **ducere**
und nenne jeweils ihre Bedeutung.

5. *Hier versteckt sich Bekanntes.*
a. *Dies sind Komposita, in denen dir*
bekannte „einfache Verben" stecken.
Nenne sie.
intellegere – eripere – accipere

b. *Diese Komposita kennst du noch nicht –*
aber auch hier kennst du schon die
„einfachen" Verben, die in ihnen stecken.
Nenne sie.
efficere – colligere – collocare –
corruere – effugere

c. *Beschreibe die Veränderungen, die bei*
der Wortzusammensetzung entstanden
sind; unterscheide dabei zwischen
Veränderungen des Präfixes und des
Wortstammes.

S. 62	**cōnsul, cōnsulis** m	der Konsul	→ *consilium; das Konsulat*
	annus, -ī m	das Jahr	*anno Domini*
	cīvitās, cīvitātis f	der Staat; die Bürgerschaft; das Bürgerrecht	→ *civis; engl. city, frz. cité, ital. città*
	necāre	töten	
	ōrātiō, ōrātiōnis f	die Rede	→ *orare, orator*
	comes, comitis m/f	der Gefährte/die Gefährtin; der Begleiter/die Begleiterin	
	ēripere, ēripiō *vītam ēripere* (m. Dat.)	entreißen *das Leben rauben, ermorden*	→ *rapere*
	audācia, -ae f	der Wagemut, die Kühnheit; die Frechheit	
	valdē	sehr	
	itaque	daher, deshalb	→ *ita*
	mē (Akk.)	mich	
S. 63	**domī**	daheim, zu Hause	
	sub (m. Abl.)	unter *(wo?)*	
	custōs, custōdis m	der Wächter	*der Küster*
	dēfendere, dēfendō (ā/ab)	abwehren; verteidigen (gegen)	*die Defensive, defensiv*
	pellere, pellō	schlagen, stoßen; treiben, vertreiben	*der Propeller*
S. 65	**nōnnūllī, -ae, -a**	einige, manche	→ *non*
	ūniversus, -a, -um	all, ganz, sämtlich	*das Universum, die Universität, universal*
	tibi (Dat.)	dir	
	mihi (Dat.)	mir	
	parāre	bereiten; vorbereiten; erwerben; *(m. Inf.)* vorhaben (zu tun)	*parat, präparieren*
	impedīre	hindern, verhindern	
	-que	und	→ *ita-que*
	aliquandō	einst, (irgendwann) einmal	
	nē ... quidem	nicht einmal	
	vīvere, vīvō	leben	→ *vita; frz. vivre, ital. vivere, span. vivir*

aedīlis, aedīlis m	der Ädil	
praetor, praetōris m	der Prätor	
prōcōnsul, prōcōnsulis m	der Prokonsul	
quaestor, quaestōris m	der Quästor	
tyrannus, -ī m	der Tyrann, der Gewaltherrscher, der Alleinherrscher	

S. 66	**patria, -ae** f	das Vaterland, die Heimat	→ *pater; der Patriot*
	servāre	retten (vor); bewahren, beschützen	*konservieren, konservativ*
	memoria, -ae f	die Erinnerung, das Andenken; das Gedächtnis	*die Memoiren,*
	memoriā tenēre	*in Erinnerung haben, im Gedächtnis behalten*	*das Memory(spiel)*
	dēserere, dēserō	verlassen, im Stich lassen	*dersertieren, engl. desert*
	sollicitāre	beunruhigen, erregen; aufwiegeln	
	tempus, temporis n	die Zeit; *Pl.* die Zeitumstände	*das Tempus, das Tempo*
	exilium, -ī n	die Verbannung, das Exil	*engl. exile, frz. exil*
	accūsāre	anklagen, beschuldigen	*der Akkusativ*
	quantopere	wie sehr	
	quotiēns	wie oft	*der Quotient*
	dēsinere, dēsinō	ablassen, aufhören	
	iūdicium, -ī n	das Urteil, die Entscheidung; das Gericht	*engl. judgement*
	patrēs, patrum m (Pl.)	die Senatoren	→ *pater*

S. 67	**agere, agō**	tun; handeln, verhandeln; treiben	*aktiv, die Aktion*
	vītam/tempus agere	*sein Leben / seine Zeit verbringen*	
	grātiās agere	*danken*	
	fābulam agere	*ein Schauspiel aufführen*	
	bene agere (cum)	*gut auskommen (mit)*	
	agere (dē) (cum)	*verhandeln (über) (mit)*	
	virtūs, virtūtis f	die Tugend; die Tapferkeit; die Tüchtigkeit; *Pl.* die guten Taten; die guten Eigenschaften	→ *vir; engl. virtue*
	vitium, -ī n	der Fehler, das Laster, die schlechte Eigenschaft	

esse, sum, fuī	sein
adesse, adsum, affuī	da sein; helfen
posse, possum, potuī	können; vermögen
colere, colō, coluī	bewirtschaften, bebauen, pflegen; verehren
cupere, cupiō, cupīvī	wünschen, wollen, begehren
dēserere, dēserō, dēseruī	verlassen, im Stich lassen
petere, petō, petīvī	(er)bitten; verlangen, haben wollen; aufsuchen; angreifen
rapere, rapiō, rapuī	rauben; mit sich reißen
ēripere, ēripiō, ēripuī	entreißen

S. 69	**tamen**	dennoch, jedoch	
	mortuus, -a, -um	tot	→ *mors*
	appārēre	erscheinen, sich zeigen	
	quia	weil	
	creāre	schaffen, erschaffen; wählen	*die Kreation, kreativ*
	prōdere, prōdō	verraten, preisgeben; überliefern	
	fīdus, -a, -um	treu	
	dolēre	schmerzen; *(m. Abl.)* Schmerz empfinden (über)	→ *dolor; kondolieren*
	lacrima, -ae f	die Träne	
	dūrus, -a, -um	hart, hartherzig	*Dur*
	crēdere, crēdō	glauben; vertrauen, anvertrauen	*das Credo, der Kredit*
	ad arma vocāre	*zu den Waffen rufen*	

plēbs, plēbis f	das (einfache) Volk
tribūnus (-ī m) plēbis	der Volkstribun

Wortschatz 13

Du weißt, wie das **v-** und das **u-Perfekt in der Regel** gebildet wird.
Es gibt auch **unregelmäßige Perfektformen** zu Verben, die du schon kennst. Diese
findest du ab jetzt in Portionen zum Nachlernen **vor jedem Lektionswortschatz**.
Meist kommen einige der Formen auch gleich in jeweiligen Lektion vor.

complēre, compleō, complēvī	ausfüllen, anfüllen; erfüllen
dēsinere, dēsinō, dēsiī	ablassen, aufhören

S.70

servitūs, servitūtis f	die Sklaverei, die Knechtschaft	→ *servus, serva*
servīre	dienen, Sklave sein	*servieren, engl. to serve*
crūdēlis, crūdēle	grausam, hartherzig	*engl. cruel*
iūcundus, -a, -um	angenehm, erfreulich	
dīligēns; Gen. **dīligentis**	sorgfältig, gewissenhaft	
cūrāre (m. Akk.)	sich kümmern (um), sorgen (für); pflegen	→ *cura; kurieren, engl. to cure*
scrībere, scrībō	schreiben	*die Schrift, das Skript*
labor, labōris m	die Arbeit, die Mühe	→ *laborare; das Labor*
posteā	nachher, später	→ *post*
ōtium, -ī n	die Freizeit, die Ruhe, die Muße	
iubēre (m. Akk.)	befehlen, anordnen	
dare, dō	geben	*das Datum, die Daten, der Dativ*

S.71

convenīre	zusammenkommen; treffen; besuchen; passen; glücken	→ *venire; die Konvention*
amīcam convenīre	*eine Freundin treffen*	
mihī convenit	*es passt (zu) mir*	
decet, decuit (m. Akk.)	es schickt sich (für jdn.), es steht (jdm.)	
vestis mē decet	*das Kleid steht mir*	
cārus, -a, -um	lieb, teuer, wertvoll	*frz. cher, ital./span. caro*
dēesse, dēsum, dēfuī	fehlen	→ *esse*
nōs	wir	*frz. nous*
vōs	ihr	*frz. vous*
is, ea, id	dieser; der(jenige); er	

S.73

quoque (nachgestellt)	auch	
convīvium, -ī n	das Gastmahl, das Gelage	→ *vivere*
liber, librī m	das Buch	*frz. livre, ital./span. libro*
velut	wie, wie zum Beispiel	
haud	nicht	
tam (bei Adj.)	so	
autem (nachgestellt)	aber, jedoch	
cōnsilium dare	*einen Rat erteilen*	
multa, -ōrum n (Pl.)	*vieles*	
omnia, -ium n (Pl.)	*alles*	
parva, -ōrum n (Pl.)	*die Kleinigkeiten*	

lībertus, -ī m	der Freigelassene
manūmittere, manūmittō	einen Sklaven freilassen
pilleus, -ī m	die Filzkappe
scrība, -ae m	der Sekretär

S. 74	**causa, -ae** f	der Grund, die Ursache; der Fall, der (Gerichts-)Prozess	*kausal, engl. because*
	āctiō, āctiōnis f	die Tätigkeit, die Handlung; die (Gerichts-)Verhandlung	→ *agere; die Aktion,* *engl./frz. action*
	iūdex, iūdicis m	der Richter	→ *iudicium; engl. judge*
	scelus, sceleris n	das Verbrechen; der Frevel	
	committere, committō *scelus committere*	begehen; veranstalten; anvertrauen *ein Verbrechen begehen*	*das Komitee, die Kommission*
	damnāre	verurteilen	*engl. to damn*
	caedere, caedō *ōrātiōnem habēre*	fällen; niederschlagen, töten *eine Rede halten*	

S. 75	**anteā**	vorher, früher	→ *ante*
	paulum	ein wenig, ein bisschen	
	poena, -ae f *poenās dare*	die Strafe *bestraft werden*	*engl. penalty*
	probus, -a, -um	anständig, gut; tüchtig	→ *improbus*
	fīnīre	beenden; begrenzen	*das Finale*
	aspicere, aspiciō, aspexī	ansehen, erblicken	→ *spectare; der Aspekt*
	interficere, interficiō, interfēcī	töten, vernichten	→ *facere*
	comprehendere, comprehendō, comprehendī	ergreifen, festnehmen, erfassen; begreifen	*frz. comprendre*

agere, agō, ēgī	tun; handeln, verhandeln; treiben
ārdēre, ārdeō, ārsī	brennen, glühen
caedere, caedō, cecīdī	fällen; niederschlagen, töten
committere, committō, commīsī	begehen; veranstalten; anvertrauen
cōnsistere, cōnsistō, cōnstitī	stehen bleiben; sich aufstellen
dare, dō, dedī	geben
dēfendere, dēfendō, dēfendī	abwehren; verteidigen
dīcere, dīcō, dīxī	sagen, sprechen
facere, faciō, fēcī	machen, tun
venīre, veniō, vēnī	kommen
vidēre, videō, vīdī	sehen

S. 77	**suscipere, suscipiō, suscēpī**	auf sich nehmen, unternehmen	→ *capere*
	terrēre	(jdn.) erschrecken	*der Terror, der Terrorist*
	propter (m. Akk.)	wegen	
	iūstus, -a, -um	gerecht, rechtschaffen	→ *iudex; die Justiz, engl. just*
	paulō *paulō post*	*(um) ein wenig, ein bisschen* *ein wenig später*	
	mīles, mīlitis m	der Soldat	*das Militär*
	stāre, stō, stetī	stehen, dastehen	*engl. to stay*
	īrātus, -a, -um	zornig, erzürnt	→ *ira*
	tantus, -a, -um	so groß, so viel	→ *tantum, tam*
	praeclārus, -a, -um	vortrefflich, ausgezeichnet	→ *clarus*
	undique	von überall her, von allen Seiten	

absolvere, absolvō	freisprechen
condemnāre	verurteilen
ēloquentia, -ae f	die Redegewandtheit

iubēre, iubeō, iussī (m. Akk.)	befehlen, anordnen
manēre, maneō, mānsī	bleiben, warten (auf), erwarten
quaerere, quaerō, quaesīvī	suchen
relinquere, relinquō, relīquī	verlassen, zurücklassen
rīdēre, rīdeō, rīsī	lachen; auslachen
vincere, vincō, vīcī	siegen, besiegen

S.78	**imperātor, imperātōris** m	der Feldherr; der Kaiser	*der Imperator, das Imperium, der Imperativ*
	bellum, -ī n *bellum committere*	der Krieg *einen Krieg beginnen*	
	pūgnāre	kämpfen	→ *pugna*
	gēns, gentis f	das Geschlecht, der Stamm, das Volk	→ *nomen gentile*
	ferus, -a, -um	wild	
	barbarus, -a, -um	fremd, ausländisch; barbarisch; *Subst.* der Barbar	
	modus, -ī m	die Art, die Weise; das Maß	*das Modell, die Mode, modal*
	cōnstat, cōnstitit	es steht fest, es ist bekannt	*konstant*
	lēgātus, -ī m	der Gesandte; der Offizier, der Unterfeldherr	*der Legat*
	aliēnus, -a, -um	fremd	*der Alien*
	lībertās, lībertātis f	die Freiheit	→ *liber, liberare; engl. liberty, frz. liberté*
S.79	**māgnitūdō, māgnitūdinis** f	die Größe, die Erhabenheit	→ *magnus*
	corpus, corporis n	der Körper; der Leichnam	*das Corpus Delicti, korpulent*
	pectus, pectoris n	die Brust, das Herz	
	mīrus, -a, -um	erstaunlich, sonderbar, wunderbar	
	incrēdibilis, incrēdibile	unglaublich	*engl. incredible, frz. incroyable*
S.81	**cōnfirmāre**	(be)kräftigen, verstärken; ermutigen	*die Konfirmation, engl. to confirm*
	nūdus, -a, -um	nackt, bloß	*der Nudist*
	negāre	leugnen; verweigern; *(m. AcI)* sagen, dass nicht	*negativ*
	umquam	jemals	→ *numquam*
	medius, -a, -um	der mittlere; mitten in ...	
	putāre	glauben, meinen	
	lītus, lītoris n	die Küste, der Strand	
	mittere, mittō, mīsī	schicken, senden	→ *committere; die Mission*
	ēgregius, -a, -um	hervorragend, ausgezeichnet	
	necesse est	es ist nötig, es ist notwendig	

„Fiese Wörter" leichter behalten – Vokabeln lernen mal anders

> Beim Vokabellernen kommt es darauf an, die Informationen vom Kurz- ins Langzeitgedächtnis zu übertragen und dort zu speichern. Das gelingt am besten, wenn du selber aktiv wirst und etwas mit den Wörtern machst. Einige Methoden dafür kennst du schon. Auf dieser Seite lernst du, wie du mit ihnen auch besonders schwer zu behaltende Wörter in den Griff bekommst. Probiere alle Möglichkeiten aus und entscheide, welche für dich die beste ist.

hic – tum – bene – subito – ita – ergo – ecce – ibi – mox – vix –
cito – tot – itaque – tamen – haud – tam – antea – paulum –
umquam – quoque – velut – ubique – autem – profecto

a. Überprüfe, zu wie vielen dieser Wörter du noch die Bedeutung kennst.
b. Schlage die übrigen Wörter im alphabetischen Vokabelverzeichnis nach und schreibe ihre Bedeutung auf.
c. Erkläre, warum es so schwierig ist, sich gerade diese Wörter zu merken.

1. *Das Auge lernt mit. Fertige zu fünf der obigen Wörter eine kleine Zeichnung an, die ihre Bedeutung darstellt, mit der Bedeutung in Verbindung steht oder das Wort in seiner Gestalt abbildet.*
Beispiel:

2. *Ohr und Mund lernen mit.*
a. Sprich die Vokabeln auf einen Tonträger (z. B. die Sprachmemo-Funktion eines Smartphones); lasse dabei nach jedem Wort eine Pause, in die du die Bedeutung hineinsprechen kannst.
b. Singe die Vokabeln mit ihren Bedeutungen auf eine bekannte Melodie, z. B. „Hänschen klein".

3. *Baue dem Gedächtnis Brücken. Erfinde zu den Vokabeln Eselsbrücken: was dir spontan dazu einfällt oder du persönlich damit verbindest.*
Beispiele:
ita: **so** gut gefällt mir **Ita**lien.
haud: Milch mit **Haut** mag ich **nicht**.

4. *Strukturiertes hält länger.*
Stelle wie in Lektion 14 (S. 75) Vokabeln mit ähnlicher und solche mit gegensätzlicher Bedeutung zusammen.
Beispiel:
„Merke dir das Ähnliche": ita ≈ tam
„Merke dir das Gegenteil": hic ↔ ibi

5. *Die Phantasie lernt mit: Baue die Vokabeln in eine selbst erfundene Geschichte ein. Gehe dabei von einer für dich besonders „fiesen" Vokabel aus und baue noch mehr lateinische Wörter ein.*
Beispiel: Als **ego** *ich* von der Schule kam, war ich **tam** *so* in Gedanken, dass ich **haud** *nicht* merkte, wie **subito** *plötzlich* eine Fee **apparuit** *erschien.* „**Ecce** *sieh mal*, du hast drei Wünsche frei. **Sed** *aber* ich habe nur **paulum** *wenig* Zeit, also **cito cito** *schnell, schnell!*" **Quantopere** *wie sehr* ich **autem** *aber* auch überlegte, mir wollte von meinen **tot** *so vielen* Wünschen keiner einfallen! „**Hic** und **nunc** *hier* und *jetzt!*" sagte die Fee, „**mox** *bald* bin ich wieder weg!" **Vix** *kaum* hatte sie das gesagt, war sie **profecto** *tatsächlich* verschwunden.

Wortschatz 16

accēdere, accēdō, accessī	herbeikommen, herantreten, sich nähern
dūcere, dūcō, dūxī	führen, ziehen
intellegere, intellegō, intellēxī	erkennen, verstehen, einsehen
pergere, pergō, perrēxī	fortfahren (zu tun), weitermachen; aufbrechen
scrībere, scrībō, scrīpsī	schreiben
vīvere, vīvō, vīxī	leben

S. 86	**vīlla, -ae** f	die Villa, das Landhaus	
	rūs, rūris n	das Land, das Feld	*rustikal*
	rūrī	*auf dem Lande*	
	locus, -ī m;	der Ort, der Platz, die Stelle;	*lokal, das Lokal, lokalisieren*
	Pl. **loca, -ōrum** n	*Pl.* die Gegend	
	quiēscere, quiēscō, quiēvī	ruhen, sich ausruhen	
	negōtium, -ī n	die Aufgabe; das Geschäft	→ *otium*
	ars, artis f	die Kunst; die Fertigkeit	*artifiziell, der Artist, engl./frz. art*
	novus, -a, -um	neu, neuartig	*renovieren, frz. nouveau*
	familiāris, familiāre	vertraut, verwandt, freundschaftlich; *Subst.* der Vertraute, der Verwandte, der Freund	→ *familia; familiär*

S. 87	**meus, -a, -um**	mein	*frz. mon/ma*
	tuus, -a, -um	dein	*frz. ton/ta*
	noster, nostra, nostrum	unser	*frz. notre*
	vester, vestra, vestrum	euer	*frz. votre*
	suus, -a, -um	sein, ihr	*frz. son/sa*
	sē, sibi, sēcum	sich *(Akk.)*, sich *(Dat.)*, mit sich	
	inter sē	*untereinander*	

S. 89	**mōns, montis** m	der Berg	*engl. mountain, frz. mont*
	flūmen, flūminis n	der Fluss	
	arbor, arboris f	der Baum	
	avus, -ī m	der Großvater	
	māiōrēs, māiōrum m (Pl.)	die Vorfahren	→ *magnus*
	quaesō/quaesumus	(ich) bitte/wir bitten	→ *quaerere*
	calamitās, calamitātis f	das Unglück, das Unheil; der Schaden	*die Kalamität*
	accidere, áccidit, áccidit	geschehen, sich ereignen; zustoßen	*engl./frz. accident*
	cadere, cadō, cécidī	fallen	*der Kasus, die Kadenz, dekadent*
	trahere, trahō, trāxī	ziehen, zerren, schleppen	*der Traktor*
	nimis	zu, allzu	
	magis	mehr	
	ōtium agere	*seine Freizeit verbringen*	
	sēcum cōgitāre	*bei sich / im Stillen denken*	
	sē dare	*sich hingeben, sich widmen*	
	ōtiō sē dare	*seine Freizeit genießen*	

faber, -brī m	der Handwerker
imperium Rōmānum, imperiī Rōmānī n	das römische Reich
speculum, -ī n	der Spiegel
vīlicus, -ī m	der Verwalter

cavēre, caveō, cāvī (m. Akk.)	sich hüten (vor), sich in Acht nehmen (vor)
convenīre, conveniō, convēnī	zusammenkommen; treffen; besuchen; passen; glücken
invenīre, inveniō, invēnī	finden, auffinden; erfinden
iuvāre, iuvō, iūvī (m. Akk.)	helfen, unterstützen; erfreuen
legere, legō, lēgī	lesen; sammeln; auswählen

S.90	**mulier, mulieris** f	die (erwachsene) Frau	
	coniūnx, coniugis m/f	der Ehemann/die Ehefrau, der Gemahl/die Gemahlin	*die Konjunktion*
	pāx, pācis f	der Friede	*der Pazifist, engl. peace*
	pācem facere	*Frieden schließen*	
	asper, aspera, asperum	rau, grob, hart	
	facilis, facile	einfach, leicht, mühelos	→ *facere; frz./ital. facile*
	trīstis, trīste	traurig, düster	*trist, die Tristesse*
	certāre	kämpfen, streiten, wetteifern	*das Konzert*
	placidus, -a, -um	sanft, ruhig, friedlich	→ *placare*
	ōrnāre	schmücken; auszeichnen, ausstatten	*das Ornament*
	nūbere, nūbō, nūpsī (m. Dat.)	(einen Mann) heiraten	
	marītus, -ī m	der Ehemann	
	uxōrem dūcere	*(eine Frau) heiraten*	

S.91	**velle, volō, voluī**	wollen	*der Volontär, frz. vouloir, ital. volere*
	nōlle, nōlō, nōluī	nicht wollen	→ *velle*
	mālle, mālō, māluī	lieber wollen	→ *magis, velle*
	quam (bei Vergleichen)	als	

S.93	**quōmodo**	wie; auf welche Weise	→ *modus*
	paucī, -ae, -a	wenige	*frz. un peu, ital./span. un poco*
	invītāre	einladen	*engl. to invite*
	celeber, celebris, celebre	viel besucht; gefeiert	*engl. to celebrate*
	equidem	(ich) allerdings, freilich	
	restāre, restō, restitī	übrig bleiben; Widerstand leisten	→ *stare; der Rest, engl. rest*
	interesse, intersum, interfuī (m. Dat.)	dazwischen sein; teilnehmen (an)	→ *inter, esse; das Interesse, interessant*
	lūdīs interesse	*an den Spielen teilnehmen*	
	at	aber, jedoch	
	cōgnōscere, cōgnōscō, cōgnōvī	kennenlernen, erkennen; erfahren; *Perf.* wissen, kennen	*inkognito*
	Cicerōnem cōgnōvī	*ich kenne Cicero*	
	oportet, oportuit	es gehört sich, man muss	

dīvortium, -ī n	die Scheidung
mātrimōnium, -ī n	die Ehe
mātrōna, -ae f	die ehrbare Frau, die vornehme Dame

āvertere, āvertō, āvertī	abwenden, fernhalten; entfernen
incendere, incendō, incendī	entflammen, in Brand setzen
ostendere, ostendō, ostendī	zeigen, erklären, offenbaren
respondēre, respondeō, respondī	antworten
ruere, ruō, ruī	(sich) stürzen, eilen, rennen; einstürzen

S. 94	**sapientia, -ae** f	die Weisheit	
	disputāre	diskutieren, sprechen über	*der Disput*
	beātus, -a, -um	glücklich	*Beate*
	honōs/honor, honōris m	die Ehre; das Ehrenamt	*das Honorar*
	nōndum	noch nicht	→ *non*
	rēctē (Adv.)	richtig; zu Recht	
	sententia, -ae f	der Satz; der Sinnspruch; die Meinung	*die Sentenz, engl. sentence*
	probāre	billigen, gutheißen; prüfen	→ *probus; probieren*
	summus, -a, -um	der höchste, der oberste; der letzte	*die Summe*
	studium, -ī n	die Bemühung, das Streben; die (wissenschaftliche) Beschäftigung	→ *studere; das Studium, engl. study*
	summō studiō	*mit höchstem Eifer*	
	studēre	*(m. Inf.) sich bemühen (zu tun), wünschen (zu tun); (m. Dat.) sich beschäftigen mit, streben nach*	*der Student, studieren, engl. to study*

S. 95	**gerere, gerō, gessī**	tragen; führen, ausführen	*die Geste, gestikulieren*
	negōtia gerere	*seinen Geschäften nachgehen*	
	bellum gerere (cum)	*Krieg führen (mit)*	
	vestem gerere	*ein Kleidungsstück tragen*	
	sē gerere	*sich benehmen*	
	neque/nec	und nicht, auch nicht, aber nicht	
	neque ... neque ... / nec ... nec ...	*weder ... noch ...*	
	quamquam	obwohl	
	sī	wenn, falls	

S. 97	**quantus, -a, -um**	wie groß, wie viel	→ *tantus; das Quantum*
	quattuor	vier	*das Quartett, frz. quatre*
	quondam	einmal, einst	
	omnīnō	insgesamt, überhaupt, völlig	→ *omnis*
	pūblicus, -a, -um	öffentlich, staatlich	*das Publikum, publizieren*
	prōvidēre, prōvideō, prōvīdī	(m. Dat.) sorgen für; (m. Akk.) vorhersehen	→ *videre; die Provision*
	perpetuus, -a, -um	ununterbrochen, dauerhaft, ewig	*das Perpetuum mobile*
	recēns; Gen. **recentis**	frisch, jung, neu	*engl. recently*
	celebrāre	feiern	→ *celeber; zelebrieren*
	glōria, -ae f	der Ruhm, die Ehre	*glorifizieren, engl. glory, glorious*
	glōriam sibi parāre	*sich Ruhm verschaffen*	
	imprīmīs	in erster Linie, besonders	

disciplīna, -ae f	die Lehre, die Unterweisung
philosophia, -ae f	die Philosophie
philosophus, -ī m	der Philosoph

bibere, bibō, bibī	trinken	
capere, capiō, cēpī	fassen, fangen, ergreifen; einnehmen	
accipere, accipiō, accēpī	annehmen, empfangen, erhalten	
incipere, incipiō, coepī	anfangen, beginnen	
fugere, fugiō, fūgī (m. Akk.)	fliehen (vor); meiden	

S.98 **prōvincia, -ae** f	die Provinz	*die Provence, provinziell*
praeesse, praesum, praefuī (m. Dat.) *prōvinciae praeesse*	an der Spitze stehen, leiten *eine Provinz regieren*	→ *esse*
cunctī, -ae, -a	alle	
multitūdō, multitūdinis f	die Vielzahl, die Menge	→ *multi; der Multimillionär*
tōtus, -a, -um; Gen. **tōtīus,** Dat. **tōtī**	ganz	*total, totalitär*
quaerere, quaerō, quaesīvī *amīcum quaerere* *ex amīcō quaerere*	suchen; (ē/ex) (jdn.) fragen *den Freund suchen* *den Freund fragen*	
quandō?	wann?	→ *aliquando; frz. quand, ital. quando, span. cuándo*
prōmittere, prōmittō, prōmīsī	versprechen	→ *mittere; engl. to promise*
littera, -ae f	der Buchstabe; *Pl.* der Brief; die Literatur; die Wissenschaft(en)	*engl. letter, frz. lettre*

S.99 **īgnōrāre** *nōn īgnōrāre*	nicht wissen, nicht kennen *genau wissen, gut kennen*	*der Ignorant, engl. to ignore*
torquēre, torqueō, torsī	drehen; schleudern; foltern, quälen	*die Tortur*
īnsidiae, -ārum f (Pl.) *īnsidiās parāre*	der Hinterhalt, die Falle *einen Hinterhalt legen*	
dēcēdere, dēcēdō, dēcessī *dē vītā dēcēdere*	weggehen; sterben *sterben*	→ *accedere*
quō	wohin?; wodurch?; dorthin	
-ne?	unübersetzte Fragepartikel	
nōnne?	etwa nicht?, denn nicht?	→ *non, -ne*
num?	etwa?	

S.101 **patrōnus, -ī** m	der Schutzherr, der Anwalt	*der Schutzpatron*
quīnque	fünf	*frz. cinq, ital. cinque, span. cinco*
sex	sechs	*engl./frz. six, span. seis*
decem	zehn	*das Dezimalsystem, frz. dix, ital. dieci*
an (im Fragesatz)	oder	
centum	hundert	*der Zentimeter, das Prozent, engl. century*
satis/sat	genug	*satt, engl. satisfaction*
recitāre	vorlesen, vortragen	*rezitieren*
nisī	wenn nicht; außer	→ *si*
cōnstituere, cōnstituō, cōnstituī	aufstellen; festsetzen, einrichten; *(m. Inf.)* beschließen (zu tun)	*die Konstitution, engl./frz. constitution*

Wortschatz 20

crēdere, crēdō, crēdidī	glauben; vertrauen, anvertrauen
prōdere, prōdō, prōdidī	verraten, preisgeben; überliefern
currere, currō, cucurrī	laufen, rennen
pellere, pellō, pepulī	schlagen, stoßen; treiben, vertreiben
repellere, repellō, reppulī	zurückstoßen, abwehren, vertreiben

S.103	**ūnus, -a, -um;** Gen. **ūnīus,** Dat. **ūnī**	ein(er), ein einziger	*engl. one, frz. un, ital./span. uno*
	compōnere, compōnō, composuī	ordnen; vergleichen; verfassen	*komponieren, das Kompositum*
	īnstruere, īnstruō, īnstrūxī	einrichten; unterweisen; erbauen	*instruieren, die Instruktion, das Instrument*
	difficilis, difficile	schwer, schwierig	*→ facilis; engl. difficult*
	adhūc	bis jetzt, immer noch	
	valēre *valē!/valēte!*	gesund sein; gelten, Einfluss haben *lebe wohl!/lebt wohl!*	
	amāre	lieben, (gerne) mögen	*frz. aimer, ital. amare*

S.103	**honestus, -a, -um**	ehrenhaft, angesehen	*→ honor; engl. honest*
	dēpōnere, dēpōnō, dēposuī	ablegen, niederlegen	*→ componere; deponieren, das Depot*
	cōpia, -ae f	die Menge, der Vorrat; *Pl. auch:* die Truppen	*die Kopie, engl. copy, frz. copie*
	potentia, -ae f	die Macht	*→ potens; die Potenz*
	crēscere, crēscō, crēvī	wachsen; zunehmen	*crescendo, engl. to increase*
	vertere, vertō, vertī	drehen, wenden	*die Version, versiert*
	victor, victōris m	der Sieger	*→ vincere*
	cum (m. Ind.)	(immer) wenn; (damals) als; (dann), wenn; sobald	
	postquam (m. Ind. Perf.)	nachdem	

S.105	**nūper**	neulich	
	oppidum, -ī n	die Stadt, die Befestigung	
	plērīque, plēraeque, plēraque	die meisten, sehr viele	
	īnstāre, īnstō, īnstitī	bevorstehen, drohen	*→ stare; die Instanz*
	sīc	so, auf diese Weise	
	prīmō	zuerst	*→ imprimis*
	vel	oder	
	pōnere, pōnō, posuī	setzen, stellen, legen	*→ componere, deponere; der Posten, die Position, positiv*
	vērō	wirklich; aber; jawohl	*→ verus*
	fortāsse	vielleicht	

brācae, -ārum f (Pl.)	die Hose
cingulum, -ī n	der Gürtel
gēns togāta, gentis togātae f	Volk in der Toga
palla, -ae f	Mantel aus großem rechteckigem Wollstoff, Gewand der Frauen
pallium, -ī n	der Mantel
toga, -ae f	die Toga
toga praetexta, togae praetextae f	Toga mit Purpurstreifen
toga virīlis, togae virīlis f	die Männertoga
togam compōnere	die Toga anlegen
tunica, -ae f	die Tunika

Klein, aber unverzichtbar: Konnektoren

> Quondam puer eram. Nondum mihi sermonibus patrum interesse vel omnino cum viris claris sermonem habere licebat. Mox autem civis Romanus ero. Imprimis semper vir honestus ero. Itaque bello non interero, sed Athenas petere malo. At interea cum amicis celebrabo.

„▰▰ puer eram. ▰▰ mihi sermonibus patrum interesse ▰▰ cum viris claris sermonem habere licebat. ▰▰ civis Romanus ero. ▰▰ semper vir honestus ero. ▰▰ bello non interero, ▰▰ Athenas petere malo. ▰▰ cum amicis celebrabo.“

a. Vergleiche die beiden Textversionen.
b. Konnektoren werden die unveränderlichen Verbindungswörter genannt, die inhaltliche Bezüge zwischen Sätzen herstellen und sie zu einem Text verbinden. Erläutere, was die Konnektoren für die Verständlichkeit dieses Textes leisten.

1. Du hast schon viele Konnektoren kennen gelernt. Ordne die folgenden nach ihrer Bedeutung: zeitlich, einen Gegensatz bezeichnend, verbindend, eine Reihenfolge bezeichnend, begründend:

at – nondum – nam – sed – statim – iam – autem – mox – vero – quoque – nunc – numquam – iterum – et – tandem – diu – interea – primo – saepe – tum – enim – itaque – tamen – nuper – ac – subito – atque – imprimis – denique – aliquando – etiam – ergo – postea – adhuc – antea

2. Manche Konnektoren tauchen im Doppelpack auf. Setze passend ein.
1. ▰▰ Tullia ▰▰ Marcus liberi Terentiae sunt.
2. ▰▰ Epicurei ▰▰ Stoici mihi placent, sed meo modo vivere malo. 3. ▰▰ thermas (→ L3) amo, ▰▰ theatra (→ L5) intrare volo.
4. ▰▰ una ▰▰ panthera[1] in Cilicia est.

> neque … neque – et … et
> ne … quidem   – non solum … sed etiam

1) **panthera**, -ae f: Panther

3. Das fiese -que.
a. Finde die Wörter, zu denen -que unveränderlich gehört.
denique – pacemque – quinque – atque – recteque – oportetque – quoque – plerique – ubique – quantusque – seque – itaque – undique – magisque

b. -que und et: Wechsle die Verbindung.
Z. B. pace belloque → pace et bello
cum matre patreque – montes et flumen – cibo vinoque – magis magisque – amicos et familiam

4. Damit Konnektoren im Kopf bleiben, muss man sie sich besonders einprägen.
a. Nutze eine Gedächtnistechnik (vgl. S. 249) für:
tantum – quidem – ergo
b. Verfahre ebenso mit drei Konnektoren, die du dir nur schwer merken kannst.

Z *5. Konnektoren helfen auch, einen Text zu gliedern. Erkläre anhand der Konnektoren die inhaltlichen Bezüge der Sätze im letzten Absatz des Lesetextes 17.*

Lateinisch-deutsches Vokabelverzeichnis

A

ā/ab *(m. Abl.)*	von, von ... her, von ... weg	7
abdūcere, abdūcō, abdūxī, abductum	wegführen, entführen, verschleppen	24
abesse, absum, āfuī, –	fort sein, weg sein; fehlen	28
abīre, abeō, abiī, abitum	weggehen, abtreten, zurücktreten	34
absolvere, absolvō, absolvī, absolūtum	freisprechen	14
abundāre *(m. Abl.)*	übervoll sein (von); Überfluss haben (an)	6
accēdere, accēdō, accessī, accessum	herbeikommen, herantreten, sich nähern	3, 16, 24
accidere, áccidit, áccidit	geschehen, sich ereignen; zustoßen	16
accipere, accipiō, accēpī, acceptum	annehmen, empfangen, erhalten; vernehmen	10, 19, 25
accubāre	(bei Tisch) liegen	6
accūsāre	anklagen, beschuldigen	12
ācer, ācris, ācre	scharf; heftig	10
acerbus, -a, -um	bitter; schmerzlich; rücksichtslos	30
aciēs, aciēī *f*	die Schärfe; der Scharfsinn; die Schlachtreihe	28
aciem instruere	eine Schlachtreihe aufstellen	28
āctiō, āctiōnis *f*	die Tätigkeit, die Handlung; die (Gerichts-)Verhandlung	14
ad *(m. Akk.)*	zu (... hin); bei, an; nach	7
addere, addō, addidī, additum	hinzufügen	31
addūcere, addūcō, addūxī, adductum	heranführen; veranlassen	25
adesse, adsum, affuī, – *(m. Dat.)*	da sein; helfen	4, 12
adhibēre	anwenden; hinzuziehen	9
adhūc	bis jetzt, immer noch	20
adīre, adeō, adiī, aditum	herangehen, aufsuchen, auf sich nehmen, angreifen	34
ad rem pūblicam adīre	in den Staatsdienst treten	34
adiungere, adiungō, adiūnxī, adiūnctum	anbinden, anfügen, anschließen	41
admittere, admittō, admīsī, admissum	zulassen	22, 27

adulēscēns, adulēscentis *m*	der Jugendliche, der junge Mann	34
adversus *(Präp. m. Akk.)*	gegen	39
adversus, -a, -um	entgegengesetzt, feindlich, ungünstig	26
aedificāre	bauen, erbauen	9
aedificium, -ī *n*	das Gebäude, das Bauwerk	29
aedīlis, aedīlis *m*	der Ädil	11
aedis, aedis *f*	der Tempel; *Pl.* das Haus	24
aedibus recipere	in sein Haus aufnehmen	25
aequor, aequoris *n*	die Ebene, die Fläche; das Meer	43
aequus, -a, -um	gleich, gerecht, gelassen	31
aequō animō	gelassen, gleichmütig	31
aes, aeris *n*	das Erz, die Bronze, das Geld	34
aes aliēnum, aeris aliēnī *n*	die Schulden	34
aestās, aestātis *f*	der Sommer, die Hitze	22
aestus, aestūs *m*	die Hitze	37
aetās, aetātis *f*	das Lebensalter, das Zeitalter; die Zeit	26
aeternus, -a, -um	ewig	31
in aeternum	ewig, für immer	31
afferre, afferō, attulī, allātum	herbeibringen, bringen; melden	35
gaudium afferre	Freude bereiten	35
afficere, afficiō, affēcī, affectum *(m. Abl.)*	versehen (mit)	31
ager, agrī m	der Acker, das Feld; *Pl.* das Land	8
agere, agō, ēgī, āctum	tun; handeln, verhandeln; treiben	12, 14, 26
vītam agere	sein Leben verbringen	12
tempus agere	seine Zeit verbringen	12
grātiās agere	danken	12
fābulam agere	ein Schauspiel aufführen	12
bene agere (cum)	gut auskommen (mit)	12
agere (dē) (cum)	verhandeln (über) (mit)	12
aggredī, aggredior, aggressus sum	angreifen; in Angriff nehmen	39
agmen, agminis *n*	der Heereszug; die Schar	30
āiō (āis, āit, āiunt)	ich sage, ich behaupte	31
ut āiunt	wie man sagt	31
alere, alō, aluī, al(i)tum	aufziehen, (er)nähren; vergrößern	27

aliēnus, -a, -um	fremd	15
aliquandō	einst, (irgendwann) einmal	11
aliquī, aliqua, aliquod	irgendein, irgend- eine, irgendein	29
aliquis, aliquid	irgendjemand, irgendetwas	29
aliter	auf andere Weise, sonst	31
alius, alia, aliud; *Gen.* alterīus, *Dat.* alterī	ein anderer, eine andere, ein anderes	31
aliī … aliī …	die einen … die anderen …	36
alter, altera, alterum; *Gen.* alterīus, *Dat.* alterī	der eine (von beiden); der andere	27
alter … alter …	der eine … der andere …	27
alter Orpheus	ein zweiter Orpheus	36
altus, -a, -um	hoch; tief	36
amāre	lieben, (gerne) mögen	20
ambulāre	spazieren gehen	40
amīca, -ae *f*	die Freundin	1
amīcitia, -ae *f*	die Freundschaft	4
amīcitiam facere	Freundschaft schließen	25
amīcus, -ī *m*	der Freund	1
āmittere, āmittō, āmīsī, āmissum	verlieren	32
amor, amōris *m*	die Liebe	22
amphitheātrum Flāvium, amphitheātrī Flāviī *n*	das Kolosseum	5
amplus, -a, -um	weit, geräumig; bedeutend	25
an *(im Fragesatz)*	oder	19, 33
angustus, -a, -um	eng	40
anima, -ae *f*	der Atem, die Seele, das Leben	26
animadvertere, animadvertō, animadvertī, animadversum	wahrnehmen, bemerken; *(in m. Akk.)* einschreiten gegen, bestrafen	33
animal, animālis *n*	das Lebewesen, das Tier	21
animus, -ī *m*	das Herz, das Gemüt, der Mut; der Geist, die Seele	5
animum dēmittere	den Mut sinken lassen	30
bonō animō esse	guten Mutes sein	31
in animō habēre	im Sinn haben, beabsichtigen	31
annus, -ī *m*	das Jahr	11
ante *(m. Akk.)*	vor	7
anteā	vorher, früher	14

antīquus, -a, -um	alt	24
aperīre, aperiō, aperuī, apertum	öffnen; eröffnen	29
apodytērium, -ī *n*	der Auskleideraum, das Auskleidezimmer	3
appārēre	erscheinen, sich zeigen	12
appellāre	anreden, ansprechen; benennen; *(m. dopp. Akk.)* nennen	26, 30
appetere, appetō, appetīvī, appetītum	begehren, anstreben, streben nach	41
apud *(m. Akk.)*	bei	22
aqua, -ae *f*	das Wasser	31
āra, -ae *f*	der Altar	1
arbitrārī, arbitror, arbitrātus sum	glauben, meinen	36
arbor, arboris *f*	der Baum	16
arcessere, arcessō, arcessīvī, arcessītum	herbeirufen, holen, holen lassen	21, 31
ārdēre, ārdeō, ārsī, –	brennen, glühen	5, 14
arēna, -ae *f*	der Sand(platz), die Arena, der Kampfplatz	5
argentum, -ī *n*	das Silber; das Geld	36
arma, -ōrum *n (Pl.)*	die Waffen	8
arma capere	zu den Waffen greifen	8
ad arma vocāre	zu den Waffen rufen	12
armātus, -a, -um	bewaffnet	43
arōma, arōmatis *n*	das Gewürz	43
ars, artis *f*	die Kunst; die Fertigkeit	16
arx, arcis *f*	die Burg, die Stadtburg	24
aspectus, aspectūs *m*	der Anblick	35
asper, aspera, asperum	rau, grob, hart	17
aspicere, aspiciō, aspexī, aspectum	ansehen, erblicken	14, 28
asȳlum, -ī *n*	das Asyl, der Zufluchtsort	28
at	aber, jedoch	17
āter, ātra, ātrum	schwarz, finster	22
atque/ac	und, und auch	9
ātrium, -ī *n*	das Atrium (der Hauptraum im Haus)	9
attingere, attingō, attigī, attāctum	berühren; grenzen an; gelangen an/nach	31
auctor, auctōris *m*	der Urheber, der Veranlasser; der Gründer; der Schriftsteller	24
auctōritās, auctōritātis *f*	das Ansehen, die Bedeutung, der Einfluss	34

285

audācia, -ae *f*	der Wagemut, die Kühnheit; die Frechheit	11
audēre, audeō, ausus sum	wagen	37
audīre	hören, anhören	2
auferre, auferō, abstulī, ablātum	wegtragen, wegbringen, wegnehmen	35
augēre, augeō, auxī, auctum	vermehren, vergrößern; fördern	26
aura, -ae *f*	der Windhauch, der Lufthauch, die Luft	22
aureus, -a, -um	golden; vergoldet	26
aurum, -ī *n*	das Gold	36
aut	oder	28
aut … aut …	entweder … oder …	28
autem *(nachgestellt)*	aber, jedoch	13
auxilium, -ī *n*	die Hilfe	6
auxiliō venīre	zu Hilfe kommen	6
auxilium petere	um Hilfe bitten	6
auxiliō arcessere	zu Hilfe holen	21
avāritia, -ae *f*	die Habgier; der Geiz	29
āvertere, āvertō, āvertī, āversum	abwenden, fernhalten; entfernen	5, 18, 33
avus, -ī *m*	der Großvater	16

B

barbarus, -a, -um	fremd, ausländisch; barbarisch; *Subst.* der Barbar	15
beātus, -a, -um	glücklich	18
bellum, -ī *n*	der Krieg	15
bellum committere	einen Krieg beginnen	15
bellum gerere (cum)	Krieg führen (mit)	18
bellum inferre *(m. Dat.)*	Krieg anfangen (mit)	35
bene	gut	2
beneficium, -ī *n*	der Gunstbeweis, die Wohltat, die Gefälligkeit	33
bibere, bibō, bibī, –	trinken	6, 19
bonum, -ī *n*	das Gute	41
bonus, -a, -um	gut	8
brācae, -ārum *f (Pl.)*	die Hose	20
brevis, breve	kurz	28
brevī (tempore)	in Kürze, in kurzer Zeit	28

C

cadere, cadō, cécidī, –	fallen	16
caedere, caedō, cecīdī, caesum	fällen; niederschlagen, töten	14, 29
caedēs, caedis *f*	der Mord; das Blutbad	28
caelum, -ī *n*	der Himmel; das Klima	21

calamitās, calamitātis *f*	das Unglück, das Unheil; der Schaden	16
caldārium, -ī *n*	das Heißbad	3
campus, -ī *m*	das Feld	39
canis, canis *m/f*	der Hund / die Hundin	23
cantāre	singen	5
capere, capiō, cēpī, captum	fassen, fangen, ergreifen; einnehmen	3, 19, 25
captivus, -a, -um	gefangen; *Subst.* der/die Gefangene	25
caput, capitis *n*	das Haupt, der Kopf; die Hauptstadt	23
carēre *(m. Abl.)*	entbehren, nicht haben; frei sein (von)	38
carmen, carminis *n*	das Lied, das Gedicht	6
cārus, -a, -um	lieb, teuer, wertvoll	13
castra, -ōrum *n (Pl.)*	das Lager, das Kriegslager	30
castra movēre	das Lager abbrechen	30
castra pōnere	das Lager aufschlagen	30
cāsus, cāsūs *m*	der Fall; der Zufall; der Unglücksfall	42
caupōna, -ae *f*	die Kneipe	4
causa, -ae *f*	der Grund, die Ursache; der Fall, der (Gerichts-)Prozess	14
causā *(m. Gen.; nachgestellt)*	um … willen, wegen	40
cavēre, caveō, cāvī, cautum *(m. Akk.)*	sich hüten (vor), sich in Acht nehmen (vor)	8, 17, 34
cēdere, cēdō, cessī, cessum	gehen; weichen	30
celeber, celebris, celebre	viel besucht; gefeiert	17
celebrāre	feiern	18
celer, celeris, celere	schnell	10
celeritās, celeritātis *f*	die Schnelligkeit	31
cēna, -ae *f*	die (Haupt-)Mahlzeit, das Essen	6
cēna viātica, cēnae viāticae *f*	das Abschiedsfest, das Abschiedsessen	6
cēnāre	essen, speisen	6
cēnsēre, cēnseō, cēnsuī, cēnsum	meinen; schätzen, einschätzen	30
centum	hundert	19
cernere, cernō, crēvī, –	sehen, erkennen	32
certāre	kämpfen, streiten, wetteifern	17
certē *(Adv.)*	sicher, gewiss	4
certus, -a, -um	sicher, gewiss, bestimmt	31

Latein	Deutsch	Nr.
cessāre *(m. Inf.)*	zögern, sich Zeit lassen (zu tun)	3
cēterī, -ae, -a	die übrigen	25
cēterum	übrigens, im übrigen	36
chaos *n*	die Leere, der leere Raum	21
cibus, -ī *m*	die Speise; die Nahrung	6
cingere, cingō, cinxī, cinctum	umgeben, umzingeln	38
cingulum, -ī *n*	der Gürtel	20
cinis, cineris *m*	die Asche	37
circumdare, circumdō, circumdedī, circumdatum	umgeben, umzingeln, umschließen	33
circumīre, circumeō, circumiī, circumitum	um ... herumgehen, umgehen, umfahren	43
circus, -ī *m*	die Rennbahn, der Zirkus	5
citō	schnell	8
cīvis, cīvis *m/f*	der Bürger/ die Bürgerin	5
cīvitās, cīvitātis *f*	der Staat; die Bürgerschaft; das Bürgerrecht	11
clam	heimlich	3
clāmāre	(laut) rufen, schreien	1
clāmor, clāmōris *m*	der Schrei; das Geschrei; der Lärm	3
clārus, -a, -um	hell, klar; berühmt	10
classis, classis *f*	die Flotte, die Abteilung	35
claudere, claudō, clausī, clausum	schließen, einschließen, versperren	35
cliēns, clientis *m*	der Klient	10
cōgere, cōgō, coēgī, coāctum	versammeln; zwingen	24
cōgitāre	denken; beabsichtigen (zu tun)	1
sēcum cōgitāre	bei sich/im Stillen denken	16
cōgnōmen, -inis *n*	der Beiname	1
cōgnōscere, cōgnōscō, cōgnōvī, cōgnitum	kennenlernen, erkennen; erfahren; *Perf.* wissen, kennen	17, 27
Cicerōnem cōgnōvī	ich kenne Cicero	
colere, colō, coluī, cultum	bewirtschaften, bebauen, pflegen; verehren	7, 12, 29
colligere, colligō, collēgī, collēctum	sammeln	22, 28
collocāre	aufstellen, errichten; ansiedeln	39
colossus, -ī *m*	der Koloss	36
comes, comitis *m/f*	der Gefährte/ die Gefährtin; der Begleiter/ die Begleiterin	11
committere, committō, commīsī, commissum	begehen; veranstalten; anvertrauen	14, 27
scelus committere	ein Verbrechen begehen	14
commodum, -ī *n*	der Vorteil, die Annehmlichkeit	40
commovēre, commoveō, commōvī, commōtum	bewegen, beunruhigen, veranlassen	22, 25
commūnis, commūne	allgemein, gemeinsam	38
comparāre	bereiten, beschaffen; *(cum)* vergleichen (mit)	38
comperīre, comperiō, comperī, compertum	erfahren, in Erfahrung bringen	28
complēre, compleō, complēvī, complētum *(m. Abl.)*	ausfüllen, anfüllen (mit); erfüllen	6, 13, 31
compōnere, compōnō, composuī, compositum	ordnen; vergleichen; verfassen	20, 24
togam compōnere	die Toga anlegen	20
comprehendere, comprehendō, comprehendī, comprehēnsum	ergreifen, festnehmen, erfassen; begreifen	14, 29
concēdere, concēdō, concessī, concessum	weichen, nachgeben, erlauben, zugestehen	24
condemnāre	verurteilen	14
condere, condō, condidī, conditum	gründen, bauen; verwahren, bergen	26
sē condere *(in m. Abl.)*	sich verbergen (in)	26
condiciō, condiciōnis *f*	die Bedingung, die Lage	39
cōnferre, cōnferō, contulī, collātum	zusammentragen, zusammenbringen, vergleichen	35
sē cōnferre	sich begeben	35
cōnficere, cōnficiō, cōnfēcī, cōnfectum	anfertigen, vollenden; aufreiben; beenden	26
cōnfīdere, cōnfīdō, cōnfīsus sum *(m. Abl.)*	vertrauen (auf)	40
cōnfirmāre	(be)kräftigen, verstärken; ermutigen	15
cōnfitērī, cōnfiteor, cōnfessus sum	gestehen, bekennen; offenbaren	38
coniungere, coniungō, coniūnxī, coniūnctum	verbinden, vereinigen	27
coniūnx, coniugis *m/f*	der Ehemann / die Ehefrau, der Gemahl / die Gemahlin	17

cupiditās, cupiditātis *f*	die Begierde, das Verlangen, die Leidenschaft	27
cupidus, -a, -um *(m. Gen.)*	gierig, begierig (nach)	40
cūr?	warum?	1
cūra, -ae *f*	die Sorge; die Pflege	10
cūrae esse	Sorgen bereiten	21
cūrāre *(m. Akk.)*	sich kümmern (um), sorgen (für); pflegen	13
cūria, -ae *f*	die Kurie, das Rathaus	8
currere, currō, cucurrī, cursum	laufen, rennen	3, 20, 32
currus, currūs *m*	der Wagen	34
cursus, cursūs *m*	der Lauf; die Eile; die Richtung	42
custōs, custōdis *m*	der Wächter	11

D

damnāre	verurteilen	14
dare, dō, dedī, datum	geben	13, 14, 24
sē dare	sich hingeben, sich widmen	16
dē *(m. Abl.)*	von ... herab; von, über, um	7
dē Capitōliō nārrāre	vom Kapitol erzählen	7
dē amīcō timēre	um den Freund fürchten	7
dea, -ae *f*	die Göttin	7
dēbēre	müssen; schulden	1
nōn dēbēre	nicht müssen; nicht dürfen	3
dēcēdere, dēcēdō, dēcessī, dēcessum	weggehen; sterben	19, 24
dē vītā dēcēdere	sterben	19
decem	zehn	19
dēcernere, dēcernō, dēcrēvī, dēcrētum	beschließen, entscheiden	27
decet, decuit *(m. Akk.)*	es schickt sich (für jdn.), es steht (jdm.)	13
vestis mē decet	das Kleid steht mir	13
dēdere, dēdō, dēdidī, dēditum	ausliefern, übergeben	32
sē dēdere	sich hingeben, sich widmen	32
dēesse, dēsum, dēfuī, –	fehlen	13
dēfendere, dēfendō, dēfendī, dēfēnsum (ā/ab)	abwehren; verteidigen (gegen)	11, 14, 33
dēferre, dēferō, dētulī, dēlātum	abführen, (weg-)bringen; melden, übertragen	39
dēficere, dēficiō, dēfēcī, dēfectum	ausgehen; *(m. Akk.)* fehlen; *(ā/ab)* abfallen (von)	40
vīrēs mē dēficiunt	die Kräfte verlassen mich	40

deinde	hierauf, dann	24
dēlectāre	erfreuen	5
dēmittere, dēmittō, dēmīsī, dēmissum	hinabschicken, sinken lassen	30
animum dēmittere	den Mut sinken lassen	30
dēmōnstrāre	zeigen, darlegen, beweisen	33
dēnique	schließlich	9
dēpōnere, dēpōnō, dēposuī, dēpositum	ablegen, niederlegen	20, 24
dēscendere, dēscendō, dēscendī, dēscēnsum	herabsteigen, hinabsteigen	21, 33
dēserere, dēserō, dēseruī, dēsertum	verlassen, im Stich lassen	12, 34
dēsīderāre	sich sehnen nach, vermissen; *(m. Inf.)* ersehnen (zu tun)	5
dēsīderium, -ī *n*	das Verlangen, die Sehnsucht	28
dēsinere, dēsinō, dēsiī, dēsitum	ablassen, aufhören	12, 13, 31
dēspērāre (dē)	verzweifeln (über), die Hoffnung aufgeben	26
dēspicere, dēspiciō, dēspexī, dēspectum	herabsehen (auf), verachten	33
dētrimentum, -ī *n*	der Nachteil, der Schaden	21
dētrimentō esse	schaden	21
deus, -ī *m*	der Gott	7
diadēma, diadēmatis *n*	das Königsdiadem	34
dīcere, dīcō, dīxī, dictum	sagen, sprechen; *(m. dopp. Akk.)* nennen, bezeichnen als	3, 14, 28, 30
dictātor, dictātōris *m*	der Diktator	29
diēs, diēī *m*	der Tag	26
diēs noctēsque	Tag und Nacht	26
differre, differō, distulī, dīlātum	aufschieben, verschieben; sich unterscheiden	41
difficilis, difficile	schwer, schwierig	20
dīgnitās, dīgnitātis *f*	die Würde, das Ansehen, die Ehre	33
dīgnus, -a, -um *(m. Abl.)*	würdig, wert (einer Sache)	30
dīligēns; Gen. dīligentis	sorgfältig, gewissenhaft	13
dīligere, dīligō, dīlēxī, dīlēctum	lieben, hochschätzen	41
dīmittere, dīmittō, dīmīsī, dīmissum	entsenden, wegschicken, entlassen	32
discēdere, discēdō, discessī, discessum	auseinandergehen; weggehen	32
discere, discō, didicī, –	lernen	41
disciplīna, -ae *f*	die Lehre, die Unterweisung	18

discipulus, -ī m	der Schüler	2
discrimen, discriminis n	der Unterschied; die Entscheidung; die Gefahr	33
disputāre	diskutieren, sprechen über	18
diū	lange (Zeit)	3
diversus, -a, -um	entgegengesetzt; verschieden	27
dives; Gen. divitis	reich; kostbar	28
dīvidere, dīvidō, dīvisī, divisum	teilen, trennen; unterscheiden	38
divius, -a, -um	göttlich	39
dīvortium, -ī n	die Scheidung	17
divus, -a, -um	göttlich	33
docēre, doceō, docuī, doctum	lehren, belehren	5, 29
līberōs fābulam docēre	die Kinder eine Geschichte lehren	5
dolēre	schmerzen; (m. Abl.) Schmerz empfinden (über)	12
dolor, dolōris m	der Schmerz	5
dolus, -ī m	die List, die Täuschung	9
domina, -ae f	die Herrin; die Hausherrin	1
dominus, -ī m	der Herr; der Hausherr	1
domus, domūs f	das Haus	27
domī	daheim, zu Hause	11, 37
domō	von zu Hause weg	37
domum	nach Hause	37
dōnāre	schenken; beschenken	10
dōnum, -ī n	das Geschenk	24
dormīre	schlafen	6
dos, dōtis f	die Gabe, die Mitgift	36
dubitāre	zweifeln, unschlüssig sein; (m. Inf.) zögern (zu tun)	33
nōn dubitāre, quīn	nicht (daran) zweifeln, dass	35
dubitātiō, dubitātiōnis f	das Zögern	36
dūcere, dūcō, dūxī, ductum	führen, ziehen; (m. dopp. Akk.) halten für	7, 16, 24, 30
dulcis, dulce	süß, lieblich	22
dum	(solange) bis; solange; (m. Ind. Präs.) während	29
duo, duae, duo	zwei	23
duodecim	zwölf	23
dūrus, -a, -um	hart, hartherzig	12
dux, ducis m/f	der Anführer/ die Anführerin	27

E

ē (m. Abl.)	aus, aus … heraus; von … her; seit	7
ecce!	sieh da!, schau! / seht da!, schaut!	3
efferre, efferō, extulī, ēlātum	hinausbringen; emporheben, hochmütig machen	36
efficere, efficiō, effēcī, effectum	durchsetzen, bewirken, vollenden	30
ego	ich	2
ēgredī, ēgredior, ēgressus sum	herausgehen, hinausgehen	37
ēgregius, -a, -um	hervorragend, ausgezeichnet	15
ēicere, ēiciō, ēiecī, ēiectum	hinauswerfen, vertreiben	30
eiusmodi	derartig	42
elephantus, -ī m	der Elefant	32
ēloquentia, -ae f	die Redegewandtheit	14
enim (nachgestellt)	denn, nämlich	6
eō	deswegen; dorthin	29
epistula, -ae f	der Brief	2
equidem	(ich) allerdings, freilich	17
equus, -ī m	das Pferd	6
ergō	also, folglich	7
ēripere, ēripiō, ēripuī, ēreptum	entreißen	11, 12, 24
esse, sum, fuī, —	sein	4, 12
est	er/sie/es ist; es gibt	1
et	und; auch	1
et … et …	sowohl … als auch …	5
etiam	auch; sogar	4
etsi	auch wenn	38
ēvenīre, ēveniō, ēvēnī, ēventum	sich ereignen	39
ēvenit, ut	es ereignet sich, dass	39
bene ēvenit, quod	es trifft sich gut, dass	41
ex (m. Abl.)	aus, aus … heraus; von … her; seit	7
excipere, excipiō, excēpī, exceptum	ausnehmen, herausnehmen, aufnehmen	30
excitāre	antreiben, erregen, ermuntern, aufwecken	37
exclūdere, exclūdō, exclūsī, exclūsum	ausschließen	38
exemplum, -ī n	das Beispiel; das Vorbild	38
exercēre	üben, trainieren; ausbilden	41

exercitus, exercitūs *m*	das Heer	28
exigere, exigō, exēgī, exāctum	vollenden; einfordern, eintreiben	38
exilium, -ī *n*	**die Verbannung, das Exil**	**12**
exīre, exeō, exiī, exitum	herausgehen, verlassen, ausrücken	34
exīstimāre	einschätzen, meinen	29
expellere, expellō, expulī, expulsum	vertreiben, verjagen, verbannen	29
exspectāre	**warten (auf), erwarten**	**2**
exstinguere, exstinguō, exstīnxī, exstīnctum	löschen, auslöschen; vernichten	23, 24
exter(us), -era, -erum	auswärtig, ausländisch	29
extrā *(m. Akk.)*	außerhalb	38

F

faber, -brī *m*	**der Handwerker**	**16**
fābula, -ae *f*	**die Geschichte, die Erzählung; das Theaterstück**	**2**
facere, faciō, fēcī, factum	**machen, tun; *(m. dopp. Akk.)* machen zu**	**7, 14, 27, 30**
bene/male facere, quod	gut/schlecht daran zu tun, dass	41
facilis, facile	**einfach, leicht, mühelos**	**17**
facinus, facinoris *n*	die Tat; die Untat	29
factum, -ī *n*	die Tat	23
fāma, -ae *f*	das Gerücht; der (gute oder schlechte) Ruf	26
famēs, famis *f*	der Hunger	30
familia, -ae *f*	**die Familie**	**1**
familiāris, familiāre	**vertraut, verwandt, freundschaftlich; *Subst.* der Vertraute, der Verwandte, der Freund**	**16**
fatum, -ī *n*	der Götterspruch; das Schicksal	26
fēlīx; *Gen.* fēlīcis	**glücklich; erfolgreich**	**10**
fēmina, -ae *f*	**die Frau**	**9**
fenestra, -ae *f*	**das Fenster**	**9**
ferē	fast, ungefähr	39
ferre, ferō, tulī, lātum	tragen, bringen; ertragen	35
ferrum, -ī *n*	das Eisen; die Waffe, das Schwert	25
ferus, -a, -um	**wild**	**15**

fidēs, fideī *f*	das Vertrauen; die Treue, die Zuverlässigkeit	26
fidem habēre	Vertrauen schenken	26
fidēs Chrīstiāna, fideī Chrīstiānae *f*	der christliche Glaube	39
fidūcia, -ae *f*	das Vertrauen; die Zuversicht	37
fidūciā ūtī	zuversichtlich sein	37
fīdus, -a, -um	**treu**	**12**
fierī, fīō, factus sum	gemacht werden, werden; entstehen, geschehen	40
fit, ut	es geschieht, es kommt vor, dass	40
factum est, ut	es geschah, es kam vor, dass	40
fīlia, -ae *f*	**die Tochter**	**5**
fīlius, -ī *m*	**der Sohn**	**5**
fingere, fingō, fīnxī, fictum	formen, gestalten; sich ausdenken, erlügen	21, 24
fīnīre	**beenden; begrenzen**	**14**
fīnis, fīnis *m*	das Ende; die Grenze; das Ziel; *Pl.* das Gebiet	24
fīnitimus, -a, -um	benachbart; *Subst.* der Nachbar	28
flāgitium, -ī *n*	die Schande, die Schandtat, die Gemeinheit	29
flamma, -ae *f*	die Flamme	32
flectere, flectō, flexī, flexum	biegen, beugen; umstimmen	22, 32
flēre, fleō, flēvī, flētum	weinen (über); beweinen; beklagen	24
flūctus, flūctūs *m*	die Flut	31
flūmen, flūminis *n*	**der Fluss**	**16**
fōns, fontis *m*	die Quelle, der Ursprung	31
forās	**heraus, hinaus, nach draußen**	**2**
fōrma, -ae *f*	die Gestalt; die Schönheit	22
fortāsse	**vielleicht**	**20**
forte *(Adv.)*	zufällig	34
fortis, forte	**tapfer; stark; tatkräftig**	**10**
fortūna, -ae *f*	das Schicksal; das Glück; *Pl.* die Güter, das Vermögen	26
forum, -ī *n*	**das Forum, der (Markt-)Platz, das Stadtzentrum**	**1, 4, 7**
frangere, frangō, frēgī, frāctum	brechen, (etw.) zerbrechen	23, 27
frāter, frātris *m*	**der Bruder**	**6**

frequēns; *Gen.* frequentis	zahlreich, häufig	43
frīgidārium, -ī *n*	das Kaltbad	3
frūctus, frūctūs *m*	die Frucht; der Ertrag, der Gewinn	41
frūctum ferre	Frucht tragen, Gewinn bringen	41
frūmentum, -ī *n*	das Getreide	30
frūstrā	vergeblich, umsonst	4
fuga, -ae *f*	die Flucht	36
fugae sē dare	fliehen	36
fugere, fugiō, fūgī, – *(m. Akk.)*	fliehen (vor); meiden	3, 19
mē fugit	es entgeht mir	33
fundere, fundō, fūdī, fūsum	gießen, ausschütten; verjagen	34
fūr, fūris *m/f*	der Dieb/die Diebin	3
furor, furōris *m*	der Wahnsinn, das Wüten, die Wut	23
futūrus, -a, -um	künftig, zukünftig	26

G

gaudēre, gaudeō, gāvīsus sum	sich freuen, Spaß haben	1, 37
gaudium, -ī *n*	die Freude	1
gemitus, gemitūs *m*	das Seufzen, das Stöhnen	39
gēns, gentis *f*	das Geschlecht, der Stamm, das Volk	15
gēns togāta, gentis togātae *f*	Volk in der Toga	20
genus, generis *n*	die Art, das Geschlecht, die Abstammung	38
gerere, gerō, gessī, gestum	tragen; führen, ausführen	18, 26
sē gerere	sich benehmen	18
gladiātor, gladiātōris *m*	der Gladiator	5
gladius, -ī *m*	das Schwert	6
globus, -ī *m*	die Kugel	43
glōria, -ae *f*	der Ruhm, die Ehre	18
glōriam sibi parāre	sich Ruhm verschaffen	18
grammaticus, -ī *m*	der Literaturlehrer, der Gelehrte	2
grandis, grande	groß; großartig; wichtig	29
grātia, -ae *f*	der Dank; die Gunst; die Anmut	9
grātiam habēre	danken	9
grātus, -a, -um	dankbar; angenehm	38
gravis, grave	schwer; gewichtig; ernst, bedeutend	27

H

habēre	haben; halten	3
habitāre	wohnen, bewohnen	4

habitātiō, habitātiōnis *f*	die Einzelwohnung, die Wohnung	9
haud	nicht	13
hīc	hier	1
hic, haec, hoc	dieser, diese, dieses	23
hiems, hiemis *f*	der Winter; das Unwetter	21
hinc	von hier; hierauf; daher	22
hodiē	heute	1
homō, hominis *m*	der Mensch	5
honestus, -a, -um	ehrenhaft, angesehen	20
honōs/honor, honōris *m*	die Ehre; das Ehrenamt	18
honōrī esse	Ehre bereiten; ehrenvoll sein	21
hōra, -ae *f*	die Stunde	5
hortārī, hortor, hortātus sum	ermuntern, auffordern	37
hospes, hospitis *m*	der Gastgeber; der Gast(freund)	6
hostis, hostis *m/f*	der (Landes-)Feind, die Feindin	6
hūc	hierher	22
hūmānus, -a, -um	menschlich; gebildet	38
humus, -ī *f*	die Erde, der (Erd-)Boden	21

I

iacēre	liegen	25
iactāre	werfen; (hin und her) schleudern; durcheinanderwerfen	42
iam	schon, bereits	1
nōn iam	nicht mehr	4
ibī	dort	3
īdem, eadem, idem	derselbe, dieselbe, dasselbe	35
īdem … ac …/ īdem … quī …	derselbe … wie …	35
igitur	also	41
īgnis, īgnis *m*	das Feuer	21
īgnōrāre	nicht wissen, nicht kennen	19
nōn īgnōrāre	genau wissen, gut kennen	19
īgnōtus, -a, -um	unbekannt	31
ille, illa, illud	jener, jene, jenes	23
Herculēs ille	der berühmte Herkules	23
illūc	dorthin	37
imāgō, imāginis *f*	das Bild, das Gemälde	35
immō	im Gegenteil; ja sogar	23
immortālis, immortāle	unsterblich; *Subst.* der Unsterbliche, der Gott	21

impedīre	hindern, verhindern	11
impellere, impellō, impulī, impulsum	antreiben, veranlassen	25
imperāre *(m. Dat.)*	befehlen; herrschen (über)	23
imperātor, imperātōris *m*	der Feldherr; der Kaiser	5, 15
imperium, -ī *n*	der Befehl, die Herrschaft; das Reich	24
imperium Rōmānum, imperiī Rōmānī *n*	das römische Reich	16
impetrāre	durchsetzen, erreichen	33
impetus, impetus *m*	der Angriff, der Ansturm	27
impius, -a, -um	gottlos, ruchlos	39
impluvium, -ī *n*	das Regenbecken, das Auffangbecken für Regen	9
impōnere, impōnō, imposuī, impositum	hineinstellen, auferlegen	34
imprīmīs	in erster Linie, besonders	18
improbus, -a, -um	schlecht, unanständig, niederträchtig	8
in *(m. Abl.)*	in, an, auf, bei *(wo?)*	7
in *(m. Akk.)*	in (... hinein); auf; nach (...hin); gegen *(wohin?)*	7
inānis, ināne	sinnlos, wertlos; leer	41
incēdere, incēdō, incessī, incessum	einherschreiten; eintreten	33
incendere, incendō, incendī, incēnsum	entflammen, in Brand setzen	8, 18, 27
incendium, -ī *n*	der Brand, das Feuer	43
incertus, -a, -um	unsicher, ungewiss, unbestimmt	37
incipere, incipiō, coepī, coeptum	anfangen, beginnen	5, 19, 34
inclūdere, inclūdō, inclūsī, inclūsum	einschließen	38
incolumis, incolume	heil, unversehrt	10
incrēdibilis, incrēdibile	unglaublich	15
indicāre	anzeigen, melden, verraten	39
īnfēlix; *Gen.* īnfēlīcis	unglücklich	43
īnferī, -ōrum *m*	die (Bewohner der) Unterwelt	22
īnferre, īnferō, intulī, Illātum	hineintragen, einflößen	35
mortem sibi īnferre	sich das Leben nehmen	35
īnfēstus, -a, -um	feindselig, kampfbereit	28

ingenium, -ī *n*	die Begabung; das Genie	25
ingēns; *Gen.* ingentis	riesig, gewaltig	10
inimīcus, -a, -um	feindlich; *Subst.* der (persönliche) Feind	8
inīquus, -a, -um	ungleich, ungerecht	28
inīre, ineō, iniī, initum	hineingehen, betreten; beginnen	34
initium, -ī *n*	der Eingang, der Anfang	21
iniūria, -ae *f*	das Unrecht, die Beleidigung	28
inopia, -ae *f*	die Armut, die Not, der Mangel	30
inquam/inquis/inquit	sag(t)e ich/(sag(te)st du/sagt(e) er/sie/es)	21
īnsidiae, -ārum *f (Pl.)*	der Hinterhalt, die Falle	19
īnsidiās parāre	einen Hinterhalt legen	19
īnstāre, īnstō, īnstitī, –	bevorstehen, drohen	20
īnstituere, īnstituō, īnstituī, īnstitūtum	einrichten; unterrichten; erbauen	26
īnstruere, īnstruō, īnstrūxī, īnstrūctum	einrichten; unterweisen; erbauen	20, 28
īnsula, -ae *f*	die Insel; der Wohnblock	4, 9
intellegere, intellegō, intellēxī, intellēctum	erkennen, verstehen, einsehen	10, 16, 28
inter *(m. Akk.)*	zwischen; während	7
inter sē	untereinander	16
interdum	manchmal	36
intereā	inzwischen	6
interesse, intersum, interfuī, – *(m. Dat.)*	dazwischen sein; teilnehmen (an)	17
lūdīs interesse	an den Spielen teilnehmen	17
interficere, interficiō, interfēcī, interfectum	töten, vernichten	14, 27
interrogāre	fragen	40
intrāre	betreten, eintreten (in)	2
intuērī, intueor, –	erblicken, betrachten	36
intus	innen, im Inneren	38
invenīre, inveniō, invēnī, inventum	finden, auffinden; erfinden	4, 17, 25
invidia, -ae *f*	der Neid, die Missgunst; die Anfeindung	27
invītāre	einladen	17
invītus, -a, -um	unwillig, gegen den Willen	27
iō triumphe!	hurra; juchhe, Triumphzug!	35
ipse, ipsa, ipsum	selbst; gerade; persönlich	30

īra, -ae *f*	der Zorn, die Wut	10
īram incendere	Zorn erregen	10
īrāscī, īrāscor, īrātus sum	zornig werden, zürnen	40
īrātus, -a, -um	zornig, erzürnt	14
īre, eō, iī, itum	gehen	34
is, ea, id	dieser; der(jenige); er	13
iste, ista, istud	dieser, dieser da	30
ita	so	3
itaque	daher, deshalb	11
iter, itineris *n*	der Weg, die Reise; der Marsch	22
iterum	wiederum, ein zweites Mal	9
iterum atque iterum	immer wieder	9
iubēre, iubeō, iussī, iussum *(m. Akk.)*	befehlen, anordnen	13, 15, 32
iūcundus, -a, -um	angenehm, erfreulich	13
iūdex, iūdicis *m*	der Richter	14
iūdicāre	urteilen; beurteilen, entscheiden	24
iūdicium, -ī *n*	das Urteil, die Entscheidung; das Gericht	12
iugum, -ī *n*	das Joch; das Gespann; der Bergrücken	32
iungere, iungō, iūnxī, iūnctum	verbinden, vereinigen	38
iūrāre	schwören	32
iūs, iūris *n*	das Recht	38
iūsiūrandum/ iūs iūrandum, iūris iūrandi *n*	der Eid, der Schwur	25
iūsiūrandum dare	einen Eid schwören	25
iūstus, -a, -um	gerecht, rechtschaffen	14
iuvāre, iuvō, iūvī, iūtum *(m. Akk.)*	helfen, unterstützen; erfreuen	10, 17, 34
iuvenis, iuvenis *m*	der junge Mann	7
iuventūs, iuventūtis *f*	die Jugend	28

L

labor, labōris *m*	die Arbeit, die Mühe	13
labōrāre	arbeiten; leiden, *(m. Abl.)* leiden (an)	1, 6
lacrima, -ae *f*	die Träne	12
lacrimās dare	weinen	25
laedere, laedō, laesī, laesum	verletzen; beschädigen	40
laetus, -a, -um	froh, fröhlich	9
latēre	verborgen sein	7
laudāre	loben	2
lectus, -ī *m*	das Bett, das Lager	25

lēgātus, -ī *m*	der Gesandte; der Offizier, der Unterfeldherr	6, 15
legere, legō, lēgī, lēctum	lesen; sammeln; auswählen	10, 17, 28
legiō, legiōnis *f*	die Legion	35
leō, leōnis *m*	der Löwe	21
levis, leve	leicht; leichtsinnig, wankelmütig	10
lēx, lēgis *f*	das Gesetz; die Bedingung	27
libenter	gern	2
līber, lībera, līberum (ā/ab)	frei (von)	8
liber, librī *m*	das Buch	13
līberāre *(m. Abl.)*	befreien (von)	6
līberī, -ōrum *m (Pl.)*	die Kinder	4
lībertās, lībertātis *f*	die Freiheit	15
lībertus, -ī *m*	der Freigelassene	13
libīdō, libīdinis *f*	die Begierde; die Hemmungslosigkeit	24
licentia, -ae *f*	die Freiheit, die Willkür	29
licet, licuit *(m. Inf.)*	es ist möglich (zu tun); es ist erlaubt (zu tun)	4
līmes, limitis *m*	die Grenze	38
lingua, -ae *f*	die Zunge; die Sprache	43
littera, -ae *f*	der Buchstabe; *Pl.* der Brief; die Literatur; die Wissenschaft(en)	19
lītus, lītoris *n*	die Küste, der Strand	15
locāre	legen, stellen; vermieten	9
locus, -ī *m*; *Pl.* loca, -ōrum *n*	der Ort, der Platz, die Stelle; *Pl.* die Gegend	16
longus, -a, -um	lang, lang anhaltend	35
loquī, loquor, locūtus sum	sprechen	37
lūctus, lūctūs *m*	die Trauer	39
lūdus, -ī *m*	das Spiel; die Schule	2, 5
lupa, -ae *f*	die Wölfin	27
lūx, lūcis *f*	das Licht, das Tageslicht	22
ante lūcem	vor Tagesanbruch	37
lūxuria, -ae *f*	der Luxus	36
lūxus, lūxūs *m*	der Luxus	36

M

magis	mehr	16
magister, -trī *m*	der Lehrer	2
magistrātus, magistrātūs *m*	der Beamte, das Amt	30

māgnitūdō, māgnitūdinis f	die Größe, die Erhabenheit	15
māgnus, -a, -um	groß; bedeutend, wichtig	8
māiōrēs, māiōrum m (Pl.)	die Vorfahren	16
mālle, mālō, māluī, –	lieber wollen	17
malum, -ī n	das Böse, das Übel, das Leid	30
malus, -a, -um	böse, schlecht, schlimm	8
mandāre	übergeben, anvertrauen; auftragen	9
manēre, maneō, mānsī, –	bleiben; warten (auf), erwarten	2, 15
manifestus, -a, -um	überführt; offenbar, offenkundig	29
manūmittere, manūmittō, manūmīsī, manūmissum	einen Sklaven freilassen	13
manus, manūs f	die Hand; die Schar	27
mare, maris n	das Meer	26
marītus, -ī m	der Ehemann	17
māter, mātris f	die Mutter	5
mātrimōnium, -ī n	die Ehe	17
mātrōna, -ae f	die ehrbare Frau, die vornehme Dame	17
maximē	am meisten; ganz besonders	34
mē (Akk.)	mich	11
medius, -a, -um	der mittlere; mitten in ...	15
meherc(u)le!	beim Herkules!	4
memor (m. Gen.)	eingedenk, in Erinnerung (an), (sich einer Sache) bewusst	29
memorāre	in Erinnerung rufen, erwähnen, erzählen	23
memoria, -ae f	die Erinnerung, das Andenken; das Gedächtnis	12
memoriā tenēre	in Erinnerung haben, im Gedächtnis behalten	12
mēns, mentis f	der Geist, der Verstand	29
mēnsa, -ae f	der Tisch	6
mēnsa secunda, mēnsae secundae f	der Nachtisch	6
mēnsis, mēnsis m	der Monat	37
mercēs, mercēdis f	der Lohn, die Zahlung	31
metuere, metuō, metuī, –	fürchten; sich fürchten	29
metus, metūs m	die Angst, die Furcht	28

meus, -a, -um	mein	16
mihī (Dat.)	mir	11
mīles, mīlitis m	der Soldat	14
mīlle, Pl. mīlia, -ium	tausend	23
mīrāculum, -ī n	das Wunder	37
mīrārī, mīror, mīrātus sum (m. Akk.)	bewundern, sich wundern (über), staunen	36
mīrus, -a, -um	erstaunlich, sonderbar, wunderbar	15
miser, misera, miserum	arm, unglücklich, erbärmlich	8
miserī, -ōrum m (Pl.)	die Armen	8
mittere, mittō, mīsī, missum	schicken, senden	15, 27
modo	nur; eben noch, gerade	33
modus, -ī m	die Art, die Weise; das Maß	15
nūllō modō	auf keine Weise	41
moenia, moenium n (Pl.)	die Mauer(n), die Stadtmauer(n)	38
mollis, molle	weich, sanft	25
monēre	(er)mahnen, erinnern	2
mōns, montis m	der Berg	16
mōnstrum, -ī n	das Ungeheuer	23, 35
monumentum, -ī n	das Denkmal; das Grabmal	38
mora, -ae f	der Aufschub, die Verzögerung, der Aufenthalt	43
morārī, moror, morātus sum	aufhalten; sich aufhalten, verweilen	43
morbus, -ī m	die Krankheit	42
morī, morior, mortuus sum	sterben	37
mors, mortis f	der Tod	5
mortālis, mortāle	sterblich; Subst. der Sterbliche, der Mensch	21
mortuus, -a, -um	tot	12
mōs, mōris m	die Sitte, der Brauch; Pl. die Gewohnheiten; der Charakter	29
mōre māiōrum	nach Sitte der Vorfahren	29
mōtus, mōtūs m	die Bewegung	37
terrae mōtus (mōtūs m)	das Erdbeben	37
movēre, moveō, mōvī, mōtum	bewegen; erregen	22, 25
mox	bald; dann	4
mulier, mulieris f	die (erwachsene) Frau	17

multī, -ae, -a	viele	8
multum	viel, sehr	8
multa, -ōrum *n (Pl.)*	vieles	13
multitūdō, multitūdinis *f*	die Vielzahl, die Menge	19
mundus, -ī *m*	das Weltall, die Welt	31
mūnīre	befestigen, bauen; wappnen	27
mūnītiō, mūnītiōnis *f*	die Befestigung, das Bollwerk	38
mūrus, -ī *m*	die Mauer	36
mūsica, -ae *f*	die Musik	36
mūtāre	ändern, wechseln, verwandeln	25

N

nam	denn, nämlich	1
namque	denn, nämlich	42
nārrāre	erzählen, berichten	1
nātiō, nātiōnis *f*	das Volk, der Volksstamm	29
nātūra, -ae *f*	die Natur; das Wesen	36
nātus, -a, -um	geboren	32
nāta, -ae *f*	die Tochter	32
nātus, -ī *m*	der Sohn	32
nauta, -ae *m*	der Seefahrer	43
nāvigāre	(mit dem Schiff) fahren, segeln	32
nāvis, nāvis *f*	das Schiff	32
-ne?	*unübersetzte Fragepartikel*	19
nē *(m. Konj.)*	dass nicht; damit nicht, um nicht … zu; *(nach Ausdrücken des Fürchtens und Hinderns)* dass	32 35
nē … quidem	nicht einmal	11
necāre	töten	11
necessārius, -a, -um	nötig, notwendig	21
necesse est	es ist nötig, es ist notwendig	15
nefārius, -a, -um	gottlos, frevelhaft; verbrecherisch	29
negāre	leugnen; verweigern; *(m. AcI)* sagen, dass nicht	15
neglegere, neglegō, neglēxī, neglēctum	vernachlässigen, gering schätzen, nicht beachten	28
negōtium, -ī *n*	die Aufgabe; das Geschäft	16
negōtia gerere	seinen Geschäften nachgehen	18
nēmō	niemand	34
nepōs, nepōtis *m*	der Neffe, der Enkel	26

neque/nec	und nicht, auch nicht, aber nicht	18
neque … neque …/ nec … nec …	weder … noch …	18
nescīre	nicht wissen, nicht kennen	2
nex, necis *f*	der Mord; der gewaltsame Tod	29
nihil	nichts	10
nimis	zu, allzu	16
nimius, -a, -um	allzu groß, allzu viel	29
nisī	wenn nicht; außer	19
nītī, nītor, nīsus / nīxus sum (in *m. Abl.*)	sich stützen (auf); trachten (nach)	37
nōbilis, nōbile	vornehm, adelig; berühmt	33
nocēre	schaden	25
nocturnus, -a, -um	nächtlich	40
nōlle, nōlō, nōluī, –	nicht wollen	17
nōmen, nōminis *n*	der Name	1, 25
nōmen gentīle, nōminis gentīlis *n*	der Familienname	1
nōmināre *(m. dopp. Akk.)*	nennen, bezeichnen als	40
nōn	nicht	1
nōndum	noch nicht	18
nōnne?	etwa nicht?, denn nicht?	19
nōnnūllī, -ae, -a	einige, manche	11
nōs	wir	13
nōscere, nōscō, nōvī, nōtum	kennenlernen; erkennen; *Perf.* kennen	40
noster, nostra, nostrum	unser	16
nōtus, -a, -um	bekannt	42
novus, -a, -um	neu, neuartig	16
nox, noctis *f*	die Nacht	10
nūbere, nūbō, nūpsī, nūptum *(m. Dat.)*	(einen Mann) heiraten	17, 35
nūbēs, nūbis *f*	die Wolke	37
nūdus, -a, -um	nackt, bloß	15
nūllus, -a, -um; *Gen.* nūllīus, *Dat.* nūllī	kein	36
num?	etwa?	19
num *(indirekte Frage)*	ob	33
Rogō, num veniat	Ich frage, ob er kommt	33
nūmen, nūminis *n*	die Gottheit; der göttliche Wille, die göttliche Macht	40
numerus, -ī *m*	die Zahl, die Anzahl	26
numquam	niemals	9
nunc	nun, jetzt	2

nūntius, -ī *m*	der Bote; die Nachricht	28
nūper	**neulich**	20

O

ob *(m. Akk.)*	wegen; entgegen	43
obicere, obiciō, obiēcī, obiectum	entgegenwerfen, vorwerfen	31
obsecrāre	anflehen, beschwören	30
obtinēre, obtineō, obtinuī, obtentum	innehaben, in Besitz haben; besetzt halten	27
occāsiō, occāsiōnis *f*	die Gelegenheit, die Möglichkeit	36
occidere, óccidō, óccidī, –	untergehen; umkommen, sterben	28
occīdere, occīdō, occīdī, occīsum	niederschlagen, töten	24
occultus, -a, -um	verborgen, geheim, versteckt	36
occurrere, occurrō, occurrī, occursum	entgegenlaufen, entgegentreten, begegnen	25
oculus, -ī *m*	**das Auge**	**5**
oculōs flectere	die Augen wenden	22
oculōs dēmittere	die Augen senken	30
odium, -ī *n*	der Hass	42
officium, -ī *n*	der Dienst, die Pflicht	42
ōmen, ōminis *n*	**das (gute oder schlechte) Vorzeichen**	**7**
omittere, omittō, omīsī, omissum	aufgeben, unterlassen; übergehen	42
omnīnō	**insgesamt, überhaupt, völlig**	18
omnis, omne	**jeder; all; ganz**	10
omnia, -ium *n (Pl.)*	alles	13
opera, -ae *f*	die Mühe, die Arbeit	38
opīnārī, opīnor, opīnātus sum	glauben; meinen	41
opīniō, opīniōnis *f*	die Meinung; die Erwartung	41
meā opīniōne	meiner Meinung nach	41
oportet, oportuit	**es gehört sich, man muss**	17
oppidum, -ī *n*	**die Stadt, die Befestigung**	20
opprimere, opprimō, oppressī, oppressum	überfallen, überwältigen, niederwerfen; unterdrücken	30
oppūgnāre	angreifen	30
ops, opis *f*, *Pl.* opēs, opum	die Hilfe, die Kraft, *Pl.* der Reichtum, die Macht	34
opēs fundere	Geld verschwenden	34
optāre	wünschen	39

opus, operis *n*	das Werk, die Arbeit, die Tätigkeit	29
opus est	*(m. Dat.)* es ist nötig (für jdn.); *(m. Abl.)* jd. braucht, benötigt (etwas)	21
mihī cēnāre opus est	für mich ist es nötig zu essen	21
mihī cibīs opus est	ich brauche Essen	21
ōra, -ae *f*	die Küste, die Gegend	43
ōrāculum, -ī *n*	das Orakel	41
ōrāre	**beten (zu), bitten**	**7**
ōrātiō, ōrātiōnis *f*	**die Rede**	11
ōrātiōnem habēre	eine Rede halten	14
ōrātor, ōrātōris *m*	**der Redner**	**3**
ōrbis, ōrbis *m*	der Kreis, die Scheibe	23
ōrbis terrārum	der Erdkreis	23
ōrdō, ōrdinis *m*	die Ordnung, die Reihe, der (gesellschaftliche) Stand	35
orīrī, orior, ortus sum	geboren werden, entstehen; aufgehen, aufsteigen	37
ōrnāre	**schmücken; auszeichnen, ausstatten**	17
ōs, ōris *n*	der Mund, das Gesicht	32
ostendere, ostendō, ostendī, –	**zeigen, erklären, offenbaren**	**9, 18**
ōtium, -ī *n*	**die Freizeit, die Ruhe, die Muße**	13
ōtium agere	seine Freizeit verbringen	16
ōtiō sē dare	seine Freizeit genießen	16

P

paene	beinahe, fast	31
palaestra, -ae *f*	**der Sportplatz**	**3**
palam	öffentlich, offenkundig	33
palla, -ae *f*	**Mantel aus großem rechteckigem Wollstoff, Gewand der Frauen**	20
pallium, -ī *n*	**der Mantel**	20
pār; *Gen.* paris	gleich, ebenbürtig	23
parāre	**bereiten; vorbereiten; erwerben; *(m. Inf.)* vorhaben (zu tun)**	11
parcere, parcō, pepercī, – *(m. Dat.)*	schonen, sparen	25
parentēs, parent(i)um *m (Pl.)*	**die Eltern**	**4**
pārēre	**gehorchen, folgen**	**1**
parere, pariō, peperī, partum	zur Welt bringen, erzeugen; erwerben	24

pariter	in gleicher Weise	33
pariter ac/atque	in gleicher Weise wie	33
pars, partis *f*	der Teil; die Richtung	41
parvus, -a, -um	klein, gering	8
parva, -ōrum *n (Pl.)*	Kleinigkeiten	13
pater, patris *m*	der Vater	5
pati, patior, passus sum	leiden, ertragen; zulassen	42
patrēs, patrum *m (Pl.)*	die Senatoren	12
patria, -ae *f*	das Vaterland, die Heimat	12
patricius, -ī *m*	der Patrizier	30
patrius, -a, -um	väterlich, heimisch	43
patrōnus, -ī *m*	der Schutzherr, der Anwalt	10, 19
paucī, -ae, -a	wenige	17
paulatim	allmählich	41
paulum	ein wenig, ein bisschen	14
paulō	(um) ein wenig, ein bisschen	14
paulō post	ein wenig später	14
pauper; *Gen.* pauperis	arm	28
pāx, pācis *f*	der Friede	17
pācem facere	Frieden schließen	17
peccāre	einen Fehler machen; eine Sünde begehen	39
pectus, pectoris *n*	die Brust, das Herz	15
pecūnia, -ae *f*	das Geld	10
pellere, pellō, pepulī, pulsum	schlagen, stoßen; treiben, vertreiben	11, 20, 25
per *(m. Akk.)*	durch (... hindurch); über	7
perdere, perdō, perdidī, perditum	zugrunde richten, verderben; verlieren	32
perferre, perferō, pertulī, perlātum	überbringen; ertragen	35
perficere, perficiō, perfēcī, perfectum	durchsetzen, vollenden	26
pergere, pergō, perrēxī, perrēctum	fortfahren (zu tun), weitermachen; aufbrechen	8, 16, 28
perīculum, -ī *n*	die Gefahr	4
perīre, pereō, periī, –	zugrunde gehen, umkommen	34
permittere, permittō, permisī, permissum	erlauben, überlassen	26
perniciēs, perniciēī *f*	das Verderben, der Untergang	39
perpetuus, -a, -um	ununterbrochen, dauerhaft, ewig	18
perspicere, perspiciō, perspexī, perspectum	durchschauen, untersuchen, erkennen	40

persuādēre, persuādeō, persuāsī, persuāsum *(m. Dat.)*	*(m. ut)* überreden; *(m. ACI)* überzeugen	37
perterrēre	(jdn.) heftig erschrecken	24
perturbāre	durcheinanderbringen, verwirren, stören	23
pervenīre, perveniō, pervēnī, perventum	kommen zu/nach, gelangen	25
pes, pedis *m*	der Fuß	21
petere, petō, petīvī, petītum	(er)bitten; verlangen, haben wollen; aufsuchen; angreifen	3, 12, 31
philosophārī	philosophieren	42
philosophia, -ae *f*	die Philosophie	18
philosophus, -ī *m*	der Philosoph	18, 40
pīlleus, -ī *m*	die Filzkappe	13
pius, -a, -um	fromm; verantwortungs-/pflichtbewusst	26
plācāre	besänftigen, beruhigen	5
placēre	gefallen	1
placet *(m. Inf.)*	es gefällt zu ...	1
frātribus placet	die Brüder beschließen	27
placidus, -a, -um	sanft, ruhig, friedlich	17
plēbēius, -ī *m*	der Plebejer	30
plēbs, plēbis *f*	das (einfache) Volk	12, 30
plēnus, -a, -um *(m. Gen.)*	voll (von/mit)	10
plērīque, plēraeque, plēraque	die meisten, sehr viele	20
poena, -ae *f*	die Strafe	14
poenās dare	bestraft werden	14
poēta, -ae *m*	der Dichter	5
pollicērī, polliceor, pollicitus sum	versprechen	36
pōnere, pōnō, posuī, positum	setzen, stellen, legen	20, 24
pōns, pontis *m*	die Brücke	39
popīna, -ae *f*	die Imbissbude, die Kneipe	4
populus, -ī *m*	das Volk	3
porta, -ae *f*	die Tür, das Tor, der Eingang	8
portāre	tragen, bringen	6
portus, portūs *m*	der Hafen	32
poscere, poscō, poposcī, –	fordern	26
posse, possum, potuī, –	können; vermögen	4, 12
post *(m. Akk.)*	nach; hinter	7
posteā	nachher, später	13

posterus, -a, -um	der nachfolgende, der nächste	26
posteri, -ōrum m (Pl.)	die Nachkommen, die Nachfahren	26
postquam *(m. Ind. Perf.)*	**nachdem**	**20**
postrēmō	schließlich, zuletzt	29
postulāre	fordern, verlangen	41
potēns; *Gen.* **potentis**	**mächtig, stark**	**10**
potentia, -ae *f*	**die Macht**	**20**
potius	eher, lieber	28
praeceps; Gen. praecipitis	Hals über Kopf, kopfüber, überstürzt	39
praecipere, praecipiō, praecēpī, praeceptum	vorwegnehmen; vorschreiben, lehren	32
praeclarus, -a, -um	**vortrefflich, ausgezeichnet**	**14**
praeda, -ae f	die Beute, die Kriegsbeute; Pl. die Beutestücke	34
praedicāre	rühmen, verkünden	27
praeesse, praesum, praefuī, – *(m. Dat.)*	**an der Spitze stehen, leiten**	**19**
prōvinciae praeesse	**eine Provinz regieren**	**19**
praeferre, praeferō, praetulī, praelātum	vorziehen; zeigen, an den Tag legen	39
praemium, -ī *n*	**die Belohnung, der Lohn**	**10**
praenōmen, -inis *n*	**der Vorname**	**1**
praesidium, -ī n	der Schutz, die Schutztruppe; die Besatzungstruppe	38
praestāre, praestō, praestitī, –	*(m. Dat.)* übertreffen *(m. Abl.:* an); *(m. Akk.)* erfüllen, erweisen, leisten	25
sē praestāre *(m. Akk.)*	sich erweisen (als)	30
praeter *(m. Akk.)*	an ... vorbei: außer, gegen	36
praeter cōnsuētūdinem	gegen die Gewohnheit	36
praetereā	außerdem	31
praeterīre, praetereō, praeteriī, praeteritum *(m. Akk.)*	vorübergehen, vorbeigehen; übergehen	34
mē praeterit	es entgeht mir	34
praetor, praetōris *m*	**der Prätor**	**11**
precārī, precor, precātus sum	beten, anflehen, bitten	39
precēs, precum f (Pl.)	die Bitten	28
prehendere, prehendō, prehendī, prehēnsum	ergreifen	22, 29
premere, premō, pressī, pressum	drücken, unterdrücken, bedrängen	23, 31
pretium, -ī n	der Lohn; der Preis	30

prīmō	**zuerst**	**20**
primum	erstens, zuerst, zum ersten Mal	36
primus, -a, -um	der erste	23
prior, prius	der vordere, der frühere	38
pristinus, -a, -um	der frühere, der ehemalige	25
prō *(m. Abl.)*	**vor; für; statt, an Stelle von**	**7**
prō certō habēre	für gewiss halten	31
prō cibō	**anstelle des Essens/ als Essen**	**7**
prō salūte ōrāre	**für das Wohlergehen beten**	**7**
prō templō	**vor dem Tempel**	**7**
probāre	**billigen, gutheißen; prüfen**	**18**
probus, -a, -um	**anständig, gut; tüchtig**	**14**
prōcōnsul, prōcōnsulis *m*	**der Prokonsul**	**11**
procul	in die Ferne, aus der Ferne, fern	38
procul ab urbe	fern von der Stadt	38
prōdere, prōdō, prōdidī, prōditum	**verraten, preisgeben; überliefern**	**12, 20, 31**
prōdesse, prōsum, prōfuī, –	nützen	42
proelium, -ī n	die Schlacht, das Gefecht	27
proelium committere	eine Schlacht beginnen, ein Gefecht liefern	27
profectō	**in der Tat, tatsächlich**	**9**
prōferre, prōferō, prōtulī, prōlātum	hervorbringen, vorbringen; ausdehnen, verbreiten	35
proficisci, proficiscor, profectus sum	aufbrechen, marschieren; reisen	37
prōgredī, prōgredior, prōgressus sum	vorwärtsgehen, vorwärtsfahren, vorrücken, weiterkommen	37
prohibēre (ā/ab)	**abhalten (von), hindern (an), verhindern**	**9**
proinde	deshalb; ebenso	25
prōmittere, prōmittō, prōmīsī, prōmissum	**versprechen**	**19, 27**
prope	nahe, in der Nähe	40
properāre	**eilen, sich beeilen**	**1**
prōpōnere, prōpōnō, prōposuī, prōpositum	vorschlagen, vor Augen stellen, in Aussicht stellen	24
propter (m. Akk.)	**wegen**	**14**

prōspicere, prōspiciō, prōspexī, prōspectum	(m. Akk.) vor sich erblicken; vorhersehen; (m. Dat.) sorgen für	40
prōtinus	sofort, auf der Stelle	25
prōvidēre, prōvideō, prōvīdī, prōvīsum	(m. Dat.) sorgen für; (m. Akk.) vorhersehen	18, 29
prōvincia, -ae f	die Provinz	19
prūdēns; Gen. prūdentis	klug	10
pūblicus, -a, -um	öffentlich, staatlich	18
pudet, puduit (m. Akk.)	es beschämt (jdn.)	33
amāre eum pudet	es beschämt ihn zu lieben, er schämt sich zu lieben	33
pudor, pudōris m	die Scham, das Ehrgefühl; die Keuschheit; der Anstand	34
puella, -ae f	das Mädchen	8
puer, puerī m	der Junge	8
pūgna, -ae f	der Kampf, die Schlacht	5
pūgnāre	kämpfen	15
pulcher, pulchra, pulchrum	schön	8
pulchritūdō, pulchritūdinis f	die Schönheit	24
putāre	glauben, meinen; (m. dopp. Akk.) halten für	15, 30

Q

quaerere, quaerō, quaesīvī, quaesītum	suchen; fragen	3, 15, 19, 31
quaerere (ē/ex)	(jdn.) fragen	19
quaesō/quaesumus	(ich) bitte/wir bitten	16
quaestor, quaestōris m	der Quästor	11
quam (bei Vergleichen)	als	17
quamobrem	weswegen?; deswegen	34
quamquam	obwohl	18
quamvīs	wenn auch; wenn auch noch so	42
quandō?	wann?	19
quantopere	wie sehr	12
quantus, -a, -um	wie groß, wie viel	18
quārē	weswegen?; deswegen	30
quārtus, -a, -um	der vierte	23
quattuor	vier	18
-que	und	11
querī, queror, questus sum (m. Akk.)	klagen (über), sich beklagen	37
quī, quae, quod	der, die, das; welcher, welche, welches	9
quae cum ita sint	weil das so ist; deshalb	34

quia	weil	12
quīcumque, quaecumque, quodcumque	wer auch immer; jeder, der; m/f Pl. alle, die; n Pl. alles, was	42
quid?	was?	2
quīdam, quaedam, quoddam (Adj.); quīdam, quaedam, quiddam (Subst.)	ein gewisser, Pl. einige, manche; (abschwächend) eine Art von, (verstärkend) geradezu	36
quidem	zwar, wenigstens, freilich	9
quiēscere, quiēscō, quiēvī, –	ruhen, sich ausruhen	16
quīn (m. Konj.)	dass	35
quīnque	fünf	19
quis?	wer?	4
quisnam, quidnam	wer denn, was denn	41
quisquis, quidquid	wer auch immer; jeder, der; m/f Pl. alle, die; n Pl. alles, was	42
quōquō modō	auf welche Weise auch immer, auf jede Weise	42
quō	wohin?; wodurch?; dorthin	19
quod	weil; dass	41
quōmodo	wie; auf welche Weise	17
quondam	einmal, einst	18
quoque (nachgestellt)	auch	13
quotiēns	wie oft	12

R

rapere, rapiō, rapuī, raptum	rauben; mit sich reißen	3, 12, 24
ratiō, ratiōnis f	die Vernunft; die Art und Weise; die Methode; die Berechnung, die Überlegung	40
recēns; Gen. recentis	frisch, jung, neu	18
recipere, recipiō, recēpī, receptum	zurücknehmen, aufnehmen	25
recitāre	vorlesen, vortragen	19
rēctē (Adv.)	richtig; zu Recht	18
reddere, reddō, reddidī, redditum	zurückgeben; (m. dopp. Akk.) machen zu	22, 30
redīre, redeō, rediī, reditum	zurückgehen, zurückkehren	37
reditus, reditūs m	die Rückkehr	37
referre, referō, rettulī, relātum	zurückbringen, berichten	35
regere, regō, rēxī, rēctum	lenken, leiten; herrschen	42

rēgīna, -ae f	die Königin	33
regiō, regiōnis f	das Gebiet, die Gegend; die Richtung	22
rēgnum, -ī n	die Herrschaft, die Königsherrschaft; das Reich	23
religiō, religiōnis f	die Götterverehrung, die religiöse Scheu; die Religion, der Glaube	43
relinquere, relinquō, relīquī, relictum	verlassen, zurücklassen	3, 15, 26
reliquus, -a, -um	übrig	43
reliquum est, ut	es ist noch übrig, dass	43
remanēre, remaneō, remānsī, (remānsūrus)	zurückbleiben	43
repellere, repellō, reppulī, repulsum	zurückstoßen, abwehren, vertreiben	6, 20, 25
repente	plötzlich	40
reperīre, reperiō, répperī, repertum	finden, wiederfinden, entdecken	43
repetere, repetō, repetīvī, repetītum	zurückverlangen; wieder aufsuchen; wiederholen	36, 42
reprehendere, reprehendō, reprehendī, reprehēnsum	tadeln, kritisieren	21, 29
requīrere, requīrō, requīsīvī, requīsītum	suchen, verlangen; fragen, forschen (nach)	40
rērī, reor, ratus sum	glauben, meinen	36
rēs, reī f	die Sache, das Ding; die Angelegenheit	26
rēs adversae, rērum adversārum f (Pl.)	das Unglück	26
rēs futūrae, rērum futūrārum f (Pl.)	die Zukunft	26
rēs gestae, rērum gestārum f (Pl.)	die Taten, die Geschichte	26
rēs pūblica, reī pūblicae f	der Staat, das Gemeinwesen; die Republik	26
rēs Rōmāna, reī Rōmānae f	der römische Staat	26
resistere, resistō, restitī, —	sich widersetzen, Widerstand leisten	24
respondēre, respondeō, respondī, respōnsum	antworten	4, 18, 29
restāre, restō, restitī	übrig bleiben; Widerstand leisten	17
restituere, restituō, restituī, restitūtum	wiederherstellen	25
retinēre	zurückhalten, behalten, festhalten	25
rēx, rēgis m	der König	26

rīdēre, rīdeō, rīsī, rīsum	lachen; auslachen	6, 15, 32
rīpa, -ae f	das Ufer	31
rogāre	fragen; bitten (um)	2
Rōma, -ae f	Rom	5
Rōmānus, -ī m	der Römer	6
rōstrum, -ī n	der Schiffsschnabel, der Schnabel; Pl. die Rednerbühne	8
ruere, ruō, ruī, —	(sich) stürzen, eilen, rennen; einstürzen	9, 18
ruīna, -ae f	der Einsturz	37
rumpere, rumpō, rūpī, ruptum	(etw.) zerbrechen, zerreißen	43
rūs, rūris n	das Land, das Feld	16
rūrī	auf dem Lande	16

S

sacer, sacra, sacrum	heilig	30
sacerdōs, sacerdōtis m/f	der Priester/ die Priesterin	7
sacrum, -ī n	das Opfer(tier), Pl. die Opferhandlung	7
sacrum facere	opfern	7
saepe	oft	3
saevīre	wüten, toben	42
saevus, -a, -um	wild, grimmig	31
salūs, salūtis f	die Rettung; das Wohl(ergehen); der Gruß	7
salūtem dīcere	grüßen	33
salūtī esse	heilsam sein	21
salūtāre	grüßen, begrüßen	2
salūtātiō, salūtātiōnis f	der Morgenbesuch, der Morgengruß	10
salvē!/salvēte!	sei gegrüßt!/ seid gegrüßt!	2
salvus, -a, -um	heil, unversehrt	32
sānctus, -a, -um	heilig, geweiht	39
sanguis, sanguinis m	das Blut	35
sapere, sapiō, sapīvī, —	Geschmack haben; Verstand haben, weise sein	41
sapiēns; Gen. sapientis	weise; Subst. der Weise	21
sapientia, -ae f	die Weisheit	18
satis/sat	genug	19
saxum, -ī n	der Fels(brocken), der Stein	22
scaena, -ae f	die Bühne, der Schauplatz	5
scelerātus, -ī m	der Verbrecher	4
scelus, sceleris n	das Verbrechen; der Frevel	14
schola, -ae f	der Unterricht	2

scilicet	selbstverständlich, natürlich	41
scīre	wissen, kennen	4
scrība, -ae *m*	der Sekretär	13
scrībere, scrībō, scrīpsī, scrīptum	schreiben	13, 16, 35
sē, sibi, sēcum	sich *(Akk.)*, sich *(Dat.)*, mit sich	16
sēcessiō, sēcessiōnis *f*	der Auszug	30
secundus, -a, -um	der zweite; günstig	23
sed	aber, doch; sondern	1
sedēre, sedeō, sēdī, sessum	sitzen, dasitzen	34
semper	immer	1
senātor, senātōris *m*	der Senator	8
senātus, senātūs *m*	der Senat	33
senex, senis *m*	der alte Mann, der Greis	10, 31
sententia, -ae *f*	der Satz; der Sinnspruch; die Meinung	18
sentīre, sentiō, sēnsī, sēnsum	fühlen, spüren; meinen	23, 32
sequī, sequor, secūtus sum *(m. Akk.)*	folgen	42
sermō, sermōnis *m*	das Gespräch; die Sprache	6
sermōnem habēre (cum)	ein Gespräch führen (mit)	9
serpēns, serpentis *f*	die Schlange	23
serva, -ae *f*	die Dienerin, die Sklavin	1
servāre	retten (vor); bewahren, beschützen	12
servīre	dienen, Sklave sein	13
servitūs, servitūtis *f*	die Sklaverei, die Knechtschaft	13
servus, -ī *m*	der Diener, der Sklave	1
sex	sechs	19
sī	wenn, falls	18
sīc	so, auf diese Weise	20
sīdus, sīderis *n*	der Stern, das Sternbild	38
signum, -ī *n*	das Zeichen; das Feldzeichen; die Statue	27
similis, simile	ähnlich	37
simulācrum, -ī *n*	das Bild, das Bildwerk; das Götterbild, die Götterstatue	35
simulare	vortäuschen, heucheln	36
sine *(m. Abl.)*	ohne	9
sinere, sinō, sīvī, situm	lassen, zulassen, erlauben	21, 31

sinus, sinūs *m*	der Bogen; die Bucht; die Brust	34
situs, -a, -um	gelegen	9
sīve	oder, beziehungsweise	33
sīve ... sīve ...	sei es(, dass) ... oder (dass ...)	42
socius, -ī *m*	der Gefährte; der Kamerad; der Bundesgenosse	23
sōl, sōlis *m*	die Sonne	3
sōle ūtī	sonnenbaden	37
sōl dēficit	eine Sonnenfinsternis tritt ein	40
sōlācium, -ī *n*	der Trost	28
solēre, soleō, solitus sum	gewohnt sein, pflegen (zu tun)	37
sollicitāre	beunruhigen, erregen; aufwiegeln	12
sōlum	nur, bloß, einzig, allein	4
nōn sōlum ..., sed etiam ...	nicht nur ..., sondern auch ...	4
sōlus, -a, -um *Gen.* sōlīus, *Dat.* sōlī	allein, einzig; einsam	31
solvere, solvō, solvī, solūtum	lösen, auflösen	39
somnus, -ī *m*	der Schlaf	32
sophista, -ae *m*	der Sophist, der Lehrer der Weisheit	41
soror, sorōris *f*	die Schwester	5
sors, sortis *f*	das Los, das Schicksal	8
spargere, spargō, sparsī, sparsum	streuen, ausstreuen; besprengen	35
speciēs, speciēī *f*	der Anblick, das Aussehen, der Schein	33
spectāculum, -ī *n*	das Schauspiel	5
spectāre	(an)schauen, betrachten	5
speculum, -ī *n*	der Spiegel	16
spēlunca, -ae *f*	die Höhle, die Grotte	25
spērāre	hoffen, erhoffen	43
spēs, speī *f*	die Hoffnung, die Erwartung	26
spem dēpōnere	die Hoffnung aufgeben	26
stāre, stō, stetī, —	stehen, dastehen	14
statim	sofort, auf der Stelle	2
statuere, statuō, statuī, statūtum	aufstellen; festsetzen; beschließen	29
stilus, -ī *m*	der (Metall-)Griffel, der Schreibstift	2

studēre	*(m. Inf.)* sich bemühen (zu tun), wünschen (zu tun), (tun) wollen; *(m. Dat.)* sich beschäftigen mit, streben nach	2, 18
studium, -ī *n*	die Bemühung, das Streben; die (wissenschaftliche) Beschäftigung	18
summō studiō	mit höchstem Eifer	18
stultus, -a, -um	dumm	29
sub *(m. Abl.)*	unter *(wo?)*	11
sub *(m. Akk.)*	unter *(wohin?)*	21
subdūcere, subdūcō, subdūxī, subductum	an Land ziehen; stehlen, entziehen	32
subicere, subiciō, subiēcī, subiectum	unterwerfen	31
subitō	plötzlich	2
sūmere, sūmō, sūmpsī, sūmptum	nehmen	27
summus, -a, -um	der höchste, der oberste; der letzte	18
sunt	sie sind; es gibt	1
superāre	überwinden; besiegen; *(m. Abl.)* übertreffen (an)	23
superbia, -ae *f*	der Hochmut, der Stolz, die Überheblichkeit	23
superbus, -a, -um	hochmütig, *(m. Abl.)* stolz (auf)	9
superī, superōrum *m*	die (Götter der) Oberwelt	23
supplex; *Gen.* supplicis	demütig, flehentlich	22
supplicium, -ī *n*	das flehentliche Bitten; die Strafe, die Todesstrafe	39
supplicium sūmere (dē)	die Todesstrafe vollziehen (an)	39
surgere, surgō, surrēxī, surrēctum	aufstehen, sich erheben	37
suscipere, suscipiō, suscēpī, susceptum	auf sich nehmen, unternehmen	14, 25
suspicārī, suspicor, suspicātus sum	verdächtigen, vermuten	43
sustinēre, sustineō, sustinuī, sustentum	aushalten, ertragen	23, 34
suus, -a, -um	sein, ihr	16

T

taberna, -ae *f*	der Laden, das Geschäft, die Werkstätte	4
tabula, -ae *f*	die Tafel, das Gemälde	2
tacēre	still sein, schweigen; verschweigen	2

tālis, tāle	solch, von solcher Art, so (beschaffen)	41
tam *(bei Adj.)*	so	13
tamen	dennoch, jedoch	12
tamquam	so wie, gleichsam als ob	38
tandem	endlich, schließlich	4
tangere, tangō, tetigī, tāctum	berühren; erreichen	25
tantum	nur	8
tantus, -a, -um	so groß, so viel	14
taurus, -ī *m*	der Stier	7
tēctum, -ī *n*	das Dach, das Haus	10
tegere, tegō, tēxī, tēctum (ā/ab)	bedecken, schützen (vor), verbergen	25
tēlum, -ī *n*	das Geschoss; das Wurfgeschoss, der Pfeil	23
temperāre	*(m. Dat.)* mäßigen; schonen; *(m. Akk.)* mischen; ordnen; *(ā/ab)* sich fernhalten von	30
tempestās, tempestātis *f*	das Unwetter, das Gewitter	32
templum, -ī *n*	der Tempel	7
temptāre	*(m. Inf.)* versuchen (zu tun); *(m. Akk.)* angreifen, betasten	23
tempus, temporis *n*	die Zeit; *Pl.* die Zeitumstände	12
tenēre	halten, festhalten	3
tepidārium, -ī *n*	das Warmbad	3
tergum, -ī *n*	der Rücken	35
terra, -ae *f*	das Land; die Erde	21
terrā marīque	zu Wasser und zu Lande	35
terrēre	(jdn.) erschrecken	14
terror, terrōris *m*	der Schrecken, die Angst	35
terrōrem afferre	einen Schrecken einjagen, Angst machen	35
tertius, -a, -um	der dritte	23
theātrum, -ī *n*	das Theater	5
thermae, -ārum *f (Pl.)*	die Thermen, die öffentlichen Badeanlagen	3
tibi *(Dat.)*	dir	11
timere	fürchten, sich fürchten	2
timor, timōris *m*	die Angst, die Furcht	6

toga, -ae *f*	die Toga	20
toga praetexta, togae praetextae *f*	die Toga mit Purpurstreifen	20
toga purpurea, togae purpureae *f*	die Purpurtoga	33
toga virīlis, togae virīlis *f*	die Männertoga	20
tollere, tollō, sustulī, sublātum	hochheben, aufheben; beseitigen, wegnehmen	24
bellum tollere	den Krieg beenden	35
torquēre, torqueō, torsī, tortum	drehen; schleudern; foltern, quälen	19, 35
tot *(indekl.)*	so viele	6
tōtus, -a, -um; *Gen.* tōtīus, *Dat.* tōtī	ganz	19
trahere, trahō, trāxī, tractum	ziehen, zerren, schleppen	16, 28
trānsīre, trānseō, trānsiī, trānsitum *(m. Akk.)*	hinübergehen, überqueren; überschreiten	34
trēs, tria	drei	23
tribuere, tribuō, tribuī, tribūtum	zuteilen	21, 34
tribūnus (-ī *m*) plēbis	der Volkstribun	12
triclīnium, -ī *n*	das Speisezimmer	6
trīstis, trīste	traurig, düster	17
triumphātor, triumphātōris *m*	der Triumphator	33
triumphus, -ī *m*	der Triumph, der Triumphzug	35
tū	du	2
tuērī, tueor, –	betrachten; bewahren; beschützen	42
tum	dann, darauf, da; damals	1
tunica, -ae *f*	die Tunika	20
turba, -ae *f*	die (Menschen-)Menge; das Durcheinander; der Lärm	5
turpis, turpe	hässlich, schändlich	10
tūtus, -a, -um (ā/ab)	sicher (vor), geschützt (vor/gegen)	21
tuus, -a, -um	dein	16
tyrannus, -ī *m*	der Tyrann, der Gewaltherrscher, der Alleinherrscher	11, 36

U

ubī?	wo?	1
ubī *(Subj.)*	sobald	39
ubīque	überall	3
ūllus, -a, -um; *Gen.* ūllīus, *Dat.* ūllī *(nach Verneinung)*	irgendein	36

ultimus, -a, -um	der letzte, der entfernteste	21
ultrō	freiwillig; sogar, noch dazu	33
umbra, -ae *f*	der Schatten	22
umerus, -ī *m*	die Schulter	23
umquam	jemals	15
ūnā	zusammen	32
unda, -ae *f*	die Welle, die Woge	32
unde?	woher?	10
undique	von überall her, von allen Seiten	14
ūniversus, -a, -um	all, ganz, sämtlich	11
ūnus, -a, -um; *Gen.* ūnīus, *Dat.* ūnī	ein(er), ein einziger	20
urbs, urbis *f*	die Stadt, die Großstadt, die Hauptstadt	8
ūsque ad *(m. Akk.)*	bis nach, bis zu	38
ūsus, ūsūs *m*	der Gebrauch, der Nutzen	27
ūsuī est	es ist nützlich	27
ut	wie	28
ut *(m. Konj.)*	dass; sodass; damit, um ... zu	32
ūtī, ūtor, ūsus sum *(m. Abl.)*	gebrauchen, benutzen	37
amīcō ūtī	zum Freund haben	37
ūtilis, ūtile	nützlich	38
utinam	*(erfüllbar)* hoffentlich; *(unerfüllbar)* wenn doch	39
(utrum) ... an ... *(indirekte Frage)*	ob ... oder ...; ob	33
(utrum) ... an ...?	... oder ...?	33
uxor, uxōris *f*	die Ehefrau	5
uxōrem dūcere	(eine Frau) heiraten	17

V

vacāre *(m. Abl.)*	leer sein, frei sein (von), ohne (etw.) sein, entbehren	6
valdē	sehr	11
valēre	gesund sein; gelten, Einfluss haben	20
valē!/valēte!	lebe wohl!/ lebt wohl!	20
varius, -a, -um	vielfältig, verschieden, bunt	35
vāstus, -a, -um	wüst, weit, unermesslich; öde	31
vehemēns; *Gen.* vehementis	heftig, nachdrücklich, energisch	10
vehī, vehor, vectus sum	(selbst) fahren	43
vel	oder	20

velle, volō, voluī, –	wollen	17
vēlum, -ī n	das Tuch; das Segel; der Vorhang	43
velut	wie, wie zum Beispiel	13
venia, -ae f	die Nachsicht, die Verzeihung	2
veniam rogāre	um Verzeihung bitten	2
venīre, veniō, vēnī, ventum	kommen	1, 14, 25
ventus, -ī m	der Wind	43
verbum, -ī n	das Wort	1
verba facere	sprechen, reden	10
vērē	echt, wahrhaftig	41
verērī, vereor, veritus sum	scheuen, fürchten; verehren	36
vērō	wirklich; aber; jawohl	20
versārī, versor, versātus sum (in m. Abl.)	sich aufhalten, sich befinden (in); sich beschäftigen (mit)	36
vertere, vertō, vertī, versum	drehen, wenden	20, 33
vērus, -a, -um	echt, richtig, wahr	9
vērum dīcere	die Wahrheit sagen	9
vester, vestra, vestrum	euer	16
vēstibulum, -ī n	der Eingangsbereich, der Eingang	9
vestis, vestis f	das Kleid, die Kleidung	9
vestem gerere	ein Kleidungsstück tragen	18
vetus; Gen. veteris	alt	28
via, -ae f	der Weg, die Straße	4
viam facere	einen Weg bahnen	10
victima, -ae f	das Opfer, das Opfertier	7
victor, victōris m	der Sieger	20
victōria, -ae f	der Sieg	24
victōriam rēferre (ē/ex)	den Sieg davontragen (über)	35
vīcus, -ī m	das Dorf; die Gasse	4
vidēre, videō, vīdī, vīsum	sehen	2, 14, 29
vidērī, videor, vīsus sum	scheinen	36
mihī videor	ich glaube (von mir)	36
vigilia, -ae f	die Nachtwache, die Wache	43
vīlicus, -ī m	der Verwalter	16
vīlla, -ae f	die Villa, das Landhaus	16
vincere, vincō, vīcī, victum	siegen, besiegen	6, 15, 27
vinculum, -ī n	die Fessel	23
in vincula dare	fesseln, in Fesseln legen	23
vindicāre	beanspruchen; befreien, bestrafen	27
vīnum, -ī n	der Wein	6
vir, virī m	der Mann	8
virgō, virginis f	die junge Frau, das Mädchen	28
virtūs, virtūtis f	die Tugend; die Tapferkeit; die Tüchtigkeit; Pl. die guten Taten; die guten Eigenschaften	12
vīs, –, –, vim, vī f, Pl. vīrēs, vīrium	die Kraft, die Gewalt; die Menge; Pl. auch: die Streitkräfte	10
vīta, -ae f	das Leben, die Lebensweise	8
vītam ēripere (m. Dat.)	das Leben rauben, ermorden	11
vītāre	meiden, vermeiden	32
vitium, -ī n	der Fehler, das Laster, die schlechte Eigenschaft	12
vīvere, vīvō, vīxī, –	leben	11, 16
vīvus, -a, -um	lebend, lebendig; zu Lebzeiten	22
vix	kaum, mit Mühe	4
vocāre	rufen; (m. dopp. Akk.) nennen, bezeichnen als	3, 30
volāre	fliegen, eilen	25
voluntās, voluntātis f	der Wille, die Absicht	39
voluptās, voluptātis f	die Lust, das Vergnügen	42
vōs	ihr	13
vōx, vōcis f	die Stimme; das Wort	9
māgnā vōce	mit lauter Stimme	9
parvā vōce	mit leiser Stimme	
vulnus, vulneris n	die Wunde	28
vultus, vultūs m	die Miene, der Gesichtsausdruck; Pl. die Gesichtszüge	37

Eigennamenverzeichnis

A

Achillēs, -is m, *Achill:* tapferster Held der Griechen im Trojanischen Krieg

Actium, -ī n: Ort in Griechenland, Schauplatz der Seeschlacht von Actium (31 v. Chr.), wo Antonius und Kleopatra von Octavian besiegt wurden;
Adj.: **Actiacus, -a, -um:** bei Actium

Aegyptiī, -ōrum m: die Ägypter;
Adj.: **Aegyptius, -a, -um:** ägyptisch

Aegyptus, -ī f: Ägypten

Aenēās, -ae m: trojanischer Held, Stammvater der Römer

Aenēis, -idos f: röm. Nationalepos aus dem 1. Jh. v. Chr. zur Zeit des Augustus, Hauptwerk des Vergil

Āfrica, -ae f: Afrika

Agamemnōn, -onis m: gr. Held im Trojanischen Krieg, Bruder des Menelaus

Agrippīna, -ae f, *Agrippina die Jüngere:* als Gemahlin des Claudius röm. Kaiserin, Mutter des Nero und Gründerin von Köln

Alba (-ae) Longa (-ae) f: von Iulus gegründete Stadt in Italien

Alcumēna, -ae f, *Alkmene:* Mutter des Herkules

Alexander, -drī m, *Alexander der Große:* makedonischer Herscher, Sohn Philipps II.

Alexandrīa, -ae m, *Alexandrien:* Stadt in Ägypten, gegründet von Alexander dem Großen

Alpēs, -ium f: die Alpen

Amūlius, -ī m: König von Alba Longa, verjagte seinen Bruder Numitor vom Thron, getötet von Romulus und Remus

Amphitheātrum Flāvium → Colossēum

Anaxagorās, -ae m: Naturphilosoph, ca. 450 v. Chr.

Anaximander, -drī m, *Anaximander von Milet:* Naturphilosoph, Schüler des Thales, Vorsokratiker, ca. 550 v. Chr.

Anaximenēs, -is m, Anaximenes von Milet: Naturphilosoph, Vorsokratiker, ca. 550 v. Chr.

Anchīsēs, -ae m: Vater des Aeneas

Antigona, -ae f: Tochter des Ödipus, Titelheldin einer Tragödie des Sophokles, 440 v. Chr. in Athen aufgeführt

Antiphōn, -ōntis m: gr.-lat. Name

Antōnius, -ī m, *Marcus Antonius, Mark Anton:* Konsul, nach Caesars Tod in Opposition zu Octavian, Selbstmord mit Kleopatra 31 v. Chr.

Apollō, -inis m, *Apoll/Apollo/Apollon:* gr.-röm. Gott der Weissagung, Dichtung und Heilkunde, Sohn des Jupiter; oft dargestellt mit Kithara oder Leier

Āpulēius, -ī m, *Lucius Apuleius aus Madaura:* Schriftsteller der Kaiserzeit (2. Jh.), Verfasser des Romans „Metamorphosen" oder „Der Goldene Esel"

Āra (-ae f) Pācis Augustae: „Altar des Friedens des Augustus" in Rom, 13–9 v. Chr. zu Ehren des Kaisers Augustus errichtet

Archelāus, -ī m, *Archelaos:* sehr reicher König von Makedonien, Zeitgenosse des Sokrates

Archiās, -ae m: Dichter zur Zeit des Cicero

Archimēdēs, -is m: gr. Mathematiker und Konstrukteur, ermordet 212 v. Chr. in Syrakus

Argō, -ūs f: Schiff der Argonauten, mit dem sie nach Kolchis am Schwarzen Meer fuhren, um das Goldene Vlies zu holen

Argonautae, -ārum m, *die Argonauten:* Jason und seine Gefährten

Argus, -ī m: mythisches Ungeheuer mit hundert Augen, beliebter Hundename

Aristotelēs, -is m: gr. Philosoph (4. Jh. v. Chr.)

Arminius (-ī) Cheruscus (-ī) m, *Arminius der Cherusker:* germanischer Heerführer, besiegte 9 n. Chr. die röm. Truppen unter Varus im Teutoburger Wald

Arpīnum, -ī n, *heute Arpino:* Stadt in Norditalien, Geburtsort Ciceros

Ascanius → Iūlus

Asia, -ae f: 1. Asien, 2. wichtigste röm. Provinz in Kleinasien an der Westküste der heutigen Türkei

Athēnae, -ārum f: Athen

Athēniēnsēs, -ium m: die Athener

Augustus → Octāviānus

Aventīnus, -ī m, *Aventin:* einer der Hügel Roms

B

Babylōn, -ōnis f: Stadt am Euphrat in Asien

Bacchus, -ī m: röm. Gott des Weines (gr. Dionysos)

Bīthȳnia, -ae f, *Bithynien:* röm. Provinz an der Südwestküste des Schwarzen Meeres

Britannī, -ōrum m: die Britannier

Britannia, -ae f: Britannien

Brundisium, -ī n, *heute Brindisi:* Hafenstadt in Süditalien, Überfahrtsort nach Griechenland

Brūtus, -ī m, *Lucius Iunius Brutus:* röm. Adliger, ca. 500 v. Chr., vertrieb Tarquinius Superbus

Brūtus, -ī m, *Marcus Iunius Brutus:* Philosoph und Politiker, Anhänger Caesars, später dessen Mörder (44 v. Chr.), 42 v. Chr. bei Philippi besiegt

Būcephalus, -ī m: Pferd Alexanders des Großen

C

Caecina, -ae m, *Aulus Caecina Severus:* röm. General, entging 15 n. Chr. mit seinen Truppen nur knapp der Vernichtung durch die Germanen

Caelius, -ī m, *Marcus Caelius Rufus:* Politiker, Freund Ciceros

Caesar, -is m, *Gaius Iulius Caesar:* 100–44 v. Chr. (ermordet), röm. Feldherr, Politiker und Schriftsteller, führte Krieg in Gallien und beschrieb ihn in seinem Werk *De bello Gallico,* Alleinherrscher nach dem Sieg über Pompeius im Bürgerkrieg

Calpurnia, -ae f: Frau des Caesar

Calypsō, -ūs f, *Kalypso:* Nymphe auf der Insel Ortygia, die Odysseus sieben Jahre lang festhielt

Campus (-ī) Mārtius (-ī) m, *Marsfeld:* Mars geweihtes Gelände außerhalb der Stadtmauern

Cannae, -ārum *f:* Stadt in Süditalien, Schauplatz der Schlacht bei Cannae (216 v. Chr.), wo Hannibal den Römern eine schwere Niederlage beibrachte

Capitōlium, -ī *n, Kapitol:* einer der Hügel Roms, auf dem sich der Burgberg und der Jupitertempel befand

Caracalla, -ae *m, Marcus Aurelius Severus Antoninus:* röm. Kaiser, gest. 217 n. Chr., Erbauer der Caracalla-Thermen in Rom

Cāria, -ae *f, Karien:* Landschaft im Süden Kleinasiens

Carthāginiēnsēs, -ium *m:* die Karthager

Carthāgō, -inis *f, Karthago:* Stadt in Nordafrika

Cassandrus, -ī *m:* gr.-lat. Name

Cassius, -ī *m, Gaius Cassius Longinus:* mit Brutus Anführer der Caesarmörder, 42 v. Chr. bei Philippi besiegt

Catilīna, -ae *m, Lucius Sergius Catilina:* Drahtzieher der Catilinarischen Verschwörung, die 63 v. Chr. von Cicero aufgedeckt wurde

Catō, -ōnis *m, Cato maior, Marcus Porcius Cato Censorius, Cato der Ältere:* röm. Staatsmann, berühmt für seine Strenge, gest. 149 v. Chr.

Cerberus, -ī *m, Kerberos, Zerberus:* dreiköpfiger Hund, der am Eingang zum Totenreich wacht

Cerēs, -eris *f:* Göttin der Erde und des Getreides (gr. Demeter); oft dargestellt mit Ähren

Chaos *n:* die „Leere" vor der Schöpfung der Welt

Charōn, -ontis *m:* Fährmann über die Styx in die Unterwelt

Charybdis, -is *f:* Seeungeheuer bzw. Strudel gegenüber der Skylla

Christiānus, -a, -um: christlich; Subst.: der/die Christ/in

Chrȳsippus, -ī *m:* gr.-lat. Name

Cicerō, -ōnis *m, Marcus Tullius Cicero:* 106–43 v. Chr. (ermordet), Politiker, Redner und Schriftsteller, Anhänger der Republik

Cicerōnēs, -um *m:* die Familie Cicero; Männer wie Cicero

Cilicia, -ae *f, Kilikien:* Landschaft an der Südküste Kleinasiens

Circē, -ēs (*Akk.* **-ēn**) *f, Kirke:* mythische Zauberin, Tochter des Sol

Circus (-ī) Māximus (-i) *m:* die größte Rennbahn Roms

Claudius, -ī *m, Tiberius Claudius Caesar Augustus Germanicus:* röm. Kaiser, gest. 54 n. Chr.

Cleopatra, -ae *f, Kleopatra:* letzte Königin von Ägypten, Geliebte des Caesar und später des Antonius, gest. 30 v. Chr.

Cloāca (-ae) Māxima (-ae) *f:* Kanal, der das sumpfige Forumstal in den Tiber entwässerte

Clōdius, -ī *m, Publius Clodius Pulcher:* Volkstribun, Gegner Ciceros, 52 v. Chr. von Milo ermordet

Colchis, -idis *f, Kolchis:* Landschaft am Schwarzen Meer, Heimat der Medea

Collātīnus, -ī *m, Lucius Tarquinius Collatinus:* Mann der Lucretia, Konsul der frühen röm. Republik

Colossēum, -ī *m* (*ursprünglich* **amphitheātrum** [-ī] **Flāvium** [-ī] *n*): Theater für Gladiatorenspiele und Tierkämpfe in Rom

Columbus (-ī) Christophorus (-ī) *m, Kolumbus:* „Entdecker" Amerikas (1492)

Cōnstantīnus, -ī *m, Flavius Valerius Constantinus, Konstantin der Große:* röm. Kaiser, gest. 323 n. Chr., besiegte Maxentius in der Schlacht an der Milvischen Brücke 312 n. Chr.

Cōnstantius (-ī) Chlorus (-ī) *m, Flavius Valerius Constantius:* röm. Kaiser, gest. 306 n. Chr., Vater Konstantins des Großen

Coriolānus, -ī *m, Gnaeus Marcius Coriolanus, Coriolan:* röm. Patrizier, gest. ca. 490 v. Chr., Feldherr, Beiname nach seinem Sieg über die volskische Stadt Corioli

Crassus, -ī *m, Marcus Licinius Crassus:* Politiker der späten röm. Republik, ging ein Bündnis mit Pompeius und Caesar ein (das sog. erste Triumvirat)

Creōn, -ontis *m, Kreon:* König von Theben, Onkel von Antigone, Polyneikes und Eteokles

Crēta, -ae *f:* Kreta

Creūsa, -ae *f, Kreusa:* erste Frau des Aeneas

Cūmae, -ārum *f, Cumae:* Stadt südlich von Rom

Curēs, -ium *f:* alte Hauptstadt der Sabiner nördlich von Rom

Cyclōpēs, -um *m* (*Sg.* **Cyclōps, -ōpis**), *Zyklopen, Kyklopen:* einäugige Riesen, Söhne von Uranos und Gaia

Cythēris, -idis *f:* Geliebte des Marcus Antonius

D

Daedalus, -ī *m, Daidalos:* Baumeister und Erfinder, floh nach dem Mord an seinem Neffen mit seinem Sohn Ikarus nach Kreta zu König Minos

Dārīus, -ī *m, Dareios III.:* persischer Großkönig, von Alexander dem Großen 330 v. Chr. besiegt

Delphī, -ōrum *m:* Stadt in Griechenland, Sitz des Orakels des Apollo

Dēmocritus, -ī *m, Demokrit von Abdera:* Naturphilosoph, ca. 400 v. Chr.

Diāna, -ae *f:* Göttin der Jagd (gr. Artemis); oft dargestellt mit Pfeil und Bogen

Dīdō, -ōnis *f:* mythische Königin von Karthago

Dioclētiānus, -ī *m, Marcus Aurelius Gaius Valerius Diocletianus, Diokletian:* röm. Kaiser, gest. ca. 312 n. Chr., Erbauer der Diokletiansthermen

Diogenēs, -is *m, Diogenes von Sinope:* Philosoph, 4. Jh. v. Chr., extrem genügsam, lebte in einer Tonne

E

Ephesus, -ī *f, Ephesos:* Küstenstadt in Kleinasien

Epicūrēī, -ōrum *m, die Epikureer:* Anhänger der Lehre Epikurs

Epicūrus, -ī *m, Epikur:* Philosoph, 3. Jh. v. Chr, lehrte das glückselige Leben, dessen Grundlage die Lust (*voluptas*) ist

Epimētheus, -eī *m:* Bruder des Prometheus, öffnete die Büchse der Pandora

Eris, -idis *f, Eris:* Göttin der Zwietracht

Esquiliae, -ārum *f, Esquilin:* einer der sieben Hügel Roms; Adj.: **Esquilīnus, -a, -um:** am/auf dem Esquilin

Eteoclēs, -is *m, Eteokles:* Sohn des Ödipus, Bruder des Polyneikes und der Antigone

Etrusker: → Tusci

Eurōpa, -ae *f:* Europa

Eurydicē, -ēs *(Akk. -ēn) f, Eurydike:* Gattin des Orpheus

Eurylochus, -ī *m, Eurylochos:* Gefährte und Steuermann des Odysseus

Eurystheus, -eī *m:* Halbbruder des Herkules und König von Mykene, dem Herkules dienen musste

F

Faustulus, -ī *m:* Hirte, nahm Romulus und Remus auf

Ferdinand II., *Ferdinandus:* spanischer König, Mann von Isabella I., gest. 1516

Flōra, -ae *f:* röm. Göttin der Blumen und des Frühlings

Flōrālia, -ium *n, Floralien:* Fest der Flora am 27. April

Forum, -ī (Rōmānum, -ī) *n, Forum:* Hauptplatz Roms in der Senke zwischen Palatin, Kapitol und Esquilin

Fulvia, -ae *f:* Freundin der Terentia, half bei der Aufdeckung der Catilinarischen Verschwörung

G

Gaarder, Jostein: dänischer Schriftsteller, Roman „Sofies Welt" (1993)

Gāia: gr. Göttin der Erde

Gallī, -ōrum *m:* die Gallier; Adj.: **Gallus, -a, -um:** gallisch

Gallia, -ae *f:* Gallien (etwa Frankreich; auch: Norditalien)

Gallicus, -a, -um: gallisch

Germānī, -ōrum *m:* die Germanen; Adj.: **Germānus, -a, -um:** germanisch

Germānia, -ae *f:* Germanien

Gigantēs, -um *m, Giganten:* die Kinder der Gaia und des Uranos

Goldenes Vlies: Widderfell in Kolchis, von Jason mithilfe Medeas geraubt

Gracchī, -ōrum *m, die Gracchen (Tiberius und Gaius Gracchus):* Brüder und Volkstribunen, Land- und Sozialreformer im 2. Jh. v. Chr.

Graecī, -ōrum *m:* die Griechen; Adj.: **Graecus, -a, -um:** griechisch

Graecia, -ae *f:* Griechenland

H

Hadriānus, -ī *m, Publius Aelius Hadrianus, Hadrian:* röm. Kaiser, gest. 138 n. Chr., erbaute u. a. das Pantheon und den Hadrianswall

Hamilcar, -is *m, Hamilkar:* karthagischer Feldherr, Vater des Hannibal

Hannibal, -is *m:* karthagischer Feldherr, gest. 183 v. Chr.

Hector, -oris *m, Hektor:* trojanischer Held, Sohn des Priamos, von Achill getötet

Hecuba, -ae *f, Hekuba:* Frau des Priamos

Helena, -ae *f:* 1. Frau des Menelaus von Sparta, Geliebte des Paris von Troja, 2. Mutter des Kaisers Konstantin

Hēraclītus, -ī *m, Heraklit von Ephesos:* Naturphilosoph, ca. 500 v. Chr.

Herculāneum, -ī *n, Herkulaneum:* Stadt in Süditalien, verschüttet beim Ausbruch des Vesuvs 79 n. Chr.

Herculēs, -is *m, Herkules, gr. Herakles:* berühmtester Held der gr. Sagenwelt, Sohn des Jupiter und der Alkmene

Hēsiodus, -ī *m, Hesiod:* gr. Dichter („Theogonie" über die Abstammung der Götter), ca. 700 v. Chr.

Hesperides, -um *f, die Hesperiden:* mythische Schwestern, die die Äpfel der Unsterblichkeit auf einer Insel im Westen bewachen

Hierosolyma, -ōrum *n:* Jerusalem

Hispānia, -ae *f:* Spanien

Homērus, -ī *m, Homer:* ca. 8. Jh. v. Chr., gilt mit den Werken „Ilias" und „Odyssee" als erster Dichter Europas

Horātius (-ī) Cocles (-itis) *m:* röm. Held im Krieg gegen die Etrusker (um 500 v. Chr.)

Horātius, -ī *m, Quintus Horatius Flaccus, Horaz:* röm. Dichter der Zeit des Augustus, gest. 8 n. Chr.

Hydra, -ae *f:* vielköpfige Schlange, von Herkules besiegt

Hyphasis, -is *m:* Fluss in Indien, Zufluss zum Indus

I

Iānus, -ī *m, Janus:* röm. Gott des Anfangs, dessen Tempel von Anfang bis Ende eines Krieges offenstand

Iāsōn, -onis *m, Jason:* mythischer Held, Anführer der Argonauten

Īcarus, -ī *m, Ikarus:* Sohn des Daedalus

Īda, -ae *f:* Waldgebirge in der Nähe von Troja, Schauplatz des Parisurteils

Īdūs Mārtiae, Īduum Mārtiārum *f:* die Iden des März (15. März), Tag der Ermordung Caesars

Iēsūs (-ū) Chrīstus (-ī) *m:* Jesus Christus, gest. ca. 31 n. Chr.

Ilias: Werk des Homer über den Trojanischen Krieg, ca. 8. Jh. v. Chr.

Imilcē, -ēs *(Akk. -ēn) f, Imilke:* Frau des Hannibal

Indī, -ōrum *m:* die Inder

India, -ae *f:* Indien

Indiānī, -ōrum *m:* die Indianer, die Ureinwohner Amerikas

Isabella I. von Kastilien: spanische Königin, Auftraggeberin des Kolumbus, gest. 1504

Īsis, -idis *f:* altägyptische Muttergöttin, Schützerin der Lebewesen, Göttin der Wiedergeburt und der Toten

Istanbul: Hauptstadt der heutigen Türkei, frühere Namen Byzanz und Konstantinopel

Italia, -ae *f:* Italien

Ithaca, -ae *f, Ithaka:* Insel im Ionischen Meer, Heimat des Odysseus

Iūlus (-ī) Ascanius (-ī) *m:* Sohn des Aeneas von dessen erster Frau Creusa aus Troja, Gründer von Alba Longa

Iūnō, -ōnis *f, Juno:* Göttin der Ehe, Gattin des Jupiter (gr. Hera); oft dargestellt mit Pfau

Iūppiter, Iovis *m*, *Jupiter:* Göttervater (gr. Zeus), Gott des Wetters; oft dargestellt mit Blitzbündel

J

julisch-claudisches Kaiserhaus: Kaiserhaus der Julier und Claudier, von Augustus begründet, endete mit Nero

K

Köln: im 1. Jh. n. Chr. von Agrippina gegründet als Colonia Claudia Ara Agrippinensium

Kosmos: die Welt, die „Ordnung", die aus dem Chaos („Leere") hervorging

L

Larēs, -um *m*, *die Laren:* röm. Hausgötter

Latiner: Volk in Latium (Mittelitalien)

Lāvīnia, -ae *f*: Tochter eines Latinerkönigs, zweite Frau des Aeneas

Lepidus, -ī *m*, *Marcus Aemilius Lepidus:* schloss sich mit Antonius und Octavian zum Zweiten Triumvirat zusammen

Libya, -ae *f*, *Libyen:* nördlicher Teil Afrikas

līctor, -ōris *m*, *der Liktor:* öffentlicher Diener eines hohen Beamten, Träger der Rutenbündel *(fasces)*

Līmes, -itis *m*, *Limes:* Außengrenze des Römischen Reiches, z. B. Grenzwall in Germanien und Britannien

Linné, Carl von, *Linnaeus:* schwedischer Naturforscher des 18. Jh., Hauptwerk: „Systema naturae"

Līvius, -ī *m*, *Titus Livius:* röm. Geschichtsschreiber, gest. 17 n. Chr.

Lūcīlius, -ī *m*, *Lucilius:* Freund des Philosophen Seneca

Lūcius, -ī *m*: lat. Vorname

Lūcius (-ī) Valerius (-ī) *m*: Volkstribun zur Zeit Catos

Lucrētia, -ae *f*, *Lukretia:* Frau des Tarquinius Collatinus, von Sextus Tarquinius, dem Sohn des Tarquinius Superbus, vergewaltigt, beging Selbstmord

Luguvallium, -ī n: Carlisle (Nordengland)

Lupercālia, -ium *n*, *die Luperkalien:* röm. Reinigungs- und Fruchtbarkeitsfest am 15. Februar, bei dem in Ziegenfelle gekleidete Männer als „Luperci" durch die Stadt liefen

M

Macedonēs, -um *m*: die Makedonen

Macedonia, -ae *f*: Makedonien

Magellanus, -ī *m*, *Ferdinand Magellan:* begann die erste Weltumsegelung, gest. 1521

Mānlius, -ī *m*, *Marcus Manlius:* rettete im 4. Jh. v. Chr. das Kapitol vor einem nächtlichen Angriff der Gallier

Mārcellus, -ī *m*, *Marcus Claudius Marcellus:* Feldherr, Eroberer von Syrakus 212 v. Chr.

Mārcus, -ī *m*: 1. lat. Vorname, 2. Sohn des Cicero

Mārcus (-ī) Aurēlius (-ī) *m*, *Mark Aurel:* röm. Kaiser und Philosoph („Selbstbetrachtungen"), gest. 180 n. Chr.

Mārs, Mārtis *m*: Gott des Krieges (gr. Ares); oft dargestellt mit Rüstung

Marsfeld → Campus Mārtius

Mārtiālis, -is *m*, *Marcus Valerius Martialis, Martial:* röm. Dichter der Kaiserzeit, gest. ca. 102 n. Chr.

Māxentius, -ī *m*, *Marcus Aurelius Valerius Maxentius:* röm. Kaiser, gest. 312 n. Chr. in der Schlacht an der Milvischen Brücke

Mēdēa, -ae *f*: mythische Königstochter aus Kolchis, half Jason, das Goldene Vlies zu rauben

Menelāus, -ī *m*, *Menelaos:* aus Sparta, gr. Held im Trojanischen Krieg, Mann der Helena

Menēnius (-ī) Agrippa (-ae) *m*: Politiker zur Zeit der Ständekämpfe, erzählte die Fabel vom Magen

Mercurius, -ī *m*, *Merkur:* Götterbote, Gott der Reisenden, des Handels und der Diebe (gr. Hermes); oft dargestellt mit Flügelhelm, -schuhen und Heroldsstab

Mīlētus, -ī *f*, *Milet:* Küstenstadt in Kleinasien; Adj.: **Mīlēsius, -a, -um:** aus Milet

Milō, -ōnis *m*, *Titus Annius Milo:* röm. Politiker, Gegner des Clodius, von Cicero verteidigt

Minerva, -ae *f*: Göttin des Handwerks und der Künste (gr. Athena); oft dargestellt mit Helm und Speer

Mīnōs, -ōis *m*, *Minos:* König in Knossos auf Kreta

Mīsēnum, -ī *n*, *Misenum:* Küstenstadt in Süditalien

Moluccae (-ārum) īnsulae (-ārum) *f*, *die Molukken:* Inseln im Pazifik, sog. „Gewürzinseln"

Mōly n: Zauberkraut des Gottes Merkur für Odysseus

Mūcius (-ī) Scaevola (-ae) *m*: röm. Held im Krieg gegen die Etrusker (um 500 v. Chr.); verbrannte sich die rechte Hand als Beweis seiner Tapferkeit

Mulvius (-ī) pōns (pontis) *m*, *Milvische Brücke:* Brücke über den Tiber, Schauplatz der Schlacht zwischen Konstantin und Maxentius 312 n. Chr.

N

Neptūnus, -ī *m*, *Neptun:* Gott des Meeres (gr. Poseidon); oft dargestellt mit Dreizack

Nerō, -ōnis *m*, *Nero Claudius Caesar Augustus Germanicus:* letzter Kaiser des julisch-claudischen Kaiserhauses, gest. 68 n. Chr.

Nīlus, -ī *m*, *Nil:* Fluss in Ägypten

Numitor, -ōris *m*: König von Alba Longa, Vater der Rhea Silvia

O

Ōceanus, -ī *m*: das Meer, das Urmeer

Octāviānus, -ī *m*, *Iulius Caesar Octavianus, Augustus:* Großneffe Caesars, nach der Seeschlacht von Actium erster Kaiser Roms, 27 v. Chr. Ehrentitel „Augustus", gest. 14 n. Chr.; der Monat August (**mēnsis [-is] Augustus [-ī]** *m*) ist nach ihm benannt.

Odyssee: Werk des Homer über die Irrfahrten des Odysseus, ca. 8. Jh. v. Chr.

Olympia, -ae *f*: heilige Stätte in Griechenland, Austragungsort der Olympischen Spiele

Olympus, -ī *m*, *Olymp:* Bergkette in Griechenland, Wohnsitz der Götter

Orpheus, -eī *m*: mythischer Sänger, Mann der Eurydike

Ovidius, -ī *m, Publius Ovidius Naso, Ovid:* Dichter der Kaiserzeit („Ars amatoria"), von Augustus verbannt, gest. 17 n. Chr. am Schwarzen Meer

P

Pācificum (-ī) mare (-is) *n:* Pazifik

Palātium, -ī *n, Palatin:* einer der Hügel Roms, wo auch Cicero sein Haus hatte, später Wohnsitz der Kaiser

Pandōra, -ae *f:* Frau des Epimetheus, brachte durch ihre „Büchse der Pandora" Unheil über die Menschen

Pantheon, das: Tempel aller Götter (aus gr. *pan:* alles und *theos:* Gott), erbaut unter Kaiser Hadrian

Paris, -idis *m:* Sohn des Priamos, löste durch den Raub der Helena den Trojanischen Krieg aus

Patrō, -ōnis *m:* Philosoph der Epikureer, einer der Lehrer des Cicero

Patroclus, -ī *m, Patroklos:* Freund des Achill, im Trojanischen Krieg von Hektor getötet

Penātēs, -ium *m, die Penaten:* röm. Hausgötter

Pēnelopē, -ēs *f:* Frau des Odysseus

Pergamum, -ī *n, Pergamon:* Stadt in Kleinasien

Persae, -ārum *m:* die Perser

Philippī, -ōrum *m:* Stadt in Makedonien, wo 42 v. Chr. die Caesarmörder Brutus und Cassius besiegt wurden

Philippus, -ī *m, Philipp II.:* König von Makedonien, Vater Alexanders des Großen

Phōtis, -idis *f:* lat.-gr. Frauenname

Plīnius, -ī *m, Gaius Plinius Secundus, Plinius maior, Plinius der Ältere:* Naturforscher, Schriftsteller, Flottenkommandant, gest. beim Vesuvausbruch 79 n. Chr.

Plīnius, -ī *m, Gaius Plinius Secundus, Plinius minor, Plinius der Jüngere:* Statthalter von Bithynien, Schriftsteller (Briefe über den Vesuvausbruch), gest. ca. 115 n. Chr.

Plūtō, -ōnis *m:* Herrscher über die Unterwelt (gr. Hades); oft dargestellt mit Zweizack und Cerberus

Poenus, -ī *m, der Punier, der Karthager;*
Adj.: **Poenus, -a, -um:** punisch, karthagisch

Polybius, -ī *m, Polybios:* gr. Historiker, gest. ca. 120 v. Chr., kämpfte gegen Rom, später Freund Scipios d. J.

Polynīcēs, -is *m, Polyneikes:* Sohn des Ödipus, Bruder der Antigone und des Eteokles

Polyphēmus, -ī *m, Polyphem:* Kyklop, von Odysseus besiegt

Pompēiī, -ōrum *m, Pompeji:* Stadt in Süditalien, verschüttet beim Ausbruch des Vesuv 79 n. Chr.

Pompēius, -ī *m, Gnaeus Pompeius:* röm. Feldherr und Politiker, ließ das Pompeiustheater bauen (55 v. Chr.)

Pompōnia, -ae *f:* Frau des Quintus Tullius Cicero

Pompōniānus, -ī *m:* Freund von Plinius dem Älteren

Pontius (-ī) Aquila (-ae) *m, Lucius Pontius Aquila:* Gegner Caesars, Freund Ciceros

Pontus (-ī) Euxīnus (-ī) *m:* das Schwarze Meer

Priamus, -ī *m, Priamos:* König von Troja, Mann der Hecuba, Vater des Hektor

Promētheus, -eī *m:* Titan, war an der Erschaffung der Menschen beteiligt und brachte ihnen das Feuer

Prōserpina, -ae *f:* Herrscherin der Unterwelt, Frau des Pluto (gr. Persephone); oft dargestellt mit Granatapfel oder Hahn

Prōtagorās, -ae *m, Protagoras aus Abdera:* gr. Philosoph, Sophist, 5. Jh. v. Chr.

Punische Kriege: Erster: 264–241 v. Chr.; Zweiter: 218–201 v. Chr. (Hannibals Alpenüberquerung); Dritter: 149–146 v. Chr. (Zerstörung Karthagos)

Pȳthagorās, -ae *m, Pythagoras von Samos:* gr. Philosoph und Mathematiker, ca. 540 v. Chr.

Q

Quīntus, -ī *m:* 1. lat. Vorname, 2. Sohn des Tullius

Quirīnālis (-is) collis (-is) *m, Quirinal:* einer der sieben Hügel Roms und Gründungshügel

Quirītēs, -ium *m, die Quiriten:* anderer Name für die Bürger der Stadt Rom

R

Remus, -ī *m:* Sohn des Mars und der Rhea Silvia, Zwillingsbruder des Romulus

Rhēa (-ae) Silvia (-ae) *f:* Numitors Tochter, Vestalin, Mutter von Romulus und Remus

Rhēnus, -ī *m:* der Rhein

Rōma, -ae *f:* Rom

Rōmānī, -ōrum *m:* die Römer;
Adj.: **Rōmānus, -a, -um:** römisch

Rōmulus, -ī *m:* Sohn des Mars und der Rhea Silvia, Zwillingsbruder des Remus, Stadtgründer von Rom

Rubicō, -ōnis *m, Rubikon:* Fluss in Italien, zu Ciceros Zeit Grenze Italiens; mit deren Überschreitung eröffnete Caesar 49 v. Chr. den Bürgerkrieg

S

Sabīnae, -ārum *f:* die Sabinerinnen

Sabīnī, -ōrum *m, die Sabiner:* Volk in Mittelitalien

Saguntum, -ī *n:* Stadt in Spanien, von Hannibal erobert

Sallustius, -ī *m, Gaius Sallustius Crispus, Sallust:* röm. Historiker, 86–35 v. Chr.

Sāturnus, -ī *m, Saturn:* Gott des Ackerbaus, als Titan (gr. Kronos) Ahnherr der Götter

Schliemann, Heinrich: deutscher Archäologe, entdeckte im 19. Jh. die Ruinen Trojas in der Türkei

Scipiō, -ōnis *m, Publius Cornelius Scipio Africanus, Scipio maior, Scipio der Ältere:* Feldherr im 2. Punischen Krieg, 202 v. Chr. Sieger in der Schlacht bei Zama

Scipiō, -ōnis *m, Publius Cornelius Scipio Aemilianus Africanus, Scipio minor, Scipio der Jüngere:* Feldherr im 3. Punischen Krieg, 146 v. Chr. Zerstörer Karthagos

Scylla, -ae *f, Skylla:* Seeungeheuer auf einer Klippe, gegenüber dem Strudel der Charybdis

Seneca, -ae *m, Lucius Annaeus Seneca:* berühmter Philosoph, Erzieher des Nero

Septimius (-ī) Sevērus (-ī) *m, Lucius Septimius Severus Pertinax:* röm. Kaiser, gest. 211 n. Chr.

Servilia, -ae f: Mutter des Marcus Iunius Brutus

Servius (-ī) Tullius (-ī) m: der sechste König Roms

Sextus, -ī m: lat. Vorname

Shakespeare, William: englischer Dramatiker des 16./17. Jh., u. a. Tragödie „Julius Caesar"

Sibylla, -ae f, *die Sibylle von Cumae:* Seherin, führte Aeneas durch die Unterwelt

Sicilia, -ae f: Sizilien

Sicinius, -ī m: Volkstribun der frühen röm. Republik

Sīna, -ae f: China

Sīrēnēs, -um f, *Sirenen:* Fabelwesen mit betörendem Gesang

Sīsyphus, -ī m, *Sisyphos:* mythischer Büßer in der Unterwelt, muss immer wieder einen Felsen einen Berg hinaufrollen

Sōcratēs, -is m, *Sokrates:* gr. Philosoph, 5. Jh. v. Chr.

Sōl, -is m: Sonnengott (gr. Helios)

Sophoclēs, -is m, *Sophokles:* gr. Tragödiendichter (z. B. „Antigone"), 5. Jh. v. Chr.

Sparta, -ae f: Stadt in Griechenland

Stabiae, -ārum f: Stadt in Süditalien, verschüttet beim Ausbruch des Vesuvs 79 n. Chr.

Stōicī, -ōrum m: die Stoiker

Styx, Stygis f: Fluss in der Unterwelt, der von den Verstorbenen überquert werden muss

Sublicius (-ī) pōns (pontis) m: Brücke über den Tiber

Subūra, -ae f: Stadtviertel Roms nordöstlich des Forums, Wohnviertel der ärmeren Bevölkerung

Symplēgadēs, -um f, *die Symplegaden:* mythische „Klappfelsen" am Eingang zum Schwarzen Meer

Syrācūsae, -ārum f, *Syrakus:* Küstenstadt in Sizilien, 212 v. Chr. von Rom erobert

Syrācūsānī, -ōrum m: die Syrakuser

T

Tacitus, -ī m, *Publius Cornelius Tacitus:* röm. Geschichtsschreiber, gest. ca. 120 n. Chr.

Tarpēia, -ae f: Tochter eines röm. Befehlshabers zur Zeit des Romulus, Verräterin Roms

Tarquiniī, -ōrum m: Stadt in der heutigen Toskana

Tarquinius, -ī m, *Lucius Tarquinius Superbus:* letzter röm. König

Tartarus, -ī m, *Tartaros:* die Unterwelt, besonders: Strafort im Totenreich

Tatius, -ī m, *Titus Tatius:* mythischer König der Sabiner, später Mitregent des Romulus

Tellūs, -ūris f: röm. Erdgöttin (gr. Gaia)

Terentia, -ae f, *Terentia:* Frau des Cicero

Thalēs (-ētis) Mīlēsius (-ī) m, *Thales von Milet:* Naturphilosoph, gilt als erster Philosoph, ca. 600 v. Chr.

Thēbae, -ārum f, *Theben:* Stadt in Griechenland

Thūlē, -ēs f: mythische Insel, die als äußerster Nordrand der Welt galt

Tiberīnus (-ī) deus (-ī) m: Flussgott des Tiber, rettete Rhea Silvia

Tiberis, -is m, *Tiber:* Fluss in Rom

Tīrō, -ōnis m: Sekretär Ciceros, 53 v. Chr. freigelassen, Erfinder einer Kurzschrift („tironische Noten")

Tītānī, -ōrum m, *die Titanen:* Kinder der Gaia und des Uranos

Trāiānus, -ī m, *Marcus Ulpius Traianus, Trajan:* röm. Kaiser, gest. 117 n. Chr.

Trier: im 1. Jh. n. Chr. gegründet als Augusta Treverorum

Triumvirat, das: „Dreimännerbund", sog. 1.: Caesar, Pompeius, Crassus; 2. Octavian, Antonius, Lepidus

Trōia, -ae f: Stadt in Kleinasien, Schauplatz des Trojanischen Krieges

Trōiānī, -ōrum m: die Trojaner

Tullia, -ae f: Tochter des Cicero

Tullius, -ī m, *Quintus Tullius Cicero:* Bruder des Cicero, 54–52 v. Chr. *legatus* in Britannien

Tūscī, -ōrum m, *die Etrusker:* Volk in Mittelitalien, kämpfte im 5. Jh. v. Chr. gegen die Römer

U

Ulixēs, -is m, *Odysseus:* gr. Held im Trojanischen Krieg, der erst nach 10-jähriger Irrfahrt wieder nach Hause kam („Odyssee")

Ūranos: gr. Gott des Himmels

V

Vārus, -ī m, *Publius Quinctilius Varus:* Feldherr unter Augustus, verlor 9 n. Chr. die Schlacht im Teutoburger Wald

Venus, -eris f: röm. Göttin der Liebe (gr. Aphrodite); oft dargestellt mit Rosen

Vergilius, -ī m, *Publius Vergilius Maro, Vergil:* röm. Dichter, Verfasser der „Aeneis", des röm. Nationalepos, gest. 19 v. Chr.

Verrēs, -is m, *Gaius Verres:* Statthalter von Sizilien, bereicherte sich und wurde von Cicero angeklagt

Vesta, -ae f: röm. Göttin und Hüterin des Herdfeuers (gr. Hestia); oft dargestellt mit Herdfeuer und Opferbrot

Vesuvius, -ī m, *Vesuv:* Vulkan in Süditalien, schwerer Ausbruch 79 n. Chr.

Via (-ae) Appia (-ae) f: röm. Fernstraße von Rom nach Brundisium

Via (-ae) Sacra (-ae) f: „Heilige Straße", Hauptstraße des Forums vom Kapitol zum Kolosseum

Victoria: Schiff des Magellan

Volscī, -ōrum m, *die Volsker:* Volk in Latium

Vulcānus, -ī m: röm. Gott der Schmiedekunst (gr. Hephaistos); oft dargestellt mit Hammer und Amboss

Z

Zama, -ae f: Stadt in Nordafrika, Schauplatz der Schlacht bei Zama 202 v. Chr.

Bildquellenverzeichnis

Seite 14: akg-images/Erich Lessing; 18: Scala/Fotografica Foglia – courtesy of the Ministero Beni e Att. Culturali; 22: Mauritius images/Alamy; 26.1: Interfoto/Bildarchiv Hansmann; 26.2: Mauritius images/United Archives; 30: Mauritius images/United Archives; 35.1: Fotolia/Avel Krieg; 35.2: Fotolia/crubynurbaidi; 37: akg-images; 38: Bridgeman; 42: Mauritius images/Alamy; 46: akg-images/Gerard Degeorge; 50: GlowImages/Superstock RM; 54: Bridgeman; 61: Bridgeman; 62: BPK/Scala; 66.1: Mauritius images/United Archives; 66.2: Shutterstock/Annavee; 70.1: BPK/The Trustees of the British Museum; 70.2: Mauritius images/United Archives; 74.1: Interfoto/PHOTOAISA: 74.2: akg-images/De Agostini Picture Lib.; 78: picture-alliance/Heritage Images/Werner Forman Archive/National Museum Copenhagen. Location: 12; 85: Mauritius images/United Archives; 86: akg-images/Gilles Mermet; 90: Corbis/Araldo de Luca; 94: Bridgeman/Bildarchiv Steffens; 98: BPK/Hans Christian Krass; 102: akg-images/MPortfolio/Electa; 109: Imago/Leemage

Zeitstrahl

1522 Rückkehr der *Victoria*

1492 Kolumbus entdeckt Amerika

1453 Ende des oströmischen Reiches

1000 n. Chr.

476 Ende des weströmischen Reiches

312 Konstantins Sieg an der Milvischen Brücke

117–138 Hadrian (Regierungszeit) Hadrianswall; Bautätigkeit im ganzen Reich

98–117 Trajan (Regierungszeit) größte Ausdehnung des Reiches

79 Ausbruch des Vesuv

54–68 Nero (Regierungszeit) erste Christenverfolgungen, Brand Roms

9 n. Chr. Niederlage des Varus in Germanien

27 v. Chr. –14 n. Chr. Prinzipat des Augustus (= Octavian): Beginn der Kaiserzeit

31 v. Chr. Octavian besiegt Antonius und Kleopatra bei Actium

42 v. Chr. Antonius und Octavian besiegen Brutus bei Philippi

43–32 v. Chr. Zweites Triumvirat (Octavian, Antonius, Lepidus)

100–44 v. Chr. Lebenszeit Caesars

106–43 v. Chr. Lebenszeit Ciceros

146 v. Chr. Zerstörung Karthagos

218–201 v. Chr. Zweiter Punischer Krieg

356–323 v. Chr. Alexander der Große

469–399 v. Chr. Sokrates

um 500–287 v. Chr. Ständekämpfe zwischen Patriziern und Plebejern

um 500 v. Chr. Gründung der römischen Republik

um 600 v. Chr. Beginn der griechischen Philosophie

753 v. Chr. sagenhafte Gründung Roms

1000 v. Chr.

um 1200 v. Chr. Trojanischer Krieg

---

43 v. Chr. Tod Ciceros

44 v. Chr. Tod Caesars

48 v. Chr. Caesar begegnet Kleopatra – Tod des Pompeius

49 v. Chr. Beginn des Bürgerkrieges zwischen Pompeius und Caesar

51/50 v. Chr. Cicero als Prokonsul in Kilikien

51 v. Chr. Ende des Gallischen Krieges

52 v. Chr. Prozess gegen Milo

53 v. Chr. Freilassung Tiros

54–52 v. Chr. Tullius als Legat Caesars in Gallien

55 v. Chr. Einweihung des Pompeiustheaters

58 v. Chr. Beginn des Gallischen Krieges

59–58 v. Chr. Ciceros Verbannung

63 v. Chr. Ciceros Konsulat

um 65 v. Chr. Geburt des Marcus

um 67 v. Chr. Geburt des Quintus (Sohn von Tullius und Pomponia)

um 77 v. Chr. Geburt der Tochter Tullia

um 78 v. Chr. Cicero heiratet Terentia

100 v. Chr. Geburt Caesars

106 v. Chr. Geburt Ciceros

A B C D E

Vallum
Hadriani

Oceanus

BRITANNIA

Londinium

Teutoburgiensis
saltus
Amisia

Albis

Visurgis

Rhenus

GERMANIA

Colonia
Agrippina
Aquisgranum

Morini

Belgae

Sequana

Mosella

Hermunduri

LIMES

Augusta
Treverorum

RAETIA

Danuvius

Augusta
Vindelicum

GALLIA

Liger

Alesia

Cambodunum NORICU

P

Arausio

Rhodanus

A L P E S

Mediolanum
(Mailand)

Vercellae

Padus

Mare Adriati

DA

NARBONENSIS

Nemausus

Narbo

Massilia

ITALIA

PYRENAEI MONTES

Iberus

Numantia

HISPANIA

Saguntum

CORSICA

SARDINIA

Roma

Neapolis
Pompeii

M a r e

*Mare
Tyrrhenum*

AEGATES

SICILIA

I

MAURETANIA

NUMIDIA

AFRICA

Utica

Carthago

Zama

Syrtis minor

AFRICA

S

Imperium Romanum

Eroberungen im Gallischen Krieg (58-51 v. Chr.)

Das Imperium um 46 v. Chr.

Das Imperium Anfang 2. Jh. n. Chr.

0   500

Inset map (upper right):

G | H | I | J | K

MACEDONIA

Philippi
Abdera

Pella
Thessalonica

Olympus

LEMNUS

Ilium/Troia
Assus

MYSIA

ASIA

EPIRUS

THESSALIA

CORCYRA

Pergamum

Pharsalus
Artemisium

EUBOEA

LESBUS

Kyme
Magnesia

Actium
Thermopylae

CHIUS

Smyrna
Sardes

LYDIA

Ithaca
Delphi

Thebae
Marathon

SAMUS

Colophon
Ephesus

Patrae
Megara
Athenae

CARIA

ACHAIA
Corinthus

SALAMIS

Miletus

Nemea
Mycenae

Olympia
ARCADIA
Argus
Troezen

DELUS

Sparta

COS

Cnidus

RHODUS

CRETA

0   100   200 km

1

2

3

Main map:

DACIA

MOESIA

Hister

Vistula

Pontus Euxinus

BITHYNIA

THRACIA

Byzantium

PONTUS

ARMENIA

Dyrrhachium

MACEDONIA

GALACIA

EPIRUS

Delphi

Mare

Pergamum

ASIA

Gordium

Halys

CAPPADOCIA

Parthi

Athenae

Magnesia

Corinthus

ACHAIA

Miletus

Iarsus

Issus

MESOPOTAMIA

Aegaeum

RHODUS

CILICIA

Antiochia

Euphrates

CRETA

CYPRUS

SYRIA

Tigris

4

5

Internum

Damascus

Babylon

Tyrus

Caesarea
Iericho

PALAESTINA

Cyrene

Hierosolyma
(Jeruslem)

IUDAEA

CYRENAICA

Alexandria

Masada

AEGYPTUS

ARABIA

Nilus

6

Sinus Arabicus

Thebae

00 km